安持人物瑣憶

陳巨來——著
孫君輝——編

中華書局

藝林舊影

出版說明

宏觀地說，藝術是指人類對各種美的精神感受及形象表達。因此在人類的發展歷程中，藝術是不可或缺的，它存在於您所處的任何角落。我們甚至可以這麼說，沒有藝術，不成生活。而在人類浩瀚的藝術發展史中，中國的藝術精神和傳統中國人的藝術生活最為別具一格。

莊子說天地有大美。和西方藝術相比，中國人對藝術的追求不僅源於自然和生活，更渴望從哲學層面達到天人合一的至高境界。在中國傳統的美學觀念中，在對美的具象追求之外，更看重精神層面上的「格調、情趣和心源」；而無論是什麼樣的藝術表達形式，「意境、氣韻、神似」都是品評一件藝術品高下的終極標準。特別是在傳統的中國繪畫藝術中，伴隨著中國歷史文化綿延不斷的發展變化，「書畫同源」逐漸成為基本的美學理論共識。即：將抽象的文字表述和具象的繪畫直接融入在一個畫面之內；在有限的創作空間中將表達內心深處情感的詩文短句和客觀具象的天地萬物相互融通，從而實現「詩中有畫、畫中有詩；以文寫景、以景抒情」的獨特審美情趣。這在世界紛繁多姿的藝術表現形式中是絕無僅有、獨一無二的。中國傳統的文人和藝術家往往因為在對詩、書、畫、印的綜合追求中，相互滲透，逐漸融為一體。也正因為如此，中國的傳統藝術和藝術家的人格是分不開的。如果想了解中國藝術的精髓、神韻以及它內在的文化價值，所有和藝術創作相關聯的時代背景、人物事件、文史掌故都是最可寶貴的史料參考和研究佐證。

隨著中國經濟的飛速崛起，中國的文化藝術越來越被世人所重視。這不僅體現在中國學者對自身民族文化廣泛而深入的學術研究中，也體現在海內外藝術品交易市場上有關中國傳統藝術品交易的突出表現上。市場的刺激和文化的推動逐漸使有關中國藝術，特別是有關中國的傳統書畫藝術的研究出版日顯重要。本局正是順應這一市場需求，本著弘揚中國優秀傳統文化的出版理念，和香港享有盛譽的藝術品經營機構集古齋聯手合作，以「藝林舊影」為名，推出這套有關中國文化藝術的開放性叢書。

本套叢書作者有的是學者、藝術家，也有的是收藏家和鑒賞家，均為一時之選。書中所結文字，舉凡文史掌故、書畫出處、拍場逸聞、藝林趣事，皆文字短小精悍、敍述親切生動，圖文並茂、雅有可觀。希望廣大讀者在筆墨捲舒之中，盡享藝術與人生之趣味。

香港中華書局編輯部

陳巨來（1905—1984）在治印

陳巨來與夫人況綿初

陳亘來治自用印及夫人況綿初印，邊款為「安持精舍夫婦永寶用」

陳巨來《安持人物瑣憶》手稿

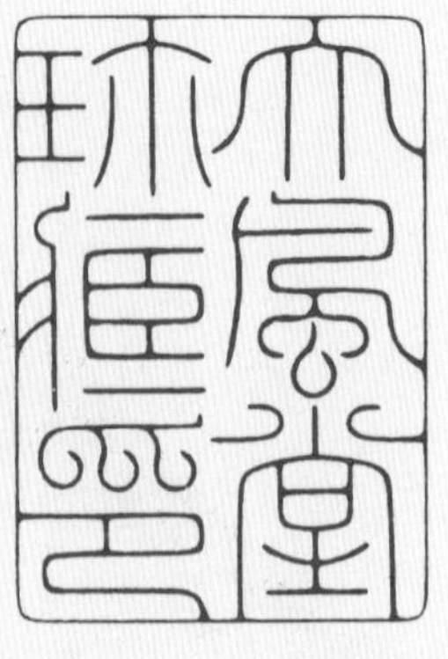

大風堂珍藏印

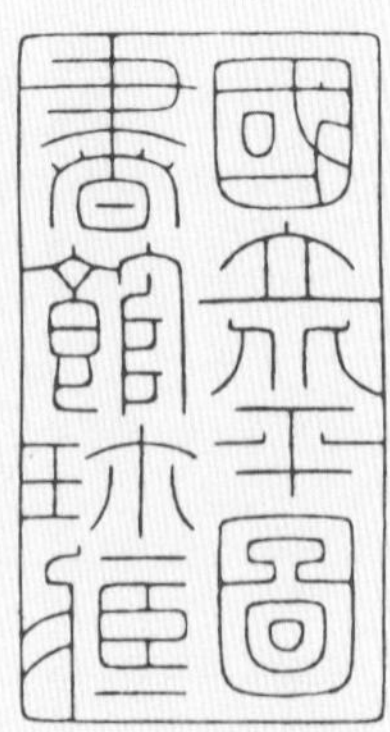

國立北平圖書館藏

湖帆七十後作

畫刻梅花不讓人

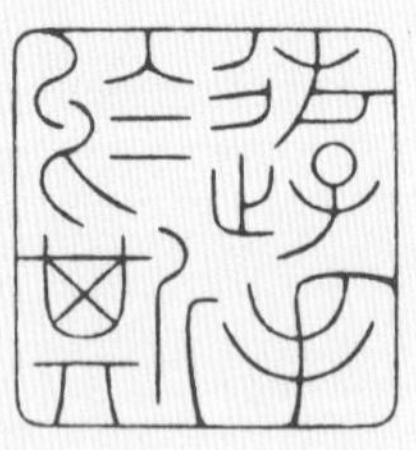

游手於斯

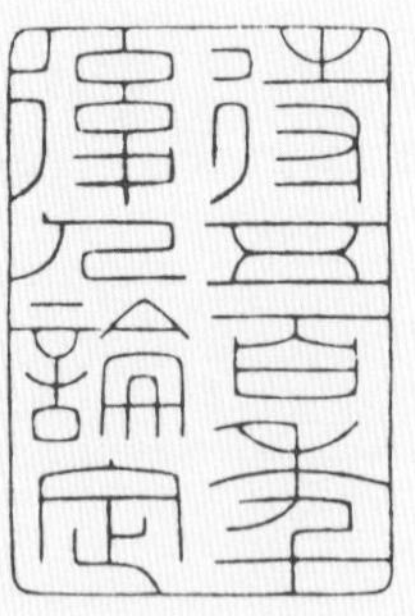

待五百年後人論定

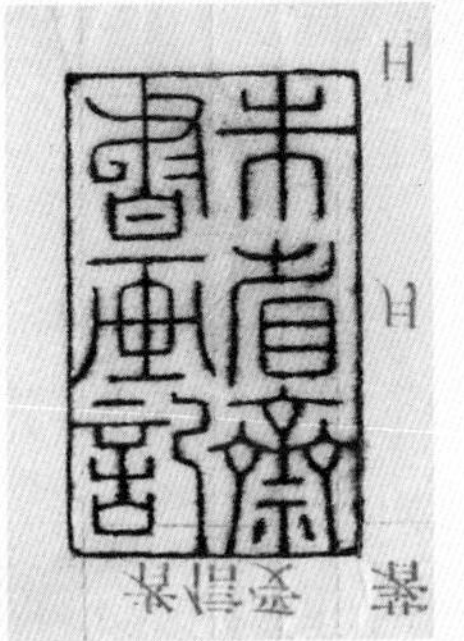

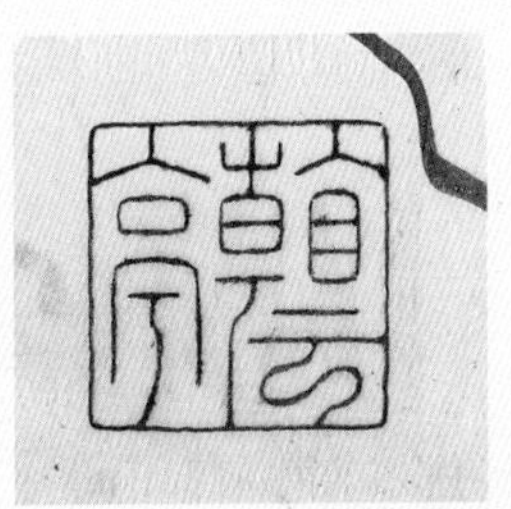

陳巨來梅花小楷集句成扇

陳巨來小楷集句成扇

陳巨來畫松、吳湖帆補石、謝稚柳題記

溥心畬《仕女圖》

張大千畫贈陳巨來《童心圖》

吳湖帆、潘靜淑《花卉》贈陳巨來

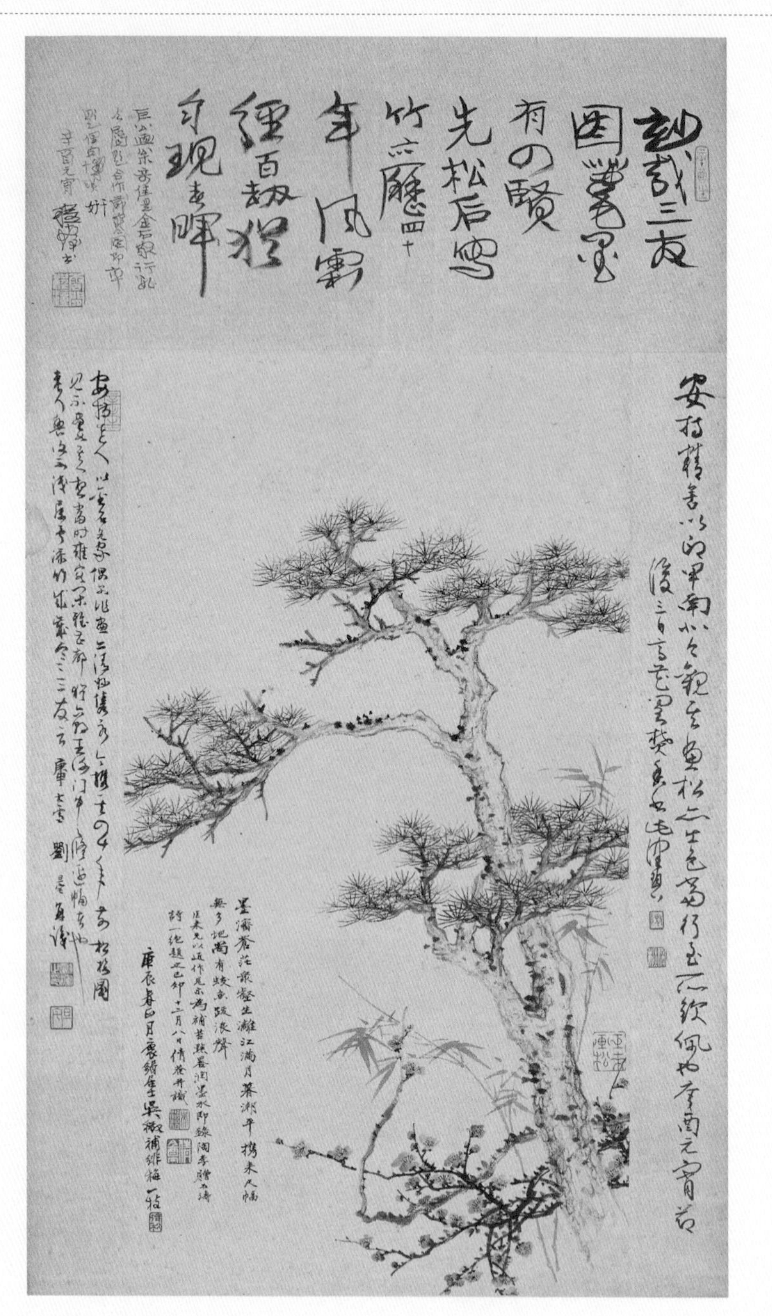

陳巨來畫松，吳待秋、吳湖帆補竹梅

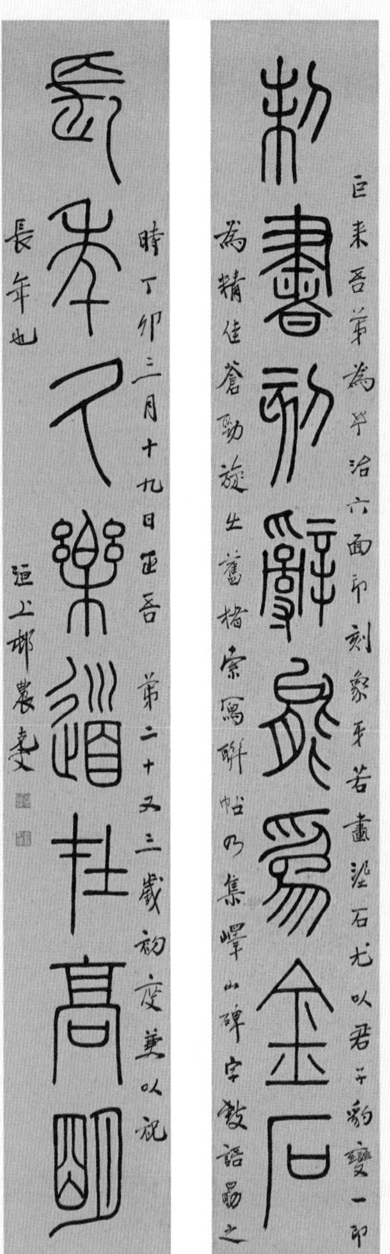

袁克文篆書對聯

目錄

西山逸士

溥儒，字心畬，自號西山逸士，齋名寒玉堂。清宗室也，道光帝之曾孫，恭親王奕訢之孫也。善書，擅畫，其祖父收藏多精品，皆傳於溥，加以專心研摹，故能成為一代大家，稱之無愧也。少時曾留學德國，自謂所學一無所用，故入民國後，即以鬻書畫自食其力矣。民初時人尚慕清貴，故所入頗豐。恭邸易主後，乃遷居於北京西山，西山逸士之號，蓋自此始也。時蜀人張大千亦僑寓西山，與溥為比鄰，遂朝夕過從，成莫逆焉。心畬楷書似成親王而參之以《圭峰碑》，為大千所欽服，故大風堂每得名畫，書額題字均求溥氏所寫也。而溥畫每多倩大千合作，於是「南張北溥」之名，盛傳於遐邇。

抗戰勝利之初，大千自蜀來滬開畫展，嗣即至北京（時尚稱北平），歸時攜溥書畫數件，出以見示。余只對其楷書佩服之至，於其畫則未敢恭維也。大千謂余曰：「溥氏製畫，可與湖帆並美齊肩，為吾所生平最佩服者。吳、溥二人之外，半個是謝稚柳矣。」當時余猶未敢深信之也。四六年冬（或四七年春，忘矣），溥氏與齊白石同時南來，同寄寓楊嘯天之興中學會中，余以楊氏之介始與溥氏相識。當時所給我印象甚佳，覺其人恂恂如也，毫無遜清宗室虛架子，又無書畫名家之習氣，所謂像一個讀書人樣子，談話亦至謙虛。不久，蔣幫強之為偽國大代表。及偽選開始前夕，溥竟溜避杭州，遁而不出了。其間數以書來，囑余刻印，並寫二篇遊記，及賜作余印集序文一篇，均小楷也。後竟以溥所自撰其夫人之墓誌銘一篇，亦並以相貽，且曰：今世永無刊石希望矣，故用以奉貽作一紀念云云。

及解放後，溥乃來滬，初寓新亞飯店，後遷銅仁路北京西路口，與余鄰近，遂朝夕相晤。據其告余曰：陳毅市長曾以車迎之市府，告之曰：中央最高首長知先生雖為偽國大代表，未受絲毫賄賂，且未投一票，隱居西湖，人格可嘉，所以現在要請你重返北京，為人民服務，擔任故宮博物院副院長之職。一俟你到京之後，所有封存西山你家之物件，當即啟封發還可也。吾是堅辭未允也。及居北京西路公寓時，余又親見當時副市長潘漢年三次以函召之，敦促不已。溥乃告曰：北返是可以，但副院長決不接受，如能做一個大學助教，至多講師，副教授不能接受，如蒙照准，則全家車費，吾當開一展覽會，以書畫出售所得，可以自理，無需政府資助也。潘氏允准了，但云講師太謙虛了吧。事已說定。溥亦由當時榮寶齋箋紙店為之開一畫展，所得尚豐，將成行矣。突有北方來人告之曰：徐悲鴻知你將回京了，悲鴻在外聲言，必須把你大門打倒，方稱其願云云。徐畫，溥所鄙視也，故欲趁此機會辱之耳。溥聞後，遂改北上為南翔矣。中秋前後攜妾及一子，一去不返了。

當六七月之間，余乃發覺其作畫太不經意，而且必一畫如需設色者，輒囑其妾或杭州回來之新學生隨意灑染，以致精神毫無，而尚怡怡然。溥為人至爽而誠篤，與湖帆等迥然不同也，但因出身關係，對人情世故，往往不周也。在此二月中，溥囑余刻者，達三十餘方之多。以前所用印均為王福庵之作，至是時悉為被渠磨去了。一日有頓立夫（原為福庵拉車伕，後王收為弟子，印神似王也）由榮寶齋經理梁子衡攜之晉見，並贈印二方求正。溥略一展視，即隨手付余，笑笑曰：「正缺石頭，請你刻吧。」余見頓方在座，婉告之曰：「這刻得很好，可留用也。」溥曰：「你不磨，吾磨。」言時即就硯磚上磨去了。可憐連刻的甚麼字，他都未見也。梁大窘，頓立起即去了，溥若無事坦然也。又一日，吳仲坰以手集古人印拓一冊呈之，溥又略一翻閱，即隨手給余曰：「送你吧。」余曰：「吳先生拓得精極的，我不能要的。」溥曰：「你不要？」即向字紙簍中一丟了事，使吳大窘而去，溥自若也。在臨去之上一夕，溥整理行裝，見桌上有郎靜山為其所攝半身坐像（十二英吋）三紙，至為肅穆，溥又向廢紙堆中丟去，余乃索回珍藏，今只存其一矣。以上三事，均溥為人太率真之處也。

溥勤於畫，每日總手不停揮，常常畫成即贈予余。余私衷不賞其草草之作，輒婉辭謂之曰：「公畫太名貴，設色者可易米度日，吾不敢受也。書法多賜，則幸甚矣。」嗣後，凡有所求，無一不立揮而成，且多精品也。溥食量之大，至足為人所驚，食蟹三十個尚不飽也。食油條後，不洗手，即畫了，往往油跡滿紙。余每求畫（指明墨筆）求書之前，輒以洗臉盆肥皂手巾奉之，求先洗盥。他認為余對之恭敬，輒下座拱手以謝。此亦一佳話也。今日思之，為之低徊不已也。

當其初抵上海時，大千正來滬，曾設宴款待之，同座者只李氏兄妹、湖帆、子深及余也。當時溥只對湖帆及余二人娓娓清談不已。子深當時攜筆、硯、紙、色，求一合作書畫，張、吳、溥三公竟無一動筆者也。事後，大千笑謂余曰：「巨來，你要心畬書畫，是大有可能了，但是你要當心他的如夫人呀。吾在北京時，常常見到溥氏如有友人過訪，談得高興時，即揮寫書畫以贈。他的如夫人總像三國時劉表夫人蔡氏，在屏後竊聽，如見友人有攜畫而去者，她輒自後門而出，追而問之：『先生，你手中二爺的畫，付過潤資吧。』答是送的呀，即向索回，曰：『那不興，拿潤資來取畫。』」大千云：「你要當心被她所奪啊。」後與之朝夕暢談時，覺其如夫人殊與大千所談不同也，她不但不歧視余，且曾撿出溥自藏小尺（冊）頁等見貽也。猶憶在他們臨行前一夕，余忽憶起大千曾以精品《岷江晚靄圖》手卷一事見貽，尚無引首書者，以告溥氏。溥氏謂何不早拿來寫之，今硯筆等等均裝入包內了，奈何奈何。其如夫人謂余曰：「放心，吾立刻可拆包裹拿出來，放在此，你明晨拉住二爺寫可也。」當時即以大漢磚硯一、大小筆各一、印一，陳諸桌上矣。其時溥忽囑並以自己數十張得意之作供余欣賞。余至此際方才讀到了真正溥畫了，山水、花鳥、水族、人物，無一不備，精美莫與之倫，視大千、湖帆有過之無不及也。余驚詢之曰：「溥先生，今天方獲睹大作如此之美，外面如何與此不一樣耶？」溥笑曰：「吾每寫有得意之作，總自留聊一自娛耳。」余至其時方信大千之言不謬也。次晨即為余以正楷寫了引首，並題跋一段，譽大千此畫似高房山云（房字似有誤，同音耳）。

余與溥獲交只二月餘，覺生平所友者，惟其為最真誠、最坦率，惜緣分至短，為之永銘五衷而已。後據徐伯郊（博物館長森玉之子）云：溥氏曾至法國多時，以不善應付，幾至無以為生，乃告急於大千。大千匯以美金五千元，始獲回至台灣。又以不肯為官，落落寡合，以致患鼻癌逝世了。當其死時，大千正遊歷巴黎，法總統戴高樂為大千攝製紀錄片，放映於世界各國。香港報刊上一日間載二消息：一為溥心畬慘死台灣，一為張大千遨遊巴黎云云。此亦伯郊來申時所談也。

溥氏與余每談及當年清宮瑣事，祖宗家法，常慨然曰：做皇帝不自由，做親王更不如老百姓也，連着衣服亦無自主之權云云。暇當專寫記之。

吳昌碩軼事

昌老名俊卿，字倉石，號缶廬，又號苦鐵，晚歲始更名昌碩。浙江安吉縣人，生於清咸豐甲辰年。在太平天國時，全家離鄉，據云其母及妻均死於亂離之中。壯歲進學之後，至蘇州做鹽大使小官，曾任安東知縣，只一月即免職。甲午之後，吳大澂革職回吳門，昌老即在其家作清客，時昌老刻印已自成一家面目矣（他早年刻印專學吳讓之，開始亦為西泠奚、黃一路入手，篆書學楊沂孫，行楷學黃小松，醇雅異常，與晚年之劍拔弩張迥乎不同也）。昌老性喜以刀亂刻，愙齋書室中紅木紫檀幾桌上刻遍了石鼓文，故為愙齋所不樂，未久即去大通做朱子涵鹽署中幕僚矣。渠主吳家時，僅命其刻「二十八將軍印齋」一印，昌老刻邊款只「俊卿製」三字，但此印之佳為其生平所僅見之作，殆所謂顯顯本領邪？

據聞昌老少時，深受楊見山（峴）之指授與提挈，故雖至晚年，猶復譽之不置。入民國後，以王一亭（日本人所設洋行之買辦，商人而兼畫家者）努力向日人介紹作書、作畫、刻印，聲名之盛，一時無兩。而其見人謙謙然一似平日，毫無自高自大之態，尤足令人欽佩。

余於二十歲（甲子）與況氏訂婚後，即由先外舅蕙風先生率領時詣缶廬進謁，其時渠已八十一歲矣。余正在學習篆刻，初從叔師只半年，自知太幼稚，因先君見諭云：先四伯父昔年亦為蘇州小官，與昌老至好，且訂金蘭為盟，故余以所作印存彙訂一冊，恭敬呈求匡謬。乃渠一手接了印冊，只見封面，未閱內容，即連連說道：「好極了，好極了，佩服佩服。」余對之深為不滿。第二次又詣缶廬，攜了當年四伯父求他與蒲作英合作蘭石摺扇一柄，巧的是題款為蒲氏所書，昌老只鈐一章。

余以扇呈閱，他看後又大讚不已。余笑謂之曰：「老伯也畫的呀。」他只笑笑說：「啊，不記得了。」余又指先四伯父漁門上款，詢之曰：「這是我四伯父，還記得否？」昌老乃改容相對，復取余所刻印拓細閱，閱後仍叫我「巨翁」：「你刻的印，道路走對的，初學極應該專攻漢印工正一派，我早年也是從工穩浙派入手的，三十以後方才敢自行改樣子，現在外面的少年一開始即摹仿我的一路，不從根本著手，完全變成了『牛鬼蛇神』（這四個字，余在二十歲時即有深刻體會了）。巨翁，你千萬不要學我啊。」又對我說：「刻印與寫字寫畫不同，是等於唱花旦。」說後，又看看余只二十歲，似悔失言，又補充說：「巨翁巨翁，你不可誤會，我是比喻，刻印要靠目力腕力，賣一個年輕，老了就退化了，五十五歲之後，是一個關，我過了這關，即日漸退步，六十五以後，大部為徐星州等學生代筆了，現在我書畫上所鈐諸印，已一蝕再蝕，都已為兒子學生等加深摹刻的了。」其時余又請求刀法，有無多式多樣，是否握刀必須似握筆，刻石似作書？昌老云：「我只曉得用勁刻，種種刀法方式，沒有的。」余更求渠以如何奏刀方式見教，他遂立即出一石，刻了數刀，並刻了「缶老」邊款二字。余視之與叔師無異，也是橫執刀，刻時從右而左的。他是晚雖「巨翁」不絕於口，但所說、所示範，無一不誠懇異常，彌可感也。

昌老人極矮小，至死八十四歲，頭上仍盤一小髻，似道士一般，無鬚，故有「無須道人」一印。初一見面，幾與老尼姑無異，耳聾，但有時其子女細聲談論老人貪吃零食等等，渠必聲辯不認多吃。故有人云他的聾是做作云云。朱丈與之為湖州同鄉，故交誼與之最深。他晚年如有人請吃酒席，必請必到，到必大吃不已，回家時患胃痛，所以丈特集成語一聯贈之曰：「老子不為陳列品，聾丞敢忘太平年。」歲乙丑，滬上一小報，名曰《大報》，主人為清末癸卯舉人步林屋（名翔棻，河南人，袁世凱之祕書），凡上海唱旦女伶、北京來申之青年男女伶人，無一不拜之為寄父。余其時常至其報室請益，故凡屬名女伶幾無一不相熟者，都為步君所介也。昌老聽京劇，因之與步君成至好。先外舅與朱丈，亦因步作詩甚佳，所以時時會晤。其時大世界大劇場有小女伶名潘雪艷者，面貌娟秀，一無伶人習氣，吳、況、朱三公群相讚美，步君遂提議拜三公為寄父，三公一致同意。乃由步君設席於先外舅家中，賓朋滿座，朱丈端肅如恆，昌老與先外舅，欣樂高興，一洗平日道貌岸然之態矣。昌老在家已預製七古一首紀此盛況，惜未抄存，久已忘了，僅憶及最後一句云：「向隅剩有劉大麻。」蓋是日有劉山農（當時書家）在座，未得為寄父之一，故昌老以此訌之耳。是夕先外舅在席上撰聯二幅，一交昌老，一付丈，囑分別書之，以作見面之禮。先外舅又特提出求昌老需作行草書之。殊不知昌老生平從不作行書聯者，故第三日寫就送來仍為篆書，先外舅竟大怒，認為昌老違背其意，失了面子，謂丈及余云：「昌碩倚老賣老，丟我臉，我與之從此死不見面矣。」丈以謂一時意見，日後當可忘之，故一笑置之。孰料先外舅遂絕跡不至吳家了。後丈與余談及此事，為之長歎不已。隔三年，昌老亦逝世矣。昌老至死時，尚未知先外舅已與之絕交了。

昌老在七十前，曾納一妾，未二年，即跟人不別而行，昌老唸唸不已，後自作解嘲，笑謂先外舅曰：「吾情深，她一往。」殊覺風趣也。昌老昔年所云刻印五十五至六十是一個關，余初不信其說，洎乎今日，深有此體會。老人之言，不吾欺也。

又，昌老涵養功夫之深，為任何人所不及。據先外舅告余云：某日有一估人出示一幅渠落款所畫之花卉，其實乃贗品也，最可笑款書為「安杏吳昌碩」。乃昌老一經展視，即說：「是我畫的。」估人滿意而去後，在座某君問之曰：「昌老，『安吉』寫成『安杏』，難道是真的？」昌老笑笑云：「我老了，筆誤也。」某君行後，昌老謂先外舅云：「我也明知其偽，但估人恃販賣為生，如說穿了，使他蝕本了，認承真的，使他可以脫手，賺幾元鈔票養家活口。我外間假書畫何止這一幅，多這一張，於我無損，於他有益，何樂不為邪？」此事在任何人當之，必無此寬容也。

昌老只擅仿李復堂、趙撝叔一路花卉，山水非其所長，凡有人強求者，輒囑吳待秋代筆交卷了。丁卯年逝世前，商君笙伯（言志）自紹興家鄉攜來名產麻酥糖十包贈之。其子東邁僅予以一包，其餘全藏去，不料被老人所看到了。入夜又私自起床，取食二包，竟梗在胃中，無法消化，遂致不起。老人好吃，殆成常例，趙叔師晚年因在婿家，連食四喜肉多塊，以致成肺炎而死，真無獨有偶也。

昌老擅作詩，惜所學者，為清代名家錢石一路耳。渠寫成後，晚年必求先外舅指正，上款總是稱吾師，內弟處所藏至多也。

吳湖帆軼事

吳湖帆原名翼燕，又名萬，字遹駿，三十後始更名湖帆，號醜簃，以藏隋《常醜奴墓誌》宋拓本故以為號，又藏宋拓歐書《化度寺》《虞恭公》等四碑，自署曰「四歐堂」。生二子二女，各名之曰孟歐、述歐……云。祖父即清著名金石收藏家吳愙齋（大澂）。其本生祖名大根，甲午年愙齋以書生而與日本戰，致喪師辱國，湖南巡撫被革職，回吳門，時湖帆適生，遂承繼為愙齋之孫矣（其父訥士，未承繼，仍為侄也）。其外祖乃川沙金石名家沈樹鏞（韻初）；其岳父潘仲午，清尚書潘祖蔭（伯寅）之胞弟也。妻名樹春，字靜淑，四十後亦擅畫花卉，神似清女畫家陳書南樓老人。歲辛酉，靜淑女史卅生日，仲午先生以家藏宋版宋器之所作《梅花喜神譜》二冊賜之，湖帆遂又署其齋曰「梅景書屋」矣。

吳、潘、沈三氏均為當時之著名收藏家，故湖帆從小即耳聞目染無一而非書畫金石，基礎既深，加之以力學不怠，故其成就，自非餘子可及矣。又性格高傲，目中無人，蓋環境使然也。其少時陸廉夫（恢）嘗為愙齋門客，湖帆可能得其啟蒙，但渠深諱之。甲子始遷居滬上嵩山路八十八號，與當時名畫家馮超然（迥）為比鄰，馮長於吳十二歲，二人至相契，朝夕不離。是歲吳定潤例，價奇昂，每尺卅元，扇同之。乙丑冬日，余在叔師（趙叔孺）案頭獲睹其潤例，認為從未見過。叔師謂余曰：「此人乃愙齋之孫，畫山水超過其祖也。」余聞之印象頗深。及丙寅五月四日晨十時，余至趙師處，先見弄口停一黃色汽車，及至書房，忽睹一位年輕而已留翦鬚之怪客，身穿馬褂，頭戴珊瑚小頂之帽，高談闊論，稱叔師則甚恭敬，曰太世叔不已。叔師對之謙遜有愈於眾。余私自詢叔師長子益予，問裏面這人做甚麼的。益兄謂我亦從未見過，大約是做文明戲的吧。談至十二時，叔師留之午飯。飯後渠出示《常醜奴墓誌》，求師審定。余在旁侍觀，見渠自跋題名，始知此公即叔師所心折之吳湖帆也。首頁鈐一印，白文「醜簃」二字，既似吳讓之之柔，復有黃牧甫之挺。叔師詢之，此何人所作，吳云自己刻的。余對之大為佩服。但渠對余，側目而視，不屑一顧。余亦不願求師作介紹也。後師亦取一本舊拓《雲麾碑》請其賞鑒。渠亦恭維敷衍。其時渠忽發現碑拓後頁鈐有一白文印「叔孺得意」一方（此印乃乙丑年師以《雙虞壺齋印譜》中「叔得意印」迴文印，命余將「印」字改成「孺」字而成者，余以孺字配得至妥，故宛然漢印矣），大加讚美，顧謂叔師曰：「太世叔，你刻這印，太好了！」叔師笑謂：「不是我刻的。」吳問啥人刻的，師乃指余曰：「這是我學生，是他刻的。」斯時焉，吳以驚奇之面目詢余姓名，大為恭維，與前二三小時之湖帆，判若二人了。他謂余曰：「你印真好，神似汪尹子。你見過汪作否？我藏有《汪尹子印存》十二冊之多，可以供你作參考的。」當時余只廿二歲，對汪尹子尚茫然不知也。承師見諭云：「汪名關，為清初徽派大名家，與程穆倩、巴雋堂（慰祖）齊名者也。吳先生有此珍藏，大可求之一觀也。」當時吳即起立謂余曰：「我們去吧，到我家中看印譜去。」臨行與叔師約定，次日求師為之介紹去訪羅振玉，求題四部宋拓歐碑。當時余至其家，吳云夫人方回蘇州去了。故即請余登樓徑至臥室，旋即檢出汪譜見示。余愛不忍釋，吳云：「可帶回去詳看。」余云：「希望借一星期如何。」他云：「一年兩年盡不妨也。」（後七年始還之）余生平治印，白文工穩一路全從此出，故余於吳

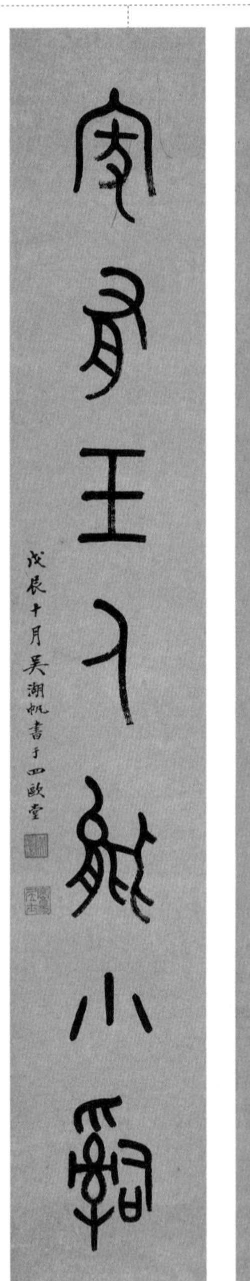

氏，相交數十年，中間雖與之有數度嫌隙，渠總自認偏信讒言，吾亦回顧當時恩惠，感情如恆矣。次日為端午節，吳復以車迎我往接叔師同訪羅叔言。出羅宅後，三人同至當時「一枝香」菜社進餐，又復介余至比鄰馮超然家聚談，復一印囑刻。余志為仿汪作歸之，吳氏又以拙作求王栩緣（同愈）太史審定。王老告之曰：「此生刻印，二十年後為三百年來第一人矣。」吳氏嗣即介余晉謁，王老盡出所有印章，僅留數枚，餘悉磨去命余重刻之。湖帆原來所用之印，均為趙古泥、王小侯之作，亦一例廢置，且笑謂余曰：「我自己從此不刻了，讓你一人了。昔惲南田見王石谷山水後，遂專事花卉。吾學惲也。」終湖帆一世，所用印一百餘方，蓋完全為余一人所作者（只余被遣淮南後，有「淮海草堂」與「吳帶當風」二印為他人所作耳）。吳氏最不喜缶老之印，尤譏其所作石鼓文，嘗告叔師云：「昌老之

吳湖帆篆書對聯

石鼓文拓本，大約是絹本拓的，為裱工拉歪了，故每字都斜了吧。」甚矣，其言之謔也。

吳氏於近代任何畫家，少所許可，嘗謂余曰:「現代畫家，吾僅服膺四人:陳仁先（曾壽）、金甸丞（蓉鏡）、夏劍丞（敬觀）和宣古愚（哲）。」此四人蓋均為文人畫。吳之推崇，意在言外也。書法則鄭海藏隸書，葉遐庵、沈尹默行書，王栩緣小篆與大草，亦只四人而已。渠之對於如皋詩人冒鶴亭（廣生）終身唸唸不忘，嘗聞吳云，渠與吳門大名畫家顧鶴逸（麟士）為堂房連襟，吳在廿餘歲時，至顧家閒談，冒與顧為老友，時正在座，吳未理睬。行後，冒詢顧曰:「方才這少年何人，狂生邪？」顧云:「是乃愙齋之孫，年雖少，畫甚佳。三十年後，當為三百年第一人矣。」冒回後即將顧語書於日記中，並加按語曰:「書此以俟他年觀鶴逸之言確否？」

吳氏有一特長，凡偶有購獲古畫，無論破損至如何程度，必命裱工劉定之裝池，於破損處親為填補加筆完成。完成後真可謂一無破綻，天衣無縫也。但每喜於購得之書畫上輒鈐「愙齋藏」印，以售善價也。其性對不論何物，均不肯浪費，雖用剩零星紙張或破筆，亦必保存。葉遐庵每至其家，見案頭有新筆、紙張，輒統開隨意揮灑。及葉去後，吳氏總謂余曰:「又耗去吾許多紙筆了。」吳氏早年寫字，摹董玄宰至神似，後一變再變，曾一度專臨宋徽宗之瘦金體，自詡鐵線楷。一日，遐庵與余在吳家，遐翁笑謂余云:「湖帆現在的字，是絲線楷，非鐵線楷也。」吳聞此嘲後，即捨之矣。最後得米襄陽墨跡《多景樓詩卷》，遂專學米字矣。吳氏於畫山水，為鑒家一致公認遠邁清四王，佳者直似元之方方壺。張大千以石濤、石溪畫派雄視畫壇，獨對湖帆低首欽佩。其畫雲山之景尤為特色，余每親見其畫雲時，先以巨筆灑水於紙，稍乾之後，乃以普通之筆，以淡墨略加渲染，只幾筆環繞之，裱後視之，神似出岫而動也。

湖帆性雖乖而傲，但從不與人談畫談藝。嘗謂余曰：「我們二人，陌生朋友絕對看不出是畫家是印人，這是對的。你見到葉遐翁、梅蘭芳二人，聽見他們談過甚麼。如果葉侈談鐵路長短、如何造的，梅談西皮二黃、如何唱法，那才奇談了。一般高談藝術，妄自稱詡，如某某等等，都是尚在『未入流』階段也。」余認為吳氏此言，至正確也。

湖帆嘗為余仿摹畫中九友筆法作小冊頁十幀（最後一幀仿吳梅村者），精美莫與倫比。後又為其得意學生王季遷作八尺長、五寸高之手卷二事，一仿元人四家，一仿明人四家。兩畫均非分段為之者，一幅長卷，接連而繪，四種筆法，渾成一氣。元人一卷，第三段為黃鶴山樵筆法，將及第四段時，筆漸變而為雲林矣。前者崇山峻嶺，後者平原遠坡，一無牽強之處。余為之神移目眩久之。湖帆謂余曰，九友畫冊與此二卷，均屬自己至得意之作也（此二卷王君攜之留落美國矣）。湖帆於得意之際，謂余曰：「雲林筆法最簡，寥寥數百筆，可成一幀，後之摹者非一二千筆仿之，還覺不夠也；山樵筆法最繁複，一畫之成，比方說，是一萬筆，學之者不到四千筆，猶覺其多了。學古人畫，至不易也。」余以謂吳氏此語，洵是學畫心得，使我為之獲得了真訣竅也。

余每見吳所珍藏之畫，如清代四王立軸、明人四大家等等，均四幅尺寸一例，私心異之。超翁謂余曰，古畫逢到吳氏，不是斬頭，便是斬尾，或者削左削右，甚至被其腰斬。蓋吳購得同時齊名之畫件時，偶有參差長短，吳必長者短之，闊者截之，務必使之同一尺寸方才滿意。丁丑春日，吳購得明人山水一幅，憶似為蔡嘉之作，與明某某畫，二幅闊同之，而蔡畫長了五寸餘，署款高高在上，勢難去之。所巧的是，上下均山也，中間畫水隔之。吳乃毅然囑劉定之將畫腰斬，斬去水紋，上下壓縮與某某畫齊一尺寸了。當時余力勸勿斬，吳云：「裱好後我會接筆，到時你再來看看。」後二畫同掛，去水之畫，竟一無痕跡與破綻也。吳嘗笑謂余曰：「吾是畫醫院外科內科兼全的醫生也。」

湖帆每藏一名畫、法書，無不取出俾余細讀（大千亦如此，叔師、稚柳則祕不出示），吳氏於他人則不然了。渠凡有人求畫，最忌點品，求設色者，輒以墨筆應之，求墨筆則設色矣。一日有某君當面求畫，言語之間，冒充內行，湖帆竟以筆授之曰：「先生，你既是內行，還是請你自己畫吧！」又有某富商以高價購得其單款山水一幅，求補一雙款。吳又謂之曰：「此代筆也，吾不能補的。」其對人，往往如此使人難堪，而渠引以為得意，故其外間人緣至劣也。

吳氏性格，最憚於遊山玩水，中年後受超然之影響，亦以一榻橫陳，自樂不疲。大千嘗囑余勸之云，宜多遊名山大川，以擴眼界，以助丘壑。吳笑笑云：「你告大千，吾多視唐宋以來之名畫，丘壑正多，取之不盡，用之不竭也，何必徒勞兩腳耶。」

先是，在丙寅五月，余以吳之介，得相識王勝之（栩緣）、馮超然、穆藕初（湘玥，時為工商部次長，每星期六、日來滬必至馮宅者）等等，他們總是每夕相攜至館子晚餐。余每去馮家，他們以余為王翁所賞識之少年，故必邀之同去。去則總見他們每人「叫局」招妓侍酒，一人往往招三妓，以致群雌粥粥，噓浪之聲不絕。余以隨袁寒雲先生久，於此見得太多矣，不以為怪。但總覺他們似屬下乘，與袁之大方家數相較，似現代語所謂「低級趣味」了。當時吳氏所招之妓，名寶珠老九，態度殊娟雅而秀麗。一日，吳夫人又回蘇了，吳告余曰：「寶珠，施姓，名畹秋，三年前為吾東鄰某氏之妾也。每於弄中見之，覺得美而艷，故常目逆而送之。在上月忽在一枝春酒樓見之，方知已下堂重墮風塵矣，故吾每次必招之也。」言時出示所集宋人詞句成《臨江仙》一闋用題其照相之上：「你讀讀，好不好？」（此為吳生平作詞之第一首也。經大曲家吳瞿安讚賞之後，乃大集其詞，並學填詞也）余受而讀之，亦覺大佳，句多切合當時情況者。其後如何如何，余悉不知矣。

隔三年後，歲己巳，只聞吳回蘇州已三月尚未返滬寓。一日，余忽得超然來函云：湖帆有急事必需你解決，速來一談云云。余至馮處詢以何事，馮乃以吳函見示，僅數行，大意云：「江子誠幫了施畹秋對吾纏之不休，江與吾相識，巨來介紹也，故此事必須託他向江去解釋一切，求他（江）莫過問此事。」余為之莫名其妙。超然乃告余云：湖帆瞞着夫人，娶施為妾已三年矣，去年被夫人所知後，大事詬誶，而吳又以做金子買賣蝕了數萬元，故於去年某日清晨知施尚未起身時，以鈔票二千元交與侍女云：「你告訴九小姐，吾要回蘇州去居住了，不便同去，這二千元，作為補貼她的，請她自由再嫁人。」吳從此不問了。吳之金屋在吳江路，每月是家用二百元，施當時得此二千元後，竟老老實實，未嘗亂動，過了十個月之後，乃寫信與吳曰：家用已完了，望繼續接濟云云。吳置之不理。後施又函哀告云：「吾既已從君，永無他念，此身生作吳家人，死作吳家鬼了。」吳仍不理。施乃向同居樓上之江子誠哭訴吳負心之事。江憐其情意至正，遂自告奮勇，願為代達。乃請吳至閱賓樓菜館吃飯，以施之實況確無壞念告之。吳又置若罔聞，使江老大怒。隨命其子江一平律師，以律師身份代施出面，請求覆水重收，詞至婉轉。湖帆又不受抬舉，仍不理。江認為失面子，乃二次正式告吳云：如再無圓滿答覆，則當控之法庭相見了，告以遺棄之罪也。一平為虞洽卿之婿，杜月笙之顧問也，為當時滬上著名大律師，從無敗訴者。是時吳氏竟一溜逃往蘇州家中了，事急矣，乃竟遷怒及余，一謂如余不介紹與江相識，此事當沒有了，故自己出了洋相，要余為之解決善後。故當時超翁笑謂余曰：「這是又一個歪喇叭的想法也，看你如何辦。」

吳夫人潘靜淑又特請余至其家在會客室中相見。初次見面，吳夫人開門見山，即謂余曰：「陳先生，你湖帆不爭氣，瞞了吾在外面租小房子弄出這個笑話來。湖帆是去年做交易所投機買賣金子，蝕了四萬多了，現在要負擔小房子生活，亦勢所不能了。吾現在只有拿自己私蓄一共只有四千元，請你拿去交與江律師轉交那個女人，作為吾的津貼吧。此事總求代辦，滿足我們雙方的和平解決願望啊。」說畢，即以預備好的四千元交給了余，又補充一句曰：「吾私蓄只此四千元了，再多是無辦法了。」余當時因感吳氏恩惠，故未加考慮，即攜了四千元往訪江氏父子。余與一平本為至好朋友，以為總可以商量，故即以四千元出示並婉達吳夫人之意旨。詎江老謂余曰：「此事吾本可不必顧問，因為九小姐住在吾樓下，自湖帆不來之後，她可以說大門都不出，從無一個男人晉門。幽嫻貞靜，求諸大家亦不易也，況青樓出身者耶。所以我們勸吳覆水重收，是純出善意也。你也應當可憐可憐她，勸勸吳氏夫婦二位吧。這四千元，九小姐是不會收的，仍還了吳夫人吧。」說畢，即婉拒我出門了。其時余竟覺得被江吳二家夾得走投無路，不得已乃至舅父汪公家求教。汪為上海當時洋商大洋行之總買辦之一，取（娶）妾五六人之多，有妓女、有使女、有大家閨秀等等，可謂見多識廣之人也。余當時以此情況告之，汪公謂余曰：「可函詢吳氏，如有任何證件落入伊手中，則唯有娶歸家中了。倘無證據，你可代之廣為宣揚，吳與施從無夫妾關係。吳氏已請好英國律師專等江律師控訴時，反訴其江、施勾結圖敲榨勒索也。」余即函詢吳氏，覆信謂無片紙隻字留存伊處者，連一頂珊瑚小頂帽子也未存也。余乃照汪公之言，如法而行。江竟無可奈何。不二月，寶珠老九之牌子又在三馬路青樓出現了，蓋已不得已重墮風塵了。湖帆方安然返滬。四千元余亦原封未動歸還於吳夫人了。其時上海三日刊《晶報》上刊有一則「醜道人慧劍斬情緣」新聞，為錢芥塵所寫，原原本本揭了出來，以致江一平恨余入骨，後見了如不相識也。但吳夫人自此以後，對余視同至親。有時她偶在湖帆煙榻旁對面臥談，見余至，亦坦然自若。蘇州土產，不時見貽。以後更以一大尺頁仿清南樓老人沒骨法水仙，由湖帆補石，夫婦合作配好鏡框見貽。她平生只有二尺頁贈人，一與內侄潘博山，一即余也，殆以余為她立了一大功耶。一笑。自此以後，湖帆屢為余畫，設色墨筆，惟命是聽，而且可立索。一夕，余以一扇求之，吳問要畫甚麼，余戲謂之曰：「要大紅大綠，不能作花卉樹石。」吳即以硃砂加西洋紅畫一壽帶鳥，棲於雙勾綠竹之上。吳從不作翎毛，此奇品也。見者每疑非其筆，以為陸某代筆云云。余前後計得畫扇四十五柄之多。最後一柄，為余園地中原有紫籐二株，在五八年為蟲所蝕，枯萎而死，至六二年余自淮南歸來，六三年一株竟又抽條重茁，惟無花耳，故陳病樹詩人為余署所居曰「更生籐齋」，余囑稚柳、湖帆各繪一扇以紀念之。湖帆於六五年始交卷，寫甲辰祝余六十生日云，筆墨現頹唐之態矣。不久即中風，人事不知，延至六七年逝世。余之此扇，蓋最後作畫絕筆矣。

趙叔孺先生軼事

先生諱時棡，初字紉萇，三十後更字叔孺，齋號二弩精舍，因藏有三國時二弩機，一有吳大帝年號，一有蜀漢後主年號，僉為僅見之品，故以署其齋。父諱有淳，以避清同治帝御名，更名佑宸，字粹甫，為咸豐時名翰林，故曾充同治帝沖齡時啟蒙師，後出任松江府知府，又調任鎮江府知府，卒時為太常寺卿。

先生年四五歲時，即喜寫生，尤喜畫馬。時閩人林壽圖，號歐齋，為湖北藩台，晉京覲見，回鄂時特轉道鎮江，與粹翁相敍，蓋二公知交也（似為同年）。時先生方八歲，粹翁命叩見林公，並以所畫馬出示，林老一見大賞，遂以幼女字之。越九年，林已退休回福州，遂招先生赴閩結婚。林為八閩著名之大收藏家，金石書畫，既多且精，最著名者為吳道子白描歷代帝王像，上自五帝，中有劉備、曹丕、孫權三頁，各具威儀，神態如生，昔商務印書館曾有珂羅版印之出售也（後為梁眾異所紿去，盜賣於日本博物館矣。時為民初，聞得價十四萬元，梁只給林氏以六萬元，後為林氏所知，遂與梁斷絕關係了。故終梁一生，未聞有一林氏受過提挈也）。先生自館居林氏後，得縱觀金石彝器，法書名畫，故大廣所見，目染手追，乃成名家。其刻印初宗趙次閒，四十以後始一以撝叔為法矣。自來不論書畫篆刻，苟專事摹仿某一大家之派，而無自己面目者，總難成名。而先生以學撝叔卒能繼吳缶翁之後，為印人首領者，蓋其原因有三：一、撝叔所作，變化多端，面目至多，先生亦無所不能，且其所作仿六國幣、漢封泥，以視撝叔更為鋌而且穩；二、撝叔於漢鑿印至少仿作，先生於漢官印最擅長，漢六面印中白箋、啟事諸作，偶一仿之，一刀既下，從不修潤，神采奕奕也；三、先生之作，得一秀字，與撝叔之渾不同，故得能成此大名耳。但其書法，篆、隸、行，亦均學撝叔者，故其名稍遜矣。畫馬專模乾隆時意大利畫家郎世寧筆法，工細異常；寫花卉學清初王忘庵（武），最佳者所畫草蟲也。其畫蜜蜂時，兩翼只用淡墨水一點，略加褐色，遠而望之，似振翅而飛也。某日嘗出示一絹本小卷，長可八尺，高僅二寸，內各種草蟲，幾達一百餘，云均為對蟲寫生之作也。故凡所作，都能生動如生。惟於山水，至少畫，蓋藏拙也。先生性至溫和，從無驕傲之態，但藏弆古物只一周虢叔鐘及梁玉造像一區，陳諸桌上，以為裝飾，其他從不示人也。二弩機至故世後，二子各得其一，今不知流落何處矣。

先生至閩婚後，即納貲分發在閩為同知，嘗一度為某州海防同知，梁眾異癸卯年中舉人後，即為其文案也。時先君亦後補知州在閩，故與之當時為同寅也。入民國後，即先後回居滬上矣。先生在民初元、二年間曾一度至江西任稅務局長，不久又回申，寓虹口塘山路訂潤例賣書畫篆刻為生矣。其如夫人邵籀宧亦能刻印，甚雅，惜余未曾取拓耳。初，余曾學刻於秀水陶惕若（善乾）師，惜毫無所得，在家閉門造車。在十七歲時，偶得吳缶老所刻「癖於斯」一章仿之（仿時未知為吳也），適先生至舍拜年，余未下樓見之。先君以余所臨褚河南《孟法師碑》字、所瞎刻幾個印樣示之，求為指正，內「癖於斯」在焉。先生一見即判定云：「世兄的字，太差了；這刻的印，大有道理，將來必成名家的。」不料這聊聊二句話，竟似判決書，斷定了余之終身。先君待其去後，即上樓對余云：「趙老伯說你印很好，字不像字。」並加以痛罵一番。余其時年幼無知，認為字不好，不學了，專心刻印吧，遂至當時有正書局選買印譜，不知所云，買了二冊鄧石如印譜，回家亂仿，內有數方，不知何人雙勾摹出者，亦混同印入。余竟大仿而特仿，今日回憶，真可笑也。是年秋，在鈕姓長者宴會中余始初見先生同座，即自報姓名，求先生訓教。先生即諭曰：刻印章法第一，要篆得好，刀法在其次也，漢印中有「太醫丞印」一方，「太」「醫」兩字筆畫懸殊，一少一多，要排列得適當，看上去要勻稱順眼，多者不覺其多，少者不覺其少，此即所謂章法也。余聞之後，得此啟發，竅門乃得進了，於是遂每星期日必詣其府中請益矣。時商務之影印《十鐘山房印舉》正出版，余購得後，先生命專心研摹，自有心得，比我教你，要好得多云云。自此以後，余乃得窺門徑，藝日有所進矣。是時（壬戌癸亥間）滬上豪富周湘雲（甬人）最欽佩先生者，每星期日總設宴請之。先生必偕余同去赴席。有客問，此何人，輒曰：「吾學生也。」故余於甲子元旦（是日立春，俗名歲朝春）清晨由先君率余正式及門侍函丈也。其時余尚學其篆法刻印，先生謂余曰：「你最好專學漢印，不必學我，學我即使像極了，我總壓在你頭上。你看，吳昌碩許多學生，無一成名能自立者，因為太像昌老也。」自後余即以專仿漢印為事。先生之能以真誠待余，純為與先君為至好耳。其後葉露園、方介堪、陶壽伯、張魯庵等等，拜師之後從未嘗以一語訓迪諸子，諸子以所作求正時，總是以「好好好」三字回答。其授畫時，亦不過碰到幾個女學生纏住求教，略為揮灑幾筆，作為示範而已。平時輒一支雪茄，端坐觀書，偶有作畫寫字，一見有友光臨，即擱筆暢談。不知者總以謂其祕惜藝術，不肯當眾寫作。更有，先生刻印之時間必在淩晨六時左右，故任何學生總未嘗一睹者，只余一人獲見三次，乃余曾求其賜刻名章即「原名𤰈」朱文，先生篆後囑余先去底，持去時，一時高興，無他人在旁，即取刀當面修改；又二次，余仿刻撝叔「小脈望館」白文一章，幾可亂真，先生亦一時高興，為仿撝叔原款，並代余作了邊款；又曾喜仿錢叔蓋（松）邊款方式（以刀側削而成）。只此三次耳。其執刀方式，與吳缶老所示余者，毫無二樣也。在乙丑年曾命余摹漢印仿「叔孺得意」一印（即後湖帆所賞識之印），並出示其少年在閩時將所有林氏所藏印譜，凡《漢印分韻》中所未收之文字，一一摹出約有二千餘字，命余將《十鐘山房》中之文字補摹增入，又得約二千字，並令余粘成六冊，仿《漢印分韻》例，以詩韻平、上、去、入排列之，名曰《古印文字韻林》云。

吳缶翁得盛名，半由藝術高超，半由王一亭（震）為日本三菱洋行總買辦時，盡力向日人吹噓，故民初日人求者紛至沓來，遂成權威。當時上虞羅振玉（叔言）最得日人信仰，羅於先生治印最心折，故亦向日本文藝界名宿盡力譽揚，故若內籐虎、長尾甲、中村不折等等名家，群以印相囑矣。先生治印之名，遂與缶翁並駕焉。丙寅四五月間羅叔言自津來申，寓當時其堂弟羅子經愛文義路（今北京西路）誠意里六百五十七號家中（子經為當時三馬路蟫隱廬書店之主人，專以出售羅叔言、王靜安國維之著作者）。五月五日，先生介湖帆及余同詣羅處訪謁，吳以《四歐碑》求題，潤二百元，先生以所輯《古印文字韻林》六冊求羅為作序，羅略一翻閱，即欣然允許，謂俟回津後，即可交卷云。乃事隔二年，一無音訊，至己巳年由羅子經擲還了，序既沒有，信也不答。至二月後，蟫隱廬竟有羅幼子福頤所輯《古璽秦漢文字徵》八冊出版了，價八元之巨。余由友人貽了一部，展視之餘，後六冊竟完全《古印文字韻林》之字也，前《古璽徵》二薄冊乃其子添摹者。先生所輯乃以詩韻分列，羅將之改成為以《說文》部首分列之而已，事屬編輯，無何版權可以交涉者。先生遂以一笑置之而已，但自此以後永不言及羅姓矣。此事被學生方介堪（巖）所知後，即自告奮勇謂先生曰：渠願遍借古印譜，重加增摹，然後出版，用償此憾云云。果然，又隔四年後，介堪居然增補成十二冊之多，以示先生，先生甚慰。勝利那年，三月十七日，師患肺炎，不治，逝世了。次年方君自溫州來滬，依靠張大千為生活，張魯庵向之索取擬以付印出版，並告之云：先生生前遺言，囑此書出版時，可與介堪名同列作為合輯者。乃介堪云：已遺失一冊，需重補了。孰料在四八年，反動派偽全國美協出版了一厚冊《美術年鑒》，內有全國美術家小傳一欄，方君小傳中，又將此書改了書名，謂乃其著作之一矣。嗟夫，先生一生心力，竟一厄於羅氏，再被盜於方君矣。張魯庵為之大歎不已。

在抗戰期間，余友潮州名士陳蒙安（運彰）為先外舅況先生之及門弟子，此人為當年上海十大小狂人之一。一夕，謂余曰：「你的貴同門葉露園，印刻得很不差，見人總是大談藝術，滔滔不絕，但他說到秦李斯『玉莇篆』時，總是讀作『玉筋篆』不已。將『莇』作『筋』，大為見笑大方。葉是趙先生門下，吾們不便說，你應告老師加以糾正的。」余後以陳言告之先生，先生忽以至嚴肅態度諭余曰：「巨來，如果是你讀別了這字，吾早早對你指出了。露園讀差這個字，吾聽了很多次了。

你要明白，葉來拜吾為師時，他是北京路福泰錢莊的跑街，本為一個不通的人，他是富家子弟，其父葉品林，是英國滙豐銀行的總會計主任，叔父葉扶霄，又是上海四行之一大陸銀行的總經理或董事長，露園本人現在已升為上海四明銀行的襄理副理了，他年也四十左右了。吾也不願再糾正，使他難堪了。他永遠不會吃我們這一行書畫刻印的飯了，讓其讀『玉筋』一世吧，你也不必向他糾正的。」先生之大肚包涵，不願多事，與吳缶老之性格，可謂異曲同工耶？抑老輩之涵養多若此耶？然而，葉公今竟已為靠刻印之名，作了文化界藝人之一了，豈先生生前始料所及哉。在六六年前後，露園作了錢君匋印人的附庸，錢、葉二君合作編輯了一冊《中國璽印源流》，將明清至近代已故印人各書小傳成一巨冊，內容至豐，但葉寫及「玉莇篆」時，一而再、再而三仍均寫「玉筋篆」不已，足證余言之非讏也。余在二十餘歲時嘗以「璠」字讀音為「藩」，先生訓曰：「這『璠璵』之『璠』，應讀音為『盤』。」余回家後即檢字典閱之，發覺「璠」字竟有三音，「藩」「盤」「芬」，均為十三元之韻也。事後深感先生之誨人不倦也，視後之對葉，純以顧及他之面子，是亦處境之不同，故一分為兩耶？

先是，馮君木（幵）丈之得意及門沙孟海（文若）二十前後，亦嘗私淑先生之刻印，後改以缶老為法，未成名家矣（「反右」鬥爭前之浙江省長沙文漢，其三弟也，故孟海遂出任杭州文博副館長矣）。昔年嘗與余論印，笑曰：「趙先生之印章，秀至極點，如出諸女士之手，真千古一人，韓約素（梁千秋妾）不能專美於前矣。」此言誠確當也。

先生性奇懶，抗戰前雖甚清貧，猶不肯揮灑，每至節日年關，始奮起書畫，以付欠款。其治印亦不自珍視，且少留稿。余於癸亥年曾以一空白小冊，求為留拓，十年之間，無一不精而美者，此為其全盛世期也，但不足百方，其少可知。其後凡有求之者，如周湘雲、譚祖安（延闓）、姚虞琴等所囑，悉命余捉刀矣。後被姚老所識破，對師大肆不滿。先生笑謂余曰：「只因你太要好，不像吾的草率，致被識破。」故余即從此不代筆了。以後諸作，仍然方君諸人所刻，故面目都非矣。先生坦然自若也。綜先生一生，治印確為其自刻者殆不過二千餘方而已，然視撝叔已倍之矣。先生曾以自鬮所作，以及後來者所存印拓，零零落落，盡以付余收集，迄丙子年為止，約共二千餘紙，余分門別類，保而藏之，至四九年又求溥心畬先生為楷書封面，擬以粘貼成集，永作紀念。至解放後，其族侄趙鶴琴，自香港寄來所精印先生遺作一冊後，又馳書來向余借先生之治印拓片，謂擬以再輯印集，以廣流傳云。鶴琴雄於財，故余即盡舉所存寄之，並作序文一篇附去（此文余五十元潤求當時詩人許效庳德高所代寫者）。熟料書既不出，印亦笑納，甚至與余從此不通隻字矣。余被其所紿矣，惜哉惜哉。今惟保存心畬封面一紙了。聞此兄去歲曾回滬探親，年逾八十矣。

又就回憶所及，涉及先生與湖帆當年二人共同對余關切之情感，亦應補記於此，永誌不忘。在一二八滬上第一次抗戰前夕，余方任職於本市通志館採訪員、編輯，時為籌委會，委員之一乃善化瞿蛻園（名宣穎，字兌之，駢文大家也），渠月支厚俸五百元，而終年燕居北平，從不上班，迨吳鐵城繼任上海偽市長後，本定將瞿解職易人，時葉遐庵（恭綽）方任偽鐵道部長，於吳氏離京前，堅持介余為瞿後任，吳允矣。及至申後，前市長張群亦堅囑以親信祕書馮若飛繼瞿之後，使吳大感為難，遂將籌委會改成正式市通志館，且聘柳亞子為館長，瞿、馮、余乃三敗俱傷矣。余因功敗垂成，傷感成疾，腹痛為絞，一日休克數次，諸醫束手。余之姑丈徐公，夙知余以追遊袁寒雲久，以致目濡耳染，從少不修行檢，遂向先生曰：某某此番所得病，乃荒唐結果，夾陰傷寒也，其死必矣。先生聞之，立即光臨舍下，至余床頭，擯去家人，詢余曰：外間都知你的病源了，為何尚諱不認承？少年偶有外遇，亦事屬平常，只要認識這點，即可以傷寒治之，性命可保云云。余謂外面全屬胡說，不是的。先生乃轉告先君曰：「某某殆因為吾是老師，其怕難為情，不肯認承，其與湖帆二人至好，物以類聚，當可無話不談，可請湖帆詢之，或可認承了。」先君遂詣吳宅泣訴一切，求來舍一詢究竟。湖帆笑謂先君曰：「巧得很，吾姊丈之侄徐產若，近方在法國學醫回申，只半個月，他是法國花柳科博士，現正在吾家中，當可命其一診，如是傷寒，某某也賴不掉的。」隨即囑徐君隨先君來舍。及徐診畢後謂先君云：是最嚴重的腹膜炎也，照例須開刀，但病逾半月之久，身體吃不消了，只有一方面以鴉片止其痛，一方面以火罐拔其腹水而消炎，一方面吾以藥治之，或可有救云云。當時即以余病況回告湖帆，湖帆立即送煙五錢親來慰問。自那時起，余日以吸煙、火罐、服藥，經徐君悉心診治，至四個月之久，始告平復。然而鴉片惡嗜成癮了，且以因病上癮，屢戒不能，直至五二年戒毒運動前一年始毅然戒絕者。湖帆直至禁毒後始戒之，事後謂余曰：「某某，人云戒了煙，是一隻腳跨出了棺材，吾體會是一隻腳跨進了棺材也。」蓋其戒時，嘗從床上跌至地上，咯血不止，故有此言也。余亦二年餘未穩臥全夜也，其痛慘誠非過來人不知也。今日回憶，如無黨和政府之雷厲風行，嚴施戒毒之令，則今日何能人人健康，為人民服務耶？黨和政府之恩德，如余者更應永感恩德也。及余病痊癒後，詣先生府中謝其關切之恩。先生乃笑謂余曰：「某某，你過去追隨寒雲、林屋，以及小報記者等太久，日與娼妓、女伶相狎，陳蒙安又總以『浪子』（燕青也，俟後再記之）叫你，難怪你姑丈疑你不檢行動，吾亦有所疑也。現在方明白，你並不這樣壞，你真可以當得起『一朵白蓮，出污泥而不染』也。以後，勸你早一點回家，當心剝豬玀啊。」以上為先生與余融洽相處之情況，以下當述抗戰後八年中最後之情況矣。

在抗戰前一年，上海有一紙業巨商劉敏齋，亦甬人，其地位後僅次於詹沛霖、徐大統二人耳。劉老年喪妻，擬續絃為內助，但有三條件：一、需大家閨女；二、需處女；三、需年逾四十者。先生次女時年已四十三歲，處女也，大家也，於是遂一說即成為姻緣了。劉僅少於先生一歲也。三七年繼北方之後，江、浙、皖等省相繼淪陷之後，梁逆鴻志出任大漢奸而為南京偽行政院長了。梁逆，先生姨甥也。斯際，先生外仗梁勢，內依婿力，已視書畫篆刻蔑如焉，而一班附庸風雅的仕女，紛然而至，拜列門牆，執弟子之禮，可謂群英雜湊，少長都全，有銀行經理、錢莊阿大、朝鮮女學生、青樓女畫家、紈褲子弟、沒落者、留學者，及其沒後，聞共得七十二賢之多云。最巧者，余以甲子元旦晨八時拜師，而最後一人為揚州潘君諾（然）於甲申年大除夕夜八時，先生已安臥於被中，潘君竟不事通報，直闖臥室，向先生跪拜行禮，口呼老師不止。

蘇、浙人家習俗相沿，最忌向已睡之人叩頭，況大除夕乎，尤認為大不祥之事。所以先生如夫人吳氏，向潘大罵云：你這樣冒失，明年先生如有病痛，要向你算賬云云。於是潘遁而逃了，不敢再去。至次年先生逝世了，潘失蹤了，後始知已遁至北平拜陳半丁為師了。在逝世之前，正月廿四日為先生七十二生日，向例，所有學生必設席公祝千秋，是年主辦人章雲龍（四明公所經理）竟即在該公所寄柩丙舍之隔壁房廳上大擺宴席，亦可謂奇怪之至矣。

茲再回溯癸未年先生七十大慶之盛況。在上年十二月，梁眾異特招余至其滬寓，告余曰：「吾少受姨夫恩惠，至今不忘，明年正月，他七十大慶了，吾想藉慶祝，稍稍報德，請你去問問諸同學，如有壽屏，吾列一名，在你之上，想總有這資格，你不會反對吧（因余曾與之衝碰，故以是言嘲余也），這壽屏所有費用，全歸吾一人負擔，如沒有，吾可送一堂京劇，演戲為壽，望即一問，來告吾為要為要。」余次日即以詢諸先生最親密之學生張君魯庵，魯庵云：「一概都沒有。」余即以張君語，回覆了梁氏。梁氏乃於癸未正月中旬，特以汽車接余並迎先生同詣其家中設盛宴款待之。未入席前，梁氏私謂余曰：「吾擬送二千元敬祝，你看如何？」余謂可以了。席後，梁氏並出示三十三頁宋人墨跡求審定。余亦侍觀，今只憶王安石、辛棄疾、岳珂三札矣，半山字至劣，辛亦平平，惟岳珂字特佳耳。岳珂之字，寫作「玎」，據考據，宋時以上飭下之札，簽名例減筆也云云。是日賓主至四時始盡歡而散也。詎至廿日晚間，張魯庵招一群學生聚餐，席半，張氏忽取出白宣紙三幅，第一幅上寫第一等學生，每份壽金一千元，第二……每份壽禮五百元，第三⋯⋯每份二百元。張氏首先擲向余前，曰：「先生七十生日大慶了，你看看，應寫在哪一等？」余展視之，第一等上，張已簽了第一名，次陳子受、葉露園、葉黎青（錢莊阿大）、洪潔求（之江大學教授，法文學博士也）、裘蔭千（方九霞銀樓老闆）等等。余當時先已徵得先君同意，擬敬祝五百元為壽矣。至是，余立即向張云：「第一等我沒有資格，第二等中生，不做，做了末等人吧。」不俟張氏發言，即簽了第三幅中名字了。張乃再遍命各人簽名，至徐邦達、陶壽伯時，他們二人本以余為榜樣者，當時亦擬簽於第三幅上，張竟指桑罵槐說道：「先生對你們不差呀，哪能不在此時表表恭敬呀？不行，不行，至少五百元。」二人無奈，均簽了五百元。徐富家子也，雖吝尚可應付，陶為上海紗布交易所之小職員（拜師為余介者，後可記之），月薪不足四十元，刻印生涯又不佳，一時簽了五百元，只能借債以付了。故事後大詆張等不已也。至廿四日，趙府大張宴席於永安公司樓上大東酒樓，下午五時，先君率余詣大東拜壽，至時但見全樓面獨為趙府一家所佔有了，設席七八十桌之多，中央台上，大演京劇，四壁遍懸壽屏，撰文者為四明古文家舉人張于相（原煒），書者何人已忘了。讀文章內容，竟不似壽先生一人之文，而乃大頌張魯庵如何多才多藝，如何收藏之珍貴，如何為趙門之唯一佳弟子等等。來賓大都為劉婿之友也。及六時正梁氏來了，先向先生跪拜如儀後，即起立四周狼顧一番，即招余坐其身旁，先指壽屏詢余曰：「這是甚麼？」余曰：「壽屏呀。」又指戲台而問曰：「這又是甚麼？」余曰：「在唱戲呀。」梁即獰笑而言曰：「去年十二月你來說的，都沒有的嘛，你大概是姓王？吾是託人託了『王伯伯』了。」其時眾目睽睽，相視愕然，余竟至無地可容也。到席半上大菜時，俗習，例需小輩敬酒，其子、女、婿敬後，輪到學生了。張等尚未及起立，徐邦達突然搶先向眾同學曰：「敬酒吾們應當請大師兄帶領，請陳某某帶領如何？」眾人均同意了，徐乃趨至余席相邀，其時余本思強壓怒氣，不必多事，故以輕聲告徐云：「吾不去的，讓他們去敬吧。」乃徐竟以言激余曰：「你是大師兄，你不領頭，哪個領頭呀？」至此余回顧，梁正側目相視，遂忍無可忍，乃亢聲而說道：「吾是三等貨色，不去不去。讓第一等貨去敬吧。」說畢，將掌向桌重拍一下，杯筷全部飛起。時數十席客人紛紛遠矚，而梁逆竟亦為之呆視矣。那時余即拉了先君離席回家了。以後如何，余不顧也。第三天，先生命其長子益予兄來舍謝歲，問因何前天如此發怒？余即以過去一切詳情告之，並謂益予云：「前天梁老闆（漢奸背後，都以老闆稱之者）對吾的態度，眾目共睹，使吾太難堪了，應求先生一切明鑒諒之。」隔一日先生親召余去，亦云：「吾不怪你，但請你也稍對他們（指張等）原諒一點，他們也是為吾呀。」余曰：「吾完全是對梁眾異而引起，不然，不敢如此也。」先生是偏袒張氏，余指梁氏，亦意在言外，指梁而偏對張也。先生只能一笑了之矣。那年秋，張、陳、二葉四位又為先生編拓《二弩精舍印譜》一部，都八冊，而內容竟有十之三為代筆，每部價五百元之巨，又是硬派人購取者。內有「叔孺篆巨來刻」刻明於邊款者，亦採入，余向洪潔求教授處借觀後，又問先生云：「先生，這印譜未免太雜了。代筆是內行一看即知的，未免使先生有盛名之累的，如縮成六冊，亦盡夠好而且精了。」先生乃曰：「吾本不問此事，由他們幹的，你說得很是，但已無及了。吾悔不囑他們讓你先看一看呀。」至此，余乃感先生尚無聽取眾佞，擯棄余於門外也，故遂捐棄嫌隙如初矣。是年，徐邦達又去拜了湖帆為老師。先生得知後，一日余與邦達同在趙府，先生謂徐曰：「邦達，你近來又拜了湖帆做先生了，湖帆山水是真有功力者，你能多向他學學，是有幫助的，吾應當向你恭喜的。」這種態度，較之賀天健、吳湖帆之妒嫉成性者，何啻天淵之別耶。至乙酉三月十四日，先生次女劉夫人（時劉敏齋已逝世矣）請先生至其家晚餐，先生竟連吃四喜肉四大塊，以年已七十二歲了，不能消化，遂以患急性肺炎逝世，逝世之日，為三月十七日淩晨，余與同門竺君修瑜，及程祖麟醫生，三人均親侍在側送終者也。時日寇已面臨崩潰之前夕矣，故梁眾異竟未遑親來弔奠矣。

先生及門七十二人，余從遊最久，乃亦未獲全數見面，惟一事尚堪記之。在抗戰前，某日余正在先生家中，忽見有松江人夫婦二人，自我介紹其夫人以贄敬百元，受業名帖一分，拜之為師，女名韓娏。先生笑謂之曰：「這娏字，應讀甚麼音？我做了先生，竟先要請教了。」她云：「音『癡』也。」談一小時即去，豈知從此音訊沒有了。後先生一再託松江人訪問伊人消息，竟無一人知者，亦異事也。又，先生女生甚多，能書能畫者為厲國香女士，通日文者為朝鮮人金明輝女士，名為能畫者林今雪女士。林出身於青樓，名小林第，初嫁江子誠（即與湖帆作調解之人），江為更名林尊紫（江又字紫誠），初命拜揚州造假畫名家許徵白（昭）為師，為之代筆，後偕之再拜先生為師，江與先生老友也，故不能拒之。後與江離，在先生

陳巨來自刻扇骨

七十生日那晚，梁眾異經先生如夫人介紹將林女與梁見面，梁老而彌淫，睹林如此姣而且美，為之眉目傳情不已，是夕對余是金剛怒目，對林則菩薩低眉，片刻之間，兩隻面孔，見者都竊笑不已。不久，林為梁妾矣，梁為更字曰「尊志」矣。一日畫家商笙伯（言志）笑譏先生如夫人曰：「你告梁眾異，他名鴻志，吾名言志，林尊志應當為吾們所共有呀。」先生聽了，亦無可奈何也。先生晚年，對此如夫人，竟寵任逾恆，她不論何人都不避了，獨怕商笙伯面責莫怪，後見商老一來，即避至後房而去。其次，見余亦不敢肆口妄談，余於任何女子，都無所謂的，獨於尊長之夫人、妾侍，從不敢露絲毫輕佻之態，故先生如夫人亦不敢稍稍現其原形矣。先生晚年，不免為伊稍稍所帶累清德也，亦可慨矣。

記大風堂事

大風堂者，四川內江人張善孖、大千昆仲之齋名也。

善孖名澤，自號虎癡，行二，生於清光緒壬午年(一八八二）。父某聞為松江鹽官，故久居松江。善孖夫人，即松江人。善孖擅畫飛禽走獸，尤以畫虎馳名當代。卒業於日本東京美術學院，故所作略存日本畫風格云。弟兄八人，大千行八，其季也。大千初名猿，字季猿，後更名爰，號大千，生於己亥（一八九九）年四月初一日，少於善孖十七歲。亦卒業於日本，但所學者為印染紗布之技術耳。其所學畫，完全為二兄所教者。善孖性嚴肅，不苟言笑，故大千畏之如嚴父。二人均美鬚髯，長幾及腹（大千二十餘歲即長髯矣）。

甲子（一九二四）之前，二人即來上海，居西門路西成里，家在弄內，畫室在沿馬路樓下，樓上為黃賓虹所居者。當時以外路人來申鬻畫，無人注意。時滬上書家清道人（李瑞清，字梅庵，以一餐能食百蟹著稱）、曾農髯（熙）正大名震全滬，門生極眾。二人遂亦執贄侍函丈，並組曾、李同門會，為健將矣。一方面上海一川菜館名「蜀腴」者，為二人同鄉好友劉某所主持，故善孖之畫，自該館大廳以至每小間雅座中，全部懸滿，作為宣傳之用也。時曾農髯與叔師為至友，故以一幅善孖畫虎裱好以贈，叔師懸之壁上。乙丑、丙寅之間事也。余至趙宅見後，以問此何人也。師云：「四川畫家，曾、李門人也。」時余常至西成里進謁黃賓虹先生，遂見及善孖常據案而授徒作畫。一日，賓翁已出門，其家人云，少頃即可回家，囑隔一小時再來即可。余下樓立於沿馬路候之。是日在窗外見二長髯弟兄正在合作，兄畫虎，弟補景。余已知必四川人張氏矣，即立在門外窗口呆看。善孖年將五十，大千未三十也。善孖見余時至樓上之小客人，乃趨之窗口謂余曰：「小弟弟，你進來坐坐嘛。」余遂至其畫室，問之曰：「你是張善孖先生嗎？」善孖驚問何以知之。余告以在趙師家中見過大名矣。善孖遂詳詢余姓名，知余能刻印者，乃以大千介紹為友。時大千只對余笑笑而已，因其兄正與余款款而談，未敢多插言也。自此以後，善孖常以印囑刻，而用之矣。余因其雅意殷殷，故未嘗取分文也。善孖性豪爽，時謂余曰：「吾們兄弟二人的畫，可以任你點品的。」於是余時以扇頁等向善孖點品畫墨老虎，索二人合作甚麼美人（大千畫）、伏虎圖等等，他們無一拒絕者。

至庚午年（一九三〇）後，大千遷至浙江嘉善縣居住，每年甚少回申，故余與之甚疏遠也。善孖嘗謂余云：「只要是你至好朋友，由你代求吾畫，決不需潤資的。」余深感之，然從

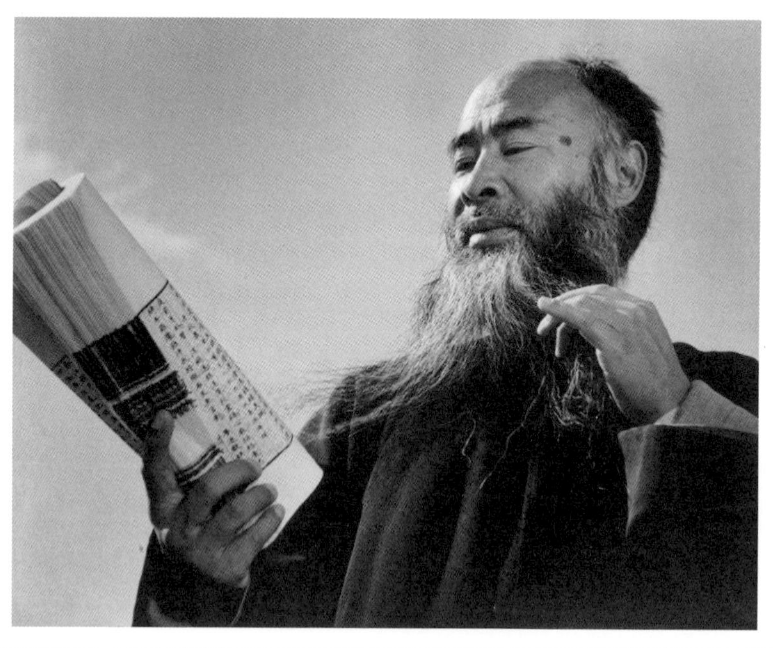

張大千

未以一單款畫或他人雙款者委之也。抗戰前二三年間，善孖與葉遐庵丈二人買進蘇州網師園，同去蘇州作寓公了。而大千先亦獨去北平，在西山頤和園作寓公（時叔師門人方介堪以在滬刻玉印，被捉刀人高渭泉所拒刻，觸了霉頭，在滬無人問津，亦追侍大千而居西山數年之久，全家生活，悉為大千所賜者。及抗戰後，大千去四川成都，介堪亦回溫州矣）。聞葉遐丈云，善孖居蘇州時，特由四川買一乳虎，運至網師園中，既不以柙，又不以鏈鎖之，任虎逍遙園中。四鄰驚怕，群起要求鎖於鐵籠中。善孖遂託人運回四川，放虎歸鄉云。抗戰後，善孖獨往美國賣畫，達六七年之久。勝利之初，乃自美乘機回國。一抵香港，即病不能興，逝世矣。只遺一女兒，名嘉德，今尚在滬，為小學教師也。以上為余與善孖獲交始末，其下專述大千事矣。

大千性豪爽，如其兄，但喜嬉謔，不修行檢，艷聞逸事至多也。其居嘉善時，即專以偽造八大、石濤、石谿、漸江等畫，出以售巨價。時滬上大豪富程霖生，收藏八大、石濤等等，不下數百幅，十之六七均大千一人所作也。嘗有一笑話：一日，程以巨值收進一石濤精品畫，故意請大千去評定。大千告之曰：「偽作也，不值錢也。」大千出程氏門後，即屬另一估人願以二千元買之，且放空氣云為大千所欲買者云云。程大怒，即以三千元收進了。大千淨得二千六百元，以四百元酬於估人矣。大千之善用估人為之作幫伙者，多如此也。又一次，程以六千元買進八大畫花卉四幅，每幅長一丈二尺，闊只一尺餘，內一幅，畫荷花一枝，枝梗長達八尺餘，一筆到底，一無屈折。程氏告人曰：「這總是真的了，大千哪有此魄力耶。」

勝利後，程已死，有人以此詢之，大千大笑云：「將紙放於長桌上，吾邊走邊畫也。」又，湖帆受紿之梁楷《睡猿圖》，余問之：「何以用日本烏子紙，而湖帆亦專用烏子紙作畫之人，會看不出的？」大千云：「畫好後，放於露天之下，任日曬雨淋，紙質變成黑暗破損了，然後再加工修整補治之，題了一首廖瑩中字，沒有古本可對的呀。」張氏初起時，蓋以是積資而為一收藏大名家。他們收藏張大風畫至多，故以大風堂為齋名了。

大千在抗戰前，所作人物開相，無一而非張大風風格也。乙亥、丙子之間，大千來滬，笑謂余曰：「某某，吾現在畫仕女，專從美貌取媚於人，每幀需三百元。請你原諒，如要我畫仕女，只好專寫背影，不給你看面孔了。」其實說穿了，是在仿月份牌上美女也，騙騙人的錢罷了。遂陸續為余畫了數紙，均窈窕淑女之後形也（今竟無一存矣）。大千善寫真，他兄弟二人之面目，大都寫作鍾馗之壯，用以自怡。先君因見大千為曾農髯所作立像一幀，有若攝影者，因命余請求為畫一幅。時先君年六十六歲，亦留髯矣，多花白者。大千欣然應命，即蒞舍下進見先君，坐談約半小時，即謂先君曰：「請攝四寸側面一小照，俾作參考即可。」臨行謂余曰：「吾當為老伯顯顯本領，寫一白描立像，鬍鬚花白色了，吾可以以黑筆表現出花白色也。」並云：「畫人像著色者，易於像真，白描至難。吾因二哥與你交情深厚，故特作白描。生平除為父親一像，寫的白描，此第二次也。」及攝影送去後，只三天，即又囑余去一觀。乃以一整張五尺乾隆紙所繪，當時只寫好一面部。大千云：如不合意，可重繪也。余謂至佳。黑白鬍鬚，只寥寥幾筆，宛如黑白相間也。大千遂立刻補衣褶，長衫也，背手而立。又畫一臥地虯松及坡石。畫畢，謂余曰:「老伯身頎而挺，故作矮松，以更託出高視岸然也。」大千只與先君談半時，畫成後，不但面目神似，即立形亦完全無爽分毫也。及勝利那年，先君壽八十，余又以此畫求補梅花一枝。有人見了，亦擬求畫小像一幅，大千索價如著色需黃金十五兩，白描倍之。非勒索也，乃拒之耳。

先是，在北平「七七」中日事起，大千正在北平，遂攜家眷歸四川成都（方介堪失依靠回溫州了，叔師七十生日，渠不在列也）。大千在滬時，與比鄰謝玉岑（覲虞，稚柳之兄也）為至友，當時渠所作長題，聞均為玉岑所捉刀者。後在四川，與稚柳遂成莫逆矣。在四〇年至四四年之中，大千偕稚柳同至敦煌長住，所有大小壁畫，大千臨摹殆遍。據云，先以薄紙命兒子學生等，搭高架上去用筆細勾，然後取下，用刻碑帖方法，紙背以朱或粉重勾後，再拍於巨布上（最大者三四丈長，二丈以上高也），由大千親自執筆，對壁臨摹而成，大約一二百幅之多。嘗攜至李宅亦有十餘件之多，藻井亦有甚多。當時所用顏料，石綠、石青、硃砂，均五百斤以上，以專運機飛運者。這三四年大千專心所仿者，大都為隋、唐、五代之人物、樹木、山石、花卉等等，故其作風一變，與前判若二人矣。

勝利次年，丙戌二三月間，大千攜在成都所成山水、人物、花鳥，大小約一百五十幀，來上海寓李祖韓、秋君兄妹家中，假當時成都路中國畫苑開近作展覽會出售，每幅高者價黃金三大條，小者亦需四五兩也。當時祖韓為滬上巨駔，長袖善舞，加以大千畫風工美絕倫，二者配合，故開會雖云七日，三天即售光了，且多復訂之件，當時共得黃金四十二條之多。當其初抵滬之次日，即囑李氏請余去相見。大千謂余曰：「吾有習慣，每隔五年，必將所用之印章全部換過，防學生們仿造也。前在北平時，因介堪在傍（旁），故都為所治。至四川、敦煌之後，因無人可中意者，故勉強仍用方印近十年了。現在這帶來的畫件，大都沒有鈐印，請你盡十天內為刻十餘印，可以鈐後展出了。」時余以勝利後，生涯比較少了，故當時即應允，一星期趕了十餘方付之應急。時方介堪在溫州，未及知此消息也。

大千得此四十二大條後，即偕祖韓之五弟祖元飛至北平，因其時溥儀從吉林逃出時，所藏古畫、所攜古物悉為蘇軍所劫留，流散北方至多，大千攜款去收購也。一月後即回上海了。祖元告余云，大千以廿大條收購了南唐顧閎中所繪《韓熙載夜宴圖》一長卷，為當時顧閎中奉李後主之命偷看宰相韓熙載在府召伎及幸臣等夜宴歌樂之景況者。圖如今之連環畫，接寫五段之情狀者云。又以十八條共得三卷子，一錢舜舉《楊妃上馬圖》、一燕文貴《山水》、一宋人《百馬圖》，一月之間，所存四條而已。是時大千應眾友之請出示《夜宴圖》，過三四日，大千獨留稚柳及余二人囑最後俟群賓散後再走云云。至夜十時後，又出一《夜宴圖》給稚柳賞鑒矣，笑曰：「前出示者乃副本也，此方為真跡也。」余外行也，覺二卷甚相似而已。後大千告余云：「偽者少了一小段，真者隔水綾上多一段年羹堯親筆題跋。」余觀後，始知年款已挖去，只下存一印尚能看出為「雙峰」朱文印二字，年字雙峰也，一筆柳公權體。據考，此卷初為年藏，年賜死後，抄歸大內，此款挖去者也（此卷在解放後由徐森玉之子伯郊攜歸中國，由故宮博物院以四萬美金收購矣。聞當時有二三件，餘二件未詳了）。

是年五月，大千即又回成都作畫矣。丁亥（一九四七）春又來上海再開展覽會，只賣三十六條矣。是年李宅客至多，應了一句俗語，戶限為穿了。是時方介堪又來做座上客了（上年四月即來的，大千臨行畫十幅二尺立幅，囑李宅轉交於方君，由渠出售，以度生活云），並又為大千刻了印，大千悉未用，但每月允給以十幅畫資助之。祖韓兄妹至勢利，對方冷淡異常，從不留之一餐也。某日，有一某君來訪大千，見桌上有數印，詢以何人所刻，時余正坐其旁，大千為作介紹曰：「這是這位陳某某所作，現在全國第一手也。」余見方君坐在後面，面露不愉之色，余急指方君介紹曰：「張先生過獎了，現在第一名家是這一位方先生呀。」大千當時亦似自悔失言，但一瞬之間，竟補充一句曰：「方先生雖好，但總不及陳師兄的。」方大慚，不辭而去了。祖韓笑云：「如第一手，不至於要你（指張）的畫去變鈔票了。」

其間尚有二三趣事，述之如下：一、有中國化學社（出三星蚊煙香者）總務科長應某某（名耿，字蓀舲）為祖韓之伙員也，嘗以數百元買一部石濤尺頁十二開，思賺錢出售，估者只還八百元，應擬求老闆李祖韓乞大千題一跋，可高價值。而大千一看，笑謂之曰：「這是早年吾假造的，你速以八百賣去了罷。」應氏竟託祖韓求大千題為己作，大千不允，祖韓要求不已，大千一餐謂余曰：「這叫我做賊寫供狀，如何是好。」祖韓以目示余，勿多言。余笑謂之曰：「你只要寫某某以此見示，乃早年醉後胡作者，為之恧然，即可以嘛。」大千無奈，即照余意寫了，應君即以二千元出售了。二、一日有北方某估人持來一小卷子，求大千審定真偽。啟視之，為溥心畬所畫山水也，題款寫大千、心畬合作。大千笑云：「這是溥先生的筆，但吾沒有一筆也。」時溥畫價遠遜大千，這估人大為後悔，云不該收進云。大千見其像要哭了，遂立即取筆加了很多，並再題字曰「丁亥某月大千又筆」，付之曰：「這總真正合作了，你可稱心了罷。」其人稱謝不已，大喜而去。大千之善於應付估人，於此可見矣。故凡估人掮客，每為之樂於奔走也。視湖帆之專得罪於人，大有分別矣。三、大千對余云：「你要吾畫，不問甚麼難題目，吾都接受，惟寫對聯，必須叨光五元一副的，因吾代理人陳德馨，為吾做事不取薪給的，說明每寫聯帖，一件五元都歸他取去的。」陳君嘉善人，即大千住嘉善時房東也。大千每月書聯極多，陳藉以為生也。大千去國後，猶時以金錢接濟之，直至其死為止。其待人之厚又如此也。四、憶在戊子年（一九四八）春日，大千第三次來滬開畫展，時物價日增，金融日緊，故只得二十八條黃金矣。有一畫，五尺中堂，上繪五種顏色之牡丹，下右側繪一西洋獵犬，純墨色，左上側繪一純白色鸚鵡，細鏈鎖一足，停於一架上，上覆古錦袱，工筆花紋，標價三條半，竟未能售去也。余請求攝一影見貽，至今此影尚保存也（又有一橫幅，所繪約廿株枯樹根，各不雷同，補以小橋立一老人而已。大千云此寫成都郊外之風景非杜造者，亦特攝影贈余也）。

在三月初，尚有二事可記：其一，是時大千仍每月作畫，二尺者十幅，以贈方君介堪，俾養家活口。是月有一幅白描人物《東方朔偷桃圖》，特精，可賣四百元。時上海大同影片公司老闆柳中亮，因刻印與余至熟，柳囑余代求張氏人物一幅，價不拘云。余因念及方兄窘況，故告柳氏曰：「正有一張白描佳作東方朔，價需四百元。」柳允之。余即以電話告知三馬路宣和印社老闆方節庵（介堪之堂弟也，介堪每來滬即住其店中也），囑其準備好，余即陪同柳氏至該店取畫付款。及取出來一看，東方朔面目全非矣，最奇者為東方老頭嘴唇與雙履同一重硃砂顏色，石綠、石青之衣裳，相映交輝。柳氏對余曰：「吾要的是你所介紹的白描，這五顏六色，吾不要的。」遂去了。次日余以詢大千，猶以為張所加色者。大千初聞余言，以謂余誑之。余囑追回一看後，大千為之大慍，很不愉快地謂方云：「你要著色人物，盡可以向吾要嘛，這一張變了城隍廟裏花紙頭了，放著罷。」方氏大窘而去。這是大千事後告知余者，當

張大千與陳巨來、謝稚柳等人合影

時實況想很緊張也。自此以後，一畫也不給了，方亦絕跡不去了。四月一日大千五十生日，李氏兄妹及數十個上海門人為之祝壽，攝影留念。次日大千在豐澤樓設四十席宴客，方氏均不來了（聞已回溫州也）。

某晚大千謂余曰：「某某，這三年來你為吾刻印超過一百方，且多象牙章，你不肯取吾分文，吾亦只為你畫二頁扇面、一張花鳥尺頁而已，你比介堪，人格大不相同矣，吾回成都後，必將吾所有技藝、本領，分畫在十二個大扇面上，山水、人物、花鳥、走獸，白描、金碧一一應有盡有，惟反面一定亦由吾一手包辦的。」惜是年秋日，一去國外從未歸來，此諾成空矣。當時又謂余曰：「吾將耗半月之力，先為你作一三尺立幅，你題目再難，吾必滿你的意如何。」余戲告之曰：「一、要畫工筆正面仕女；二、要半身的，露兩手，十指交叉，手背向上，託住下頷；三、不要園林花卉作補景。」余並坦白告之云：「昔年一女友，余與之纏綿悱惻近四年，惟未及於亂，幾墜於情網之中（陸小曼嘗見之，謂余曰：生平所見絕色佳人，一、梁思成夫人、林宗孟女兒；二、即斯人焉。吳湖帆亦驚為天人，幾乎被牽入鬧笑話），此形儀斯人之小影也，恨未索回珍藏，故錄寫此景耳。」大千欣然應命，寫一半身者，憑窗口向遠凝視，雙手手背託頷也，衣一淡藍色衫，至平常，但雙袖為古錦闊邊，花紋窮極工細，背後補景，為六扇朱漆屏風，只露三面，屏面畫白玉嵌的荷花數朵，翡翠嵌的大荷葉，屏架上端紫檀雕花，亦窮極工細，荷花、荷葉，表現出是嵌玉、翠的，寫單款年月臨顧閎中筆數字而已。大千笑謂余曰：「吾生平作畫從不用火燒柳條先勾的，這畫雙手十指纖纖，相叉向下，十分難表現真切之狀，吾只能命女學生坐在對面，做了模特兒，吾用柳條勾了才畫成的，你這題目真是惡作劇也。」次日命陳德馨私自來告，有某君願以二大條購之，故特寫單款，不妨賣去，有機會盡可畫也云云。余未允，即日付裝池，配紅木鏡框懸之書齋多年。「三反」「五反」時，余刻印幾中斷，故不得已由名伶王琴生攜去賣於某劇院老闆，送來了黃金六兩，余即變成了煙土，真應了一句文言，悉化煙雲矣。

其二，是時上海風氣，凡能畫者，不拜湖帆為師，即拜大千為師，甚至有雙方兼拜者，時叔師已故，極多學生紛紛拜了湖帆門下了。時有一余至好之女同門，夫家世家，均大呢絨商也，她能寫能畫，在趙門時，對余最親近，端重可敬，時至舍下之女同學也。她以叔師故世，花卉乏人指導，故特來求余轉介於大千之門，余以為至易之事也，故一口允許了。即至大千處介紹情況，當時大千只微笑不置可否，余三度往催，均以兩可之間，不拒亦不允也。一日清晨，見旁邊無人，又催之，大千笑云：「某某，你是知道吾的，寡人有疾，寡人好色。吾的新太太（徐氏）即女學生也。有時女生為吾披一件衣、紐一個扣，吾常會抱住強吻之。你所介紹者，為你女同學，又是大家之婦，萬一吾不檢細行時，使你介紹難堪也，所以不敢允也。」余笑謂之曰：「斯人別號『無鹽』，故余與之至親近，保證你不會涉遐想也。」大千遂允了。訂了日期，拜師了。余因介紹人關係，偕女同學同去（是日另有人介一女士童某某與之同拜，余所見大千女學生中以伊人為最美矣，余竟稍涉遐想，後一見之，即避之不遑，免鬧笑話也。而伊人誤以謂余輕視之，有冤說不出也），及拜師時，秋君先告以儀節，蠟燭要點的，絕對禁止點香，因張氏天主教徒云，牆上高懸善孖遺像，請善孖夫人參加，學生例需先向遺像及二師母各叩頭八個，然後大千方居中坐了，受學叩頭亦八個（師母殆不止一個，所以從不參加也），可謂繁矣。禮畢後，大千必告學生云：「吾是二哥一手所教出來的，所以你們必須先向二老師、二師母叩頭的。」據秋君告余云，大千事嫂如母，撫侄女如親生。其存心之厚，余書至此，羨煞矣。四月一日之攝影，此二女生亦立於後也。事後，余笑問之云：「這位女門人，你要她披衣、紐扣否？」大千笑謂，敬謝不敢當也。

又憶及一事，在張生日之後，祖韓之二弟祖夔又向張介紹一女學生，名林今雪，祖夔先告大千云：「趙叔孺的女弟子也，雖出身青樓，趙先生極賞識之，謂今之馬湘蘭、顧橫波也。」大千立即允之，訂期拜師矣。前三日忽詢余曰：「趙門女學生中有林今雪其人否，你相熟否？」余告之曰：「確有此人，老女學生了，先嫁江萬平、一平之父，名江子誠（即強為湖帆作施女調解人者），後嫁梁眾異，半年即下堂。余在趙門時，只老師正月廿四生日公宴時必見到的，平日她至趙府時，從不廁身於男同學一起的，故見面至多彼此一瞥而過，從未談過天的，也久已未見了。」大千笑云：「真的嗎？」余云：「當然真的。」大千云：「後天她來拜師，並有兩席酒的，你也來看看為要。」至期，上午十時後余至李宅，時拜師典禮已畢，李氏五個兄弟、秋君、稚柳等均在圍住大千師徒二人作閒談，均在大千臥室中也。余甫入，今雪一見即趨至門口，慇勤握手，熱情呼余曰：「某某兄，一年多未見了，你好呀，請坐。」余當時頗感突然，何故如此相待，一轉念間，即恍然，她若仍一如往昔之態，將使大千等疑心，連趙門大師兄都不熟悉，那是一個起碼貨了，故亦立即慇勤問好不已了。時房內已客滿，余與她二人只能互坐於大千床上（床中間橫置的），余背大千而坐，她面向大千而坐，各以一手撐於床上，余又未便與談叔師事（她方拜師，即以死者相談，大千至迷信之人也，不可提也），只能各自編一套，暢談不已了。余深諒她要一點趙門要好同學的姿態，勿使大千輕視而已。故一切由她做了導演，余做了臨時主角而已，二人完全在台上演劇，大千、李氏等等身如看客，尚未知此玄虛也。直至十二點後，梅蘭芳、魏蓮芳、王少卿、倪秋萍四劇人來了，余始下場。及入席後，大千與梅為上座，余與稚柳次之。第二席秋君上座，徐氏新太太次之，今雪一人彬彬然周旋於二席之間，第一流風流人物之態，所謂應對有禮者矣。第一幕方罷，二幕又上場矣。先是梅與余在湖帆家中常見之人也，見必殷殷守北方風格，先問先外舅家中情況，次及又韓小宋昆仲情況，並託代問安好。余每答，梅必立起垂手而聽，並連稱「是是」，是日亦不例外。照例問答後，梅即向大千連連表示欽佩之意，大千亦極力對其表示崇拜，兩人竟致同時出口說：「你第一，你第一。」（這在彈詞中雙檔不按次序，二人同時開口，名之曰「雙出口」云）其時謝稚柳坐在梅左，笑謂梅曰：「你與大千、某某，三人均第一也。」梅連稱：「哪裏哪裏，不敢不敢。」大千笑問何以見得，謝云：「梅先生遠赴國外演劇，得博士而歸；你在敦煌，政府為你特派專機，飛運一千幾百斤顏料供你揮灑；陳某某，全國名書古畫上面，所有收藏印章，完全出於他一人之手，這在中國藝術家中還找得出第二家否？」李祖韓、祖夔二人又附和而說：「對呀對呀。」

至二點後，這二幕爾虞吾詐的喜劇，總算勝利閉幕了。客主都去後，大千竟指住了余大笑曰：「某某，你前天說不甚熟的呀，今天這麼要好，親密，還說不熟嘛，你在吾面前還要假正經，真正不老實。」余一笑告以原故：「她甚麼人，這點不會嗎。」大千笑謂：「你裝的嗎？」余回以四字曰：「你笨極了。」大千回余曰：「你聰敏，吾明白了。」二人大笑不已也。

大千畫名，名震遐邇，但對任何人，從不稍示驕傲之態，即有不懂畫之人，求之作畫，亦必立揮而就，從不拒人於千里之外也。余曾代友求畫，詢以需潤若干。在無人時，大千謂余曰：「你當著人問我，使我難回答，以後你看對方與你的交情如何，由你定，不問多少錢，少到五元也可，只要包在報紙中，當人面，只要說：這裏面是潤筆，我決不當人啟視，隔十天我必畫就的。」這種風度，使人哪能不感動耶。是年五月回成都時，上夕，祖韓當余面交以大條七條，謂之曰：「大千，你三次展覽會，收入一百餘條之多，第一次你只帶回四條，去年帶回十餘條，現又被你耗去廿一條，所存只七條了，希望你省一點了。」大千唯唯而已，云：「八月秋君五十生日，吾再來可也。」至七月，果又來了，送的甚麼禮，余未知，但囑余與他各刻一印為壽，他仿瓦當文「千秋萬歲」田字格朱文，余刻「百歲千秋」四字，適不謀而合，亦作田字格，兩印相較，余竟為之黯然失色矣。大千此作有特殊風格，齊白石望塵莫及也，「千秋」二字蓋合二人之名耳。是年秋，先君年八十二，已患癌，群醫束手矣，日需服羚羊角昂貴之藥，大千知而不言，每夕即繪一三尺餘之元人寫經紙上墨筆山水一幅，又作仿漸江僧山水著色長八尺之山水一幅，均單款，精裱後，囑余任選其一。余取元人寫經紙者，云某生可以一千二百元金元券購去也。時金元券初發行，一兩黃金二百元也。余攜歸展示先君，時已距逝世只二日了，先君殊賞識不已，余即攜去又屬大千補一雙款，並請示以圖名。大千云，因寫經紙色灰暗，故寫岷江之夜景，可名曰《岷江曉靄圖》，並屬只可有機求心畬寫引首，湖帆可求題也云云。先君逝世了，大千又贈奠儀一千元，並親來叩頭、弔喪（湖帆只屬學生代表來，奠儀四元而已），余至今永銘五衷也。余去踵謝時，大千謂余曰：「宋美齡數次囑張群來命代為設計繪婦女禮服圖樣，卻之不敢，只有一走了事。吾此去，再來上海，恐遙遙無期矣。吾先與你聲明一聲，吾自己從來不寫信的，你如有信，吾不覆的，只有囑人代覆，要請你原諒的。」果然一去不返了，亦從無片紙隻字相示也。但在「三反」「五反」時，他又囑善孖夫人送來一百元人民幣。後接善孖夫人至巴西供養。六三年善孖夫人逝世於巴西，上海大風堂門人公祭於其家中，余非學生故未去。後大千寄來十七幅畫，每一門人一幅，均花卉而已，特別附三件：一紙乃整幅四尺，繪墨筆荷花，以贈湖帆者；一張四尺紙對開，余與秋君各一條，均山水也。余一紙上畫二男子在山坡間閒步作相談狀；秋君一紙，山水更工，各山各嶺旁題某某山、某某嶺，均巴西山景，而大千為之杜撰一名耳，上繪一小閣，一男一女作相對坐談。稚柳大笑云：「這二人代表他自己與你與她也，聊以自慰耳。」以上為記其過去之情況，下再述瑣事數則如後。

大千雖以畫名，但生平從不自炫自媒，他自云，生平只欽佩兩個半畫家，吳、溥二人，全才也，半個即稚柳。大千鄭重以稚柳介紹於余，云：所謂半個者，指他寫花鳥直追宋元，吾亦有時自愧不如云云。故余肯為稚兄作印六七十方，因大千之介也。稚公為余作畫亦至多，無一不精，惜抄去十之七八矣。今歲見其近作，竟判若二人矣，惜哉惜哉。大千寫馬有特長，據其告余云，兒女親家某某，為反動派之軍長，駐甘肅，善相馬，凡所謂良駒者，耳必小而上聳，蹄必細而有勁，尚有特點，余已忘之矣。大千畫牡丹、荷花、芍葯等等，花片上總似真者現絨頭之狀，大千亦於無人時為余表現之，再三叮囑勿以告人，渠云：「凡學生畫花卉者，必傳之，勿以其他告之，畫走獸者亦只告畫馬等方法而已。」渠曾告余曰：「吾此身不畫虎，亦不敢仰追二哥也。他人畫虎不成，何以故，蓋未體會其特點處耳。虎一身威風，全在其尾也，尾得其神勁，即好了。」學生有問者，輒一笑了之。大千自云，生平最擅長者，為烹調，做炊事員，可以溫開水浸雞，而成美味。又以其方法授之於余矣，惜余從未試之也。一日渠回西門路家中後，又命人邀余去，謂有美味請一嘗之云。余就餐時見持來了一大砂鍋，內青魚二尾，清湯，味至美。飯後又詡詡然自吹了，云：「吾新發明也。法以好青魚大者一二尾，加醉蟹四隻，冬筍或春筍均可，三味精燉若干時，即可了。」他蜀人也，每味多用辣，余望而卻步也。

余不懂八大山人畫好在哪裏，大千又出示一幅八大所作鴛鴦，告余曰：此畫一隻鴛鳥，只十八筆，凡鴛鳥一身羽片特點，一一悉表現無餘云云。余只能唯唯而已。又，他所畫各式飛禽，顏色五花八門，可謂佳極矣。一日余詢之曰：「這鳥何名？」大千笑云：「吾在四川青城山久，所見各色飛禽，多至數百種，都不能舉其名，所以吾畫的鳥，只白色鴉確有之物，其他悉以意為之，想世界上當有這樣的吧。」在第一次展覽會上，有一幅《古木叢林圖》，中畫二烏鴉，窮鬥，纏繞之狀，如生也。據云在成都庭院中時見此狀，故寫生也。又，嘗告余云，在北平時，每有金少山、郝壽臣二淨角大名家有戲演出時，必風雨無阻訂座往觀，先至後台，坐於他們開臉之桌旁，觀摩用筆之法。二伶均與之成老友。大千告余云，郝壽臣勾臉至工細，一筆不苟，似畫中之仇十洲工筆畫；金少山則反之，勾臉至神速，大刀闊斧，寥寥數筆，近看粗極了，似八大之畫。但二人一出台上場時，均神采奕奕，無分上下也。大千曰：「一技之成，非易事也，看二人筆法即知矣。」余今進一步曰，大千於此等都用心體會，其一技之成，亦非易事也。大千於齊白石，亦殊佩服，嘗云：「齊某某雖畫格不太高，但所作無論印、畫，一看即是齊白石，非吳昌碩、趙撝叔也，故應有其地位。」大千持論至公正，似比馮超然、吳湖帆深有門戶之見者為勝，若賀天健、陶冷月，目中無人，老子天下第一，與超然、湖帆都不如了，實妄人也。大千雖喜嬉謔，但在眾學生在座時，則頗有善孖之風，不苟言笑矣，對稚柳稍放鬆，然終不現佻脫之態，以稚柳雖非學生，得其指導多，所謂「平生風義兼師友」者也（似余與湖帆之間也）。但一至夜闌客散後，祖韓必強邀余與之三人作瞎說亂講，是時大千為最放浪、最樂意之際矣。他擅說故事，凡生平所經歷者，均一一述之，余僅能記一二事於此矣。大千云：以意為之曾寫硃色荷花，在成都頗受人歡迎，某年夏與四川某詩人（名余已忘了）同乘獨輪車，至鄉間遊玩，路過荷塘，某詩人問吾曰，朱紅色荷花，古人哪一家畫過的，吾告之曰是以意為之，無古本可對，更無書可查也。突聞背後推車老人云：你們二位先生，那硃荷是有出典的，見《文選》古詩、古賦中某某篇的呀。某詩人大奇之，問曰：你如何對《文選》這麼熟，難道你是文人失業，而做推車漢耶？他歎氣云：我本四川大學教授也，因每月三百多元，應付不了物價高漲，一家生活幾無以為生，所以改行推車，自食其力，每天有收入，比教授日子好過也。問其名，只云可詢四川大學某年失蹤之人，即我也。所以大千一向不敢輕視勞動者，因此耳。當時大千自云：「吾荒唐，竟把《文選》篇名忘卻矣。」

一日，余信口雌黃把已死某畫家所贈之畫，學叔師將譚廷行書四幅屏條丟入字紙簍中，余亦丟了，大千警告余云：「吾昔年有某某某亦送過幾幅畫，因不知所云，吾把它作引火用丟入風爐中的，後吾與之反目了，此人來索回贈畫，吾拿不出，他說：『阿拉這幾幅畫，價值三百元，有畫還畫，無畫付錢。』吾只能照價付之了。你千萬當心呀。」余經此教訓後，故凡有人贈書贈畫，悉珍藏破筐之底也。某夕，無意間談及渠為余作《半身仕女圖》事時，大千云，渠在四川亦曾識一川劇女藝人，至為親密，惜亦死矣，與余事似異實同云云。及解放後，稚柳得大千在國外畫冊影印一厚冊，中有一頁即追憶其演劇時之風韻也，長題亦情深一往也。此畫純如近代之速寫畫，但古意盎然，非葉某某、程某某所可企及也。能者因無所不能也。

在丙戌丁亥之間，江西螺川女詩人、詞家、名畫家某某亦時時至李宅訪秋君，兼訪大千閒談。詩人在敵偽時期上海各小報上幾無日不有人作文捧之，故芳名震申浦。余與之只見面點頭而已，及在李宅始偶而談話也。大千與之似至熟，但談話間，她與大千二人雙方均是似密似疏之狀態。一日大千忽笑謂之曰，在某某年，某月，吾第一次見到你，你身穿淡藍綢衫，粉紅色裙子，甚麼耳環，甚麼戒指，在松江某某寺中求籤，得第幾籤，上上大吉，有此事否？詩人未了說：「有的有的，你如何知道這麼詳細？」大千云：「你當時把籤交給一個小和尚，小和尚以籤紙交你手中，這小和尚就是我呀。」余驚問之曰：「你做過和尚嗎？」大千云：「是的。」余又問之：「你有法名嗎？」大千云：「有的，叫弘筏。」余問：「為甚麼沒有頭上香眼眼？」大千云：「只做二個月即還俗了。」當時祖韓以目視余，余立即不再往下追根問底了。事後，祖韓告余云：大千少時熱愛其姨母之女，而其母夫人堅為之聘定了姑母之女，大千累次表示反抗，其母不允，大千遂出奔回松江投某某寺剃髮為僧了。當時失蹤後，四處尋找不得，善孖料其必逃在松江，借住親朋家中，乃至松江訪之多日，卒在廟中發現，把他一把耳朵捉了回申。至北站後大千竟強坐地上云：吾定要某姨母之女，不要姑媽之女，大哭大鬧。善孖無奈，允代稟母夫人。母夫人無奈，往商姑母，以姨母女亦同時歸於張氏矣，故大千結婚時三人同拜堂的。祖韓笑云：「林黛玉、薛寶釵同時嫁了寶玉也。」那天詩人去後，大千謂余竊語曰：「某某，方才這位李易安，狠客也。吾自問不論何人，可碰即碰之，惟獨對她，動也勿敢動的，你千萬不要碰她啊。」余笑謂之曰：「點頭朋友，何至於此。」大千又以至嚴肅之口吻曰：「將來也要防防，吾是好意啊。」後數年，余與伊人同在一個單位工作，成為至熟之同事矣，乃發覺伊人花卉固佳，而文學詩詞，冠於全院。

梅景主人填詞，自書後，以珂羅版影印，名之曰《佞宋詞》，一厚冊，後有和小山詞一卷，大率為求伊人所代作者，並為代書者，濃辭艷語，纏綿溫柔。冒鶴亭丈謂余曰：「梅景主人做她徒孫尚不夠格也。」伊人口才之敏捷，應對恰到好處，余數數見之，馬公愚、唐和尚（綽號也）、董天野，每為所屈服。余自認對任何嬉謔之詞，尚能應付裕如，但對她不敢遭其所戲弄也。大千所謂千萬不要碰她，殆指此耶？是耶？非耶？余不得而知矣。大千二位正室夫人，從不偕之見學生及友人等，大約尚恪守舊家庭規矩也。渠自得巨貲後，時往朝鮮、日本，二處均有家庭，乃如夫人也。又聞其侄女云，以前印度某某地亦有其家庭云云。

大千生平從不著西服，著襪亦必以竹布土製者，居外國，亦統由上海製成寄去者。八年以前，徐森玉之子伯郊，時回上海探親，據其告稚柳云，大千每至一國，必預求人為書該國文字一紙，上寫：「吾名張某某，住某街，某號，某樓，某室。吾因不認得回家了，請你先生帶帶吾回去罷，謝謝你。」一遇迷失路途，即出以示人了。人亦知其為中國大畫家，都樂於領路云云。八年前余在秋君家時，獲見其彩色小影，鬚髯全白矣，其服飾之怪，怪極矣，長袍外加以對襟長過膝之背心，錦緞者也，帽子則古代畫中之高巾也，宛然明人矣。此上海人俗語所謂「會白相」，嚇嚇外國人也。

大千造假畫，只仿陳年古董之人，最忌人妄改其自作，如方介堪是也，更忌學生假託其名，用以騙人。在抗戰時，其學生仿製其畫數十件，在當時某畫廳開一張大千遺作展覽會，不幸此廣告流至四川為大千所見，遂在重慶刊登啟事，將此逆徒永遠拒之門外，文曰「小子鳴鼓而攻之」。勝利後寓李宅，預囑門口，凡人來必先問姓，如胡姓、中年人，不准進門云。初去之客猶以謂張自高自大，架子想做官云云。又，九年前，大千在法國，戴高樂為之專攝五彩紀錄片，放映長達一小時半之久，有人寄廿公尺底片給秋君，秋君未肯示人，僅告余云：該一小段影片，大千正在作條幅畫，一日本美貌女郎，長髮垂垂，正為其拉紙，後戴高樂及各高級法人圍立左右而欣賞之云。名高了、大了，妒之者亦多了，於是每年必以死訊遍佈於上海、北京了，甚且有人說，渠在敦煌時，專偷搬古代壁畫運至美國等出售牟利云。稚柳笑云：「當時戰爭正烈，整座泥牆如何搬運耶？」據北京余至友沈叔羊函告云，乃出自美術學院院長之口者，亦可哂也。據叔羊云，院長亦聞諸常書鴻者云云。常與張，仇敵也，亦名不及而妒之者也。余在淮南及市監時，亦蒙同學以死亡消息遠佈海外。余何幸，得與大千同此被人注意，反得長生延年矣。大千時託人問余死生，大千尚未忘余也，為之感念不已矣。

吳待秋與馮超然

吳待秋

吳徵字待秋，齋名褏鋗廬，浙江崇德縣（舊名石門縣）人。父名滔，字伯滔，舅父葉直，字古愚，均光緒年間之浙西名畫家也。岳父李某某（似名嘉福），為浙西一收藏家也。故待秋自少即擅畫。其岳父死後，所有古器古畫，悉以遺之。早年事，不甚詳，僅知其入民國後，即至北京為某部小官僚，同時訂潤賣畫。北京當時有張樾丞者開文具店，其所出售之銅硯匣、銅鎮紙，或畫或書，幾乎全出待秋一人所繪者，其名漸著稱於北方。

甲子以前，上海商務印書館美術部主任黃賓虹辭職後，館方遂聘吳氏南下繼黃氏之後矣。故其當年所居，是在閘北寶山路之寶山里，以近商務印刷所也。吳氏山水純宗清王麓臺，亦擅花卉，以作畫認真，約期取件，從不爽約，故大受當時滬上各箋紙店之歡迎，廣為吹噓，生涯乃大盛，遂辭去美術部主任之職（繼其任者為閩人黃葆戉，號青山農），專以賣畫為生矣。其潤例之繁瑣雖一寸之微，亦斤斤計較也，只箋紙店伙員可以揩油，但以扇面尺頁為限。余之四伯父夫人，為待秋之姑母，故先君與余時至其家閒談，他輒一面大談，一面大畫，從不停手也。吳氏長余約卅餘歲，故對余至親善。抗戰後遷居今延安中路四明村，與舍下至近，故余訪之益勤。其所居，只樓下前後二間耳，所謂畫桌，兩高凳、兩木板而已。當時延安路一帶，地處低下，一逢大雨一二天，平地總積水盈尺以上，吳氏全家，處於水泊之中矣，然吳氏仍作畫如恆，惟置一板凳擱雙足而已。余謂之曰：「你休息休息吧。」吳云：「停一個鐘點，我要損失多少鈔票呀。」其時凡有店員等揩油者，需少少物品交換矣。一日余見一店員求畫，吳即詢其夫人曰：「太太，我們這兩天缺少甚麼啊？」其夫人一查後，答之云：「草紙只幾張了。」吳即謂店員曰：「明天你送一刀草紙來，我立刻畫了給你可也。」諸如此類，缺皂、缺火柴、缺電燈泡，無一不要，要得極少，而作畫幾多立索而去。余問其故。吳云：「我家中雜用東西，全靠他們的，我當時即畫，恐與賣錢者混了，不易分也。」其家中一妻三子，一女僕，從不自己舉炊而食，悉由包飯作包辦者，至月底一結賬，需若干，即以相等之畫，打一九五扣付之，以示優待，包飯作竟成為吳之接件處矣。

在勝利之初，幣值大跌，百物昂貴，一日余詢之曰：「你每月要多少開支呀？」吳又問其夫人每月用多少錢，其夫人云：「本月還未知，上月耗了廿八元也。」余驚問之何其省也，吳氏云：「你看見的，吃是包飯，雜用東西是各店員供給的，吾每月所費的房金廿元，水電費幾元而已。」吳氏平日從不應人招宴，雖吳缶翁請其代筆作山水後以宴酬之，亦不往也。他自己更從不請客吃飯的，謂吃了人，要還請，去吃飯要花車錢的。他自與馮超然大相罵，辭了美術主任之後，即從此足不出戶了。有人訪之，輒曰：「請原諒，吾不回訪的。」故與吳湖帆、趙叔師等等，從無一面之緣也。其為人雖吝，但不鄙，生平從不對任何同行有一句批評之詞。與余至熟，肯坦率而談，余一日問之曰：「你節儉至此，有多少鈔票邪？」吳云：「吾

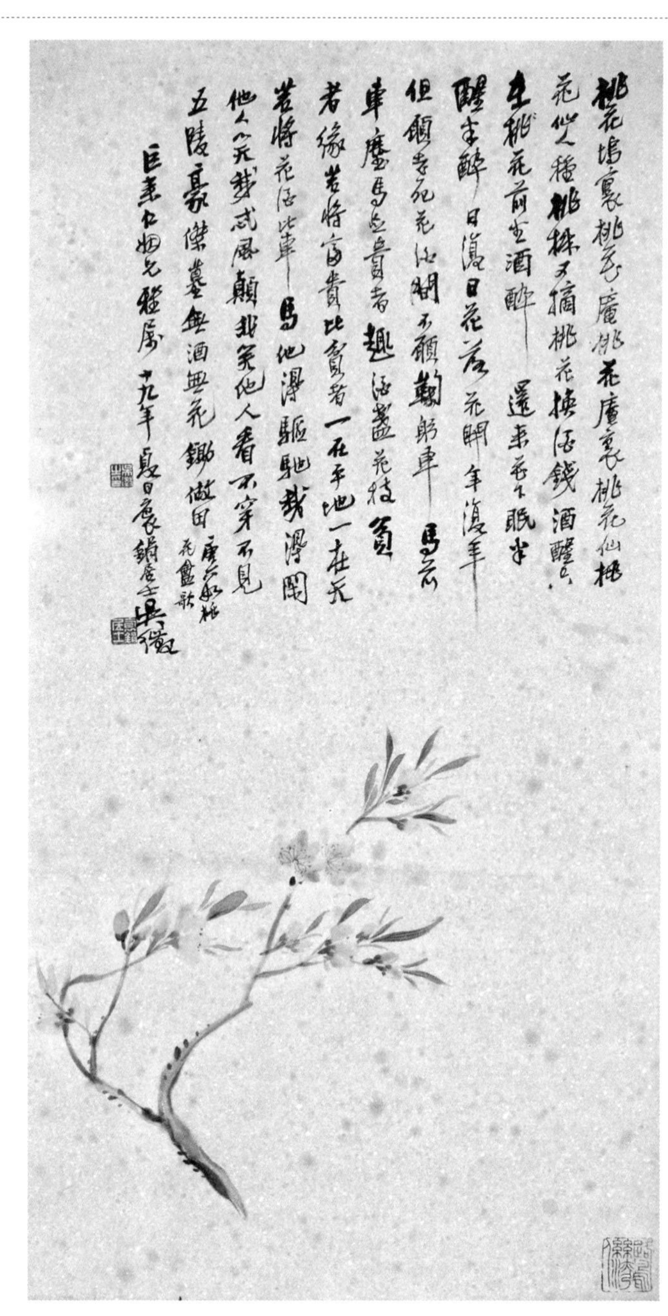

吳待秋《桃花圖》

每隔一個時期，必以鈔票買黃金藏之也，故鈔票至多五百元耳。」余又問之：「現在有多少金子邪？」吳云：「畫家哪能與做官比，吾畫了幾十年畫了，至今只有一百卅餘斤而已。」余又問之：「是放在銀行保管庫中嗎？」吳笑云：「放保管庫，每年又要付費用了。」說畢，即指指自己睡的大床，曰：「你看看，這床四隻腳特別粗大，是吾定做的，中間全空的，可放許多金條金塊的。」又指指房內二個大馬桶，曰：「吾雖有女僕（其時已早沒有用了），這倒馬桶的事，必須太太自做，因這二桶完全是夾層的，放金子呀，女僕拿，要拆穿祕密的。」他言時，很得意，謂余曰：「雖有強盜，亦想不到馬桶底裏有金子也。」隔了一年，余又戲詢之：「現在有幾百斤了？」他云：「一百五十斤還不到。」一日，余見楊振華筆工送來大小書畫筆約一百支，計算為一百餘元。吳付了款，及楊走後，慨歎不已，謂余曰：「你今天看到了，吾進賬多，這筆及顏料，每年也要幾十塊也。」至四七、四八年之間，吳已七十餘歲了，忽然大徹大悟，至蘇州某氏家購得花園住宅一所，聞耗二百餘兩黃金，他遂夫婦二人搬至蘇州作寓公了。一子仍留居四明村。先君當年已八十有一矣（四七年），曾去蘇州訪之，回申後告余云，花園至佳，白皮松即有十廿樹云。至解放後三四年，忽聞其已逝於蘇寓中了。余嘗於四明村口又遇見其夫人，詢之病況。據云，吃夜飯時，猶談笑如恆，至次晨因怪其高臥晏起，啟帳催之，已安然瞑目而逝了，一無痛苦之狀云云。吳氏一生只於在潤資上斤斤較量，從不對同行之間有所嫉妒，只對自己太刻苦而已，故其死也，亦一無病痛繞身，視其他惟利是圖、專以賣買求利者，要高雅多多矣。

馮超然

馮超然原名迥，號滌舸，又號白雲溪上懶漁（據其告余云：凡朋友揩油之作，均署此號，蓋上海俗語不出錢曰「白抄」云云），齋名嵩山草堂，以所居嵩山路九十號也。江蘇武進人。以其自少即居松江，曾為某典當鋪中為學徒多年，故口音一無常州腔，說松江話了。生於光緒壬午年七月，入民國後，即來申，初主上海大收藏家李平書家中。馮本擅畫人物，後宗改七薌（琦）。居李家後，得遍觀所藏，故亦能山水與花鳥，全能畫家了。初訂潤時，以蘇州有顧鶴逸（麟士）、陸廉夫（恢）二大名家，上海有程瑤笙、倪墨耕（寶田）等等，故馮氏以後輩，未能有所發展。余曾在滬上名醫朱星江家中見有馮早年之作，山水四幅屏條，尚署名為超禪，太平淡無奇也。及壬戌以後，顧、陸、程、倪相繼故世，馮得當時上海銀錢業巨頭力捧，遂與吳待秋二人齊名矣。居嵩山路後，適吳湖帆自蘇遷申，亦居嵩山路八十八號，二人朝夕相處，又得遍讀吳氏所藏矣。

余於丙寅五月四日與吳氏相識後，不三日即由吳氏介與馮翁為友矣。後幾乎每日必相偕去作長談，去時必在下午七時左右，每去必總見馮氏方起身洗臉漱口，後陸續來者友人，若穆藕初（湘玥，時尚未任偽工商部次長）、王伯元、趙趙樓、謝繩祖、龐京周（醫生）等，均俟其洗漱畢後，即一同乘車至一枝香等公請吃喝，並飛箋召妓侍酒，過著這舊社會之糜爛生活也。余與湖帆為配向，如是者達三四年之久。馮氏至深夜回家，又大抽鴉片後，乃揮毫作畫，至次晨七八時就寢，日間無一人也。馮氏其時方四十七八歲，風度翩翩，好嬉謔，每以幽默之語相嘲以為快，湖帆「歪喇叭」之雅號，即馮氏所題也。家中寡妹、外甥、弟、侄等均依之為生，其友愛可佩也。廣收門人，尤多女弟子，凡收一女弟子，必為之更名，若孫瓊華、謝瑤華（佩真）、毛琪華、張琰華（謝繩祖之妻也）達二三十人之多，無不以「玉」旁，「華」字輩。最後收一女弟子，唐玠華（冠玉，潘公展之妻也），故其獨生子讓先，大學畢業後均靠潘氏提挈者。湖帆初不收門弟子，背後譏馮氏為學生更名，是戲班子作風，二人遂疏矣。吳夫人故後，吳忽廣收門人，達二三十人之多，謂開弔時，靈前多穿白衣門人，壯壯場面云。一日馮氏大笑謂余曰：「『歪喇叭』要靈前多立白衣弟子，像白蠟燭一根根樹立，我已告諸學生，待我死後，要門弟子全穿大紅衣服，像紅蠟燭一樣，與之別別苗頭。」其滑稽如此也。馮氏嘗告余云：「我畫無師，在松江當店為學徒時，買得一部同文書局印的《三國志》，繡像一百廿回，有二百四十張插圖，我用油紙摹了三次之多，故所畫人物，無論甚麼姿態，我都能畫。」這種坦白風度，可佩也。壽至八十餘，解放後矣。

馮與吳待秋，死敵也，每談及待秋時，輒痛詆之。後余詢之待秋，待秋只笑笑云：「為了一張我畫的事也。」事實如下：我初至上海時，嘗出外交同行聯絡，與馮氏同時至當時上海一書畫家集會處曰「題襟館」。馮氏有一次代求我一四尺立幅，墨筆也。某日李平書請我吃飯，見自己墨筆一畫變了著淺絳山水了，我著色畫照例須加二成，問李以多少錢買我畫的，李氏云：是囑超然代求的，價多少云云。我一算，少了二成了，遂至題襟館找馮氏，要他補這二成款。馮大窘，不認賬，於是我與他大相罵了。幸吳缶翁、哈少甫、姚虞琴三人力勸始止。故我二人從此不再見面了云云。相罵，為二成鈔票也，可笑也。後吳潤格上加一條，凡著色山水，押角加一「蘇林仲子」印，為此也。

記費龍丁與陳半丁

費龍丁

費硯，字見石，號龍丁，別號佛耶居士，松江人，其出身不詳。善治印，曾列吳缶翁門牆，所刻印神似缶老中年，視王賢學晚年之作，高明多多也。畫家馮超然少年時久居松江，故與費為至友。費氏生前為馮治印最多，蓋因此也。費為人至沉默，可以終日不發一言。其妻為民初上海紳士、名收藏家李平書之妹。費氏每自松江來滬，必居於老西門南倉街四十九號李家。居無事，輒至馮宅，一燈相對，吞吸為樂。余由馮氏之介，始與相識，覺其訥於言，而無倨傲之態，故甚敬之，費亦不以余年少而輕視之。歲丁卯，松江耆老耿道沖來滬，李平書、費龍丁二位共邀宴耿翁於李宅，陪客多松江人，馮超然、吳湖帆及余三人，亦與焉。是日余以年最少，故與龍丁坐比肩，費忽問余曰：「你看吾刻的印，有甚麼想法否？」余對之曰：「公作品，外似柔雅，內實剛勁也。」費大樂，告余曰：「你真懂，吾自以謂所刻是有『綿裏藏針』之風格也。」自此遂認余為知己矣。費性奇懶，但竟為書小楷臨《破邪論》一箑，後又為寫梅花一樹以贈，異數也。後余詢以「佛耶居士」出何典故？費笑云：「佛，佛家也；耶，耶穌基督也；居士，在家和尚也。」可謂想入非非矣。

及「八一三」滬戰起，日寇擾及松江，丟炸彈。龍丁因避難，攜全家乘小船擬至鄉間暫居，詎船小人眾，為日機所疑，以謂游擊隊也，乃尾追不捨，小船擬靠岸疏散眾人，費氏身甫登岸，日機遽下彈狂掃，死者多人，龍丁全身被彈，密如蜂巢，遂慘死於是役矣。後據超翁見告，為之傷感不已。使龍丁安居不動，當能保其天年，豈生死有數耶。龍丁為人雖訥於言，但絕非陰冷毒辣之輩也，而遭此不測，尤使余低徊迄今，唸唸不忘也。

陳半丁

陳年，字半丁，紹興人，少窮困，初為杭州西泠印社主人吳石潛之學徒，後以石潛之介拜缶翁為師，繪畫刻印，無不神似。民初至北京，以鬻藝自給，名與白石老人伯仲之間，與陳師曾（衡恪）同為仿缶老之作者，北京當時稱「二陳」云。時泉唐江南蘋（采）女士嫁吳靜安（定）後，即拜二陳為師，亦能以畫著稱也（南蘋乃江一平之堂房妹也）。南蘋嘗告余半丁一笑話事，云：半丁不通文詞，題畫均抄前人句，往往牛頭不對馬嘴。一日為南蘋畫扇，上繪一燕，而所抄者乃題雁之句。次日，南蘋告之曰:「老師，你寫筆誤了吧？」陳立即重題曰:「老夫耄矣，誤燕為雁。翌日息燈後記之。」南蘋又告之曰：「你能在黑暗中寫字嗎？」半丁只一笑了之。余所見其繪畫中，自刻諸印，無一不佳，甚至有超過乃師缶翁者，但為他人作，則平平矣。

抗戰時，似四三年，滬上銀行巨頭周作民，恭請半丁來滬，專治一批石章。南蘋夫婦，設宴接風，余為陪客之一。余到時半丁已先在，南蘋未及招呼介紹，半丁與余暢談至歡，一小時有餘。吳靜安回家，即為之介紹曰：「這是陳某某，久仰你大名，故特邀作陪也。」半丁默默。自此以後，席終不與余有一句話了，使吳氏夫婦為之大窘。至五七年半丁已榮任北京中國畫院副院長了，來上海視察。上海中國畫院以車迎之，及駕到，余適立於門口，乃趨前接之，渠不屑一顧而入。及至大廳，領導上為之介紹上海全體畫師，渠一一握手，至余前，他手縮住了。同行嫉妒也，可笑至此。

記錢瘦鐵、陶壽伯、頓立夫

錢瘦鐵

錢瘦鐵，名崖，字叔崖。無錫人，少貧窮，在蘇州漢貞閣碑帖店（主人唐伯謙）為學徒，是時尚名長根（乃其師弟陶壽伯見告者）。初習刻碑，並學裱貼。其時清末四大詞人之一鄭文焯（字小坡，號大鶴）方僑寓吳門，以校金石、集碑帖自娛。專向漢貞閣為之潢治，唐伯謙輒令瘦鐵裱之，並命專送大鶴家中，大鶴見其只十餘歲，聰慧可愛，遂錄為門人，並授以刻印，為之更名，號曰瘦鐵，後為其代訂潤例，譽之為苦鐵、冰鐵之後三鐵云。其作畫，亦大鶴所授也。復為之介紹於缶老為及門，故瘦鐵早年所作似缶翁中年作品，殊傳也。惜於六書及文詞，均不注意，故曾為袁寒雲刻名印，以「亨」誤充「克」矣（晚年瘦鐵亦自認有此笑話，坦率可佩）。中年時嘗居陳小蝶（蘧）家中多年，生活多靠之，余即於是時與之為至好也。渠有一特點，從不對任何人稍有嫉妒之心，藝人中僅見之，高人也，性戇直，喜打抱不平之事，故始終鬱鬱不得志，繼恨而死耳。

初，在抗戰前即率其妻子張珊珊至日本鬻藝多年，與當時日本大畫家橋本關雪為至友，故能以書、畫、刻馳名於三島多年。在抗戰時，日人惡郭（沫若）老甚，必欲捕之，為瘦鐵所知，竟又發義憤故態，以己之身份證明書假於郭老，金蟬脫殼，郭老回國了。事發，日警趨其家責訊，一言不合，瘦鐵竟以大硯石猛擊日警之頭，致血流不止，遂遭逮捕，判刑三年。刑滿歸申。渠栩栩然以為榮也。余在陸小曼家見之，他將當時情況，繪聲繪形，雖吹亦實事也。次日又在叔師家見之，則一無自高自大之態，執後輩禮甚恭敬矣。渠去後，叔師謂余曰，瘦鐵雖文墨略欠，但題款地位之得勢，可與缶翁並美，非謬讚也。

及解放後，五六年上海中國畫院成立籌委會，王个簃、白蕉均為委員，錢與余均畫師而已。渠心懷不滿，遂去四川，遍遊山水。及反右運動起來之後，劉海粟已定為右派矣，渠猶未歸，數以電促之始返，不免戇勁暴露（與陸儼少同樣，「不服帖」三字耳）；白蕉當時著文論字云：中國書道日退，「吾道其在乎」五字；余以與當時某領導（江寒汀之徒，捧江抑余）互不相讓，死抓不放手，遂四個人同榜而為右派了。先時五人（另一沈子丞，夏衍之弟也）同居一室，仍寫、畫、刻，後瘦鐵遣農村勞動，余謫淮南勞教，某領導也遣蘇北養豬三年了。及六二年余回畫院復職時，鐵、白、陸等均已摘帽矣。余回畫院時，已在正式成立之後，聞在成立之際，瘦鐵曾去北京晉謁郭老，冀其念舊，有所噓拂。事後告余曰，進見之日，慇勤招待，次日復乘車回訪，嗣後寂寂不理矣。經此刺激，遂憔悴無復興致矣。以年逾七十，氣喘大作，抄家時又發現保藏日人昔年所貽太陽旗一面，更發覺渠曾任蔣偽駐日大使館祕書，又在香港與蔣偽之王芃生為至友，遂打入牛棚為牛鬼矣。每日勞動之外，復寫坦白日記一篇，揭於榜上示眾。渠寫文字，非所能也，當時日受審訊，謂駐日祕書，而不能寫文，抗拒也。余乃告小將等云，他為刻碑工人出身，真是不通的，始稍寬之。但每月一篇坦白書，又使其大窘了，故悉為余捉刀，使渠自抄以呈。渠坦白云：曾為洪門中人（即紅幫），於是愈坦白，愈坐實，每晨勞動時，實非氣喘者所能勝任。後形勢日緊，渠自知難倖免矣，終日憂悶，遂一夕暴卒於家中了。當時經過法醫驗屍，知非自殺乃告終了。此其大幸也，如不死，則至少判刑十年也。倘中日早日建交，渠決不死耶？甚至恢復一切名譽耶？此蓋非其預料所及矣。

瘦鐵初娶松江韓氏，與孫雪泥為連襟。韓無出，亡後，時徐志摩在海寧鄉中攜回美女一，名珊珊，欲納為小星也，小曼遽以伊人嫁於瘦鐵為夫人。後至好相見時，每呼渠為徐家丫姑爺云，瘦鐵不怒也。余謂渠一生，畸人也，無錫人而無一點刁氣味，尤為難得。倘有汪容甫文才之人，能為之作傳，可傳誦於後世矣。

陶壽伯

陶壽伯，名知奮，亦無錫人。少在漢貞閣學刻碑，瘦鐵之小師弟也，亦能刻印。滿師後，即來上海，以每字五角訂潤，一無收入，乃日持印稿，遍求名人提挈。歲丁卯，寒雲先生居今淮海路二百七十號時，一日，有一青年闖入，出示所作求題字，寒雲先生為聊聊題了幾句，你印再要用功云云。其時余在旁見之，未知姓名也。乃戊辰年，余至馮超翁寓閒談，上海紗布交易所理事長穆藕初先生謂余云：「現在交易所新雇一書記，青年也，能刻印，介紹給你作一學生，指導指導他如何？但此人窮極，沒有贄敬的，你能允許否？」余云：「可以可以。」穆君云：「吾明後天寫一名片介紹可也。」三日後此人來了，恭恭敬敬以一大紅帖子上呈，余一見即袁宅所見之人也。及視拜帖，即陶君也。其時頭也叩過了，帖子攜上樓了，復與之詢問出身，始知瘦鐵師弟也。無意間詢其年齡，陶云：「廿八歲了。」余大窘，謂之曰：「吾只廿四歲，哪配做你老師。」即登樓仍以名帖還之，陶初尚以為余嫌其無贄敬也，故拒之，再三不肯收回名帖。余曰：「盡來談談不妨，老師無此資格也。」陶云：「帖不收，吾無顏來也。」余思之再三，乃告之曰：「吾把你介紹給叔孺先生，你做吾師弟如何？」陶云：「因所願也。但我在交易所只廿四元一個月收入，何來贄金為敬耶？」余云：「不妨，吾可代為請求免費可也。後天你即以此名帖，由我帶領去拜先生可也。」陶始欣然而去。次日，余以詳情上呈叔師，求賜垂納。叔師一笑允之。余即招之同詣趙府，叔師忽發現附有贄金八元，退之。陶云：「這是一點心意耳。」師嘉其誠，居然大加指導，只半年餘，藝猛進，與前判若二人矣。訂潤每字一元。余為介於蒙庵，蒙庵亦為之大加吹噓，並告余曰：「壽伯仿漢，鍥而不捨，未可限量也。」二三年中，陶氏必月至余下長談。一日見余為程子大（頌萬，十發老人）刻硯銘，袁伯夔之長篇七古，約六七百字，陳仁先小楷書之者也。可憐，余只會刻石章，硯石非所擅也，一天只能刻二三字耳。遂以示壽伯，請教刻法。壽伯大笑云：「這須用錘鑿刀者也，我代你刻了罷。」持去只四五天即攜來了，毫髮不爽也。余謝之再三。陶云：「我無你，無以至今日，這一點點，應該的。」

壽伯為人喜趨時，後辦了一張小報曰《上海報》，又辦甚麼會甚麼會，變成記者身份矣。其藝遂永遠停在當年水平上了，蒙庵為之大歎不已。余在趙氏同門中為第一人，但見諸同門必尊之為兄，惟獨於壽伯直呼其名，有時見其作品有缺點，必直言告之，陶亦唯唯聽命。某日有同學陳子受笑問余曰：「你對任何人很客氣，為何對壽伯，老茄茄邪？」余云：「他原拜我的，是我提升為同門的呀！」陳君微哂云：「你在吹牛了。」叔師云：「某某一點不假，壽伯是某某拉起來的，可以指點指點的。」壽伯初為趙門至忠誠之人，其時無錫幫求叔師畫馬者（當時潤例畫一馬，等於買一匹真馬也），無不由壽伯經手，三四年間積至五十幅以上，潤均先付了，而師竟一一笑納，從無一匹交件也。壽伯一求再求，總以「就要畫了」四字答之。師七十生日時，張魯庵強之寫五百元壽儀，陶已微感不懌，至次年，壽伯為眾債主所逼促，不得已，面求叔師云：但求請其次子敬予，代筆畫《雙馬圖》一幅，由陶售去，以款還人。師允之。及敬予畫成，問以上款題何人，陶云：只要單款可也。敬予云：「那你是以高價出售了，不給不給。」陶不得已，只能四出借貸六七千元之巨，以還眾人了。於是遂絕跡趙門矣。及師逝世後，陶始以此事告余也。及勝利之第二年，《上海報》結束了，陶亦飄然不知何往了。及解放初四九年冬日，其妻室全家均亦去了，只留一弟名王開霖者（上海冷香閣刻碑店主人）留於上海未走。在五一年有一無錫錢君其戚也，透露口風云，已住洋房、買汽車與蔣穀孫同為反動派之重要文化人矣，洵屬無恥之尤。其本姓王，出嗣外祖陶氏者，故其弟乃名王開霖云。

頓立夫

頓立夫，初名長河，北平某縣人。初不會刻印也，王福庵在北京為印鑄局科員時，雇頓氏為之拉包車者（後有人嘲之云：因其車伕出身，故王為之取字曰「立夫」，此非王之本意也）。南京偽政府成立後，王氏南下，乃解雇，頓氏堅願從之，為粗役，王乃介之入南京印局為工人，而偽局長云：「能鑿銅印即收錄。」王乃窮一月之力，教之刻印鑿銅，並為之更名曰頓群，字立夫也。頓時年少，悉心學習，居然能勉強應付，後愈刻愈進步，故王氏收為門人，並命之免稱「老爺」而稱「四爺」了。王氏悉以自作印存贈之，故其所作竟一般無二了。後辭去印局事，來上海靠榮寶齋推轂，竟能與方介堪、來楚生齊名。現返北京，仍能以印為其生活資本也。

記豐子愷

豐老，浙江石門縣（屬嘉興府）人，名某，少留學於日本音樂專科學校，原非美術家也，因喜作漫畫以自怡，遂為中國之漫畫家了。余於過去新文藝界中人，向不留意，故於豐老之名，從未知之。在勝利後，余在當年老《申報》自由談副刊上讀到了他《訪梅記》散文一篇，蓋其時他偕了二個女兒至梅蘭芳家中做客後所寫之記事文也，該文連續刊了三天之多，均為譽揚梅氏藝術者，中有一段云：梅先生座中蓄二貓，梅氏當客抱於懷中，愛之撫之，不啻子女。歸家後，其女公子謂豐老云：爸爸，我們如果能在梅先生家化身做了貓兒，也是幸福的呀。（大意如此）當日余讀其文後，對之不但無好感，且深鄙之。余認為此人對一「雄婦人」（魯迅作文題梅之雅號也）如此恭維，太肉麻了。

後解放了，上海文化局主辦一日本五百年前之一高僧某某某某畫展於當時中蘇（友好）大廈中，請豐老主持作報告。余在座，始識荊，覺他作報告時，妙趣異常，但未與趨談也。時他已任上海美協主席、全國政協委員，畫院籌委會中無其分也。及六年，上海中國畫院正式成立，他始由文化局聘任之為正院長也。其時余尚居淮南，未摘帽，於報刊上獲知者，仍不齒之也。及六二年，余重返畫院時，亦從未見他來過，只有開大會時，他始來作主席而已。那時余由黨支書介紹見面，余只敬呼一聲「院長」而已，他亦竟不知區區名姓也。

直至六六年夏日，余正患背疽，腫血交流時，被院中以至溫和口氣函召去投入評「海瑞罷官」運動，當時豐老亦同時接得同樣一函，於是二人同日詣院，每日必須去了。那時他始知余姓名，並知正患背疽，在無人時，一再囑保養為宜云云。

余始稍稍發覺此人殊厚道而諄諄，故方才詢以籍貫，知為同屬嘉興同鄉了。後大批鬥開始，他首當其罪，院中眾人把他在廣西抗戰以前時所作的漫畫集，舉一個例，如畫了一蝸牛，兩觸角上，各站一兵，相互射擊，題了四字曰「蝸角之爭」，蓋諷刺當年反動派之事也，不幸被香港翻印出版了，院中遂群指為他有意諷刺，含沙射影等等。又，他畫了一幅漫畫，滿席佳賓，一花貓高踞座客頭上，他並作文呼之曰「貓伯伯」，不幸加了附註云：「我們石門人對這『伯伯』二字，並不能算恭維之詞也，賊也叫『伯伯』也。」於是罪上加罪，批鬥次數之多，僅見也。又在《百醜圖》中，亦居其一了。其時院中牛鬼近卅人，區區當然在內，每鬥他時，區區必陪鬥。當時四間牛棚，關滿了人。豐老在院中時，眾人知與余最無關係者，故將余與之同坐一桌學習，同編一起勞動。當時他被鬥回棚，頭昏目眩，飯後呼呼入睡，一不小心連椅倒下，跌在地上，頭破血流。其時院中又派余扶之入大華醫院包紮止血。醫生私問余，豐院長是否自殺撞頭者，余力證非也。醫云：「傷口太大了，須打破傷風針，而試驗時又有反應。」醫生云必須打，但每小時半西西，四次完成之。時下午三時矣，余回院報告後，他們囑余繼續陪之，於是病榻前只余一人了。他對余殊感謝，乃自述其當院長經過詳況云：本人自棄音樂職業之後，戲畫漫畫，作消遣而已。正業乃專門接受日本人委託將中文小說譯成日文，潤筆費多。入美協後，不過掛名而已。及六年畫院正式成立，被命兼正院長之職，當時力辭，至半年之久，未履院中一步。後文化局局長徐平羽准其無大事開會，可不到院辦公，並硬送了七個月工資，每月只二百二十元耳。不得已，始做了這被鬥的院長了云云。又問余如何送淮南的。余告以被一逆徒及翁瑞午杜造了區區二百四十餘條莫名其妙的罪狀（此余六二年回畫院後，謝稚柳夫人陳佩秋親告余者也），以致如此也。他云：「吾們相見恨晚了，如早成知己，則本人可以把你調至文史館作一館員，免受這一場苦惱了。本人做過政協委員，吃過、享受過、遍遊名山大川過，此次被鬥，還算罪有應得，無悔也。而你呢，既右、又教養，這次又做了『牛鬼』，陪了本人陪鬥，亦太可憐了。」那時余毫不客氣問他：「豐老，你如何一再提貓，意有所指嗎？」他大笑云：「吾家全體歡喜養貓，性之所愛，故不覺形諸筆墨了呀。」自那日起余始完全對之了解，乃一醇厚之老人也。

六七、六八年全體「牛鬼」上午罰作勞動，他們無一人肯至院外大門口掃街，怕難為情也，惟余與他二人願充此出乖露醜之勞動也。當時畫院在汾陽路，花園至大，冬季落葉滿地，又是他與余二人負責丟入一大泥坑中焚化之。二人覺溫氣洋洋也。在無人時，二人相對默默，各踞小石坐下，出煙狂吸，各自坦然也。至六八年秋季，全上海九個文藝單位，集合上博（先五樓，後二樓），二三百人分二間學習，每晨勞動，他又與余同作揩窗掃地之役。至六八近年底，全院均至鄉下勞動，只留老弱八九人回畫院勞動，豐老、余、馬公愚、賀天健等等。是時余與之始各談家史，又知他乃一老舉人之子耳。

在六七至六八年兩年之間，一天至少要貼他大字報十張，陸儼少最起勁之一分子（但解放比豐後了三年），只余於他未貼一份也。他曾有一日密告余云：本人名雖列《百醜圖》，但因日本、新加坡時刻注意其動態，要登報，故倖免見報，此乃文化局一高幹私透露之消息云云。至六九年一月十七日，余宣判入監了，遂與之生離又死別了。叔羊來書云，半年前曾得豐老一畫。余因託沈轉函告以平安回家了，以謂必有回信，乃竟杳然，正以為異，豐老決不致如稚柳之忘我也。近始知余信到達他早入醫院，已宣告不治之症矣。據聞畫院為之甚隆重治喪，亦對外影響耳。其致死因故，已詳前函，不贅了。最後，余只能以四字作結束，曰：嗚呼哀哉。

陸小曼

陸小曼名眉，生於癸卯九月十九。父陸定，字建三，寶山人，與民初曹汝霖潤田為至友，故曹任袁政府財長時，即任財部某司司長多年。母某氏，為常州人，只生小曼一人，故夫婦愛之如掌上珠。小曼自小即居北京，卒業於某教會女校，故英文特佳，以美而艷，在校即有「皇后」之名，為當年北京交際花之首，一時追求之豪門公子至多。據尹石公告余云：她每至劇院或中央公園遊園會時，歐洲人、中國大學生前後常數十人，或為之拎皮包，或為之持外衣，小曼嬌不一顧云云。其父最後招美國陸軍大學甚麼「西點學校」高材生名王賡者為東床了。二人結婚未久，意見不合，即離婚了。時海寧大富豪徐申如之子志摩，方與其妻張幼儀（張公權嘉璈之胞妹）離婚，遂與小曼結婚於天津某大旅社大禮堂中了，是時尹石公為賀客之一。據石老告余云，男儐相即特請王賡擔任者，當時且攝影留念，無人不認為創舉也。是日證婚人為梁任公，梁大訓云：「你們二位都是過來人了，希望二位這是第二次，也是最後一次吧。」其時小曼約廿三歲也。時北洋偽政府也成尾聲，志摩及岳父母等均來上海，志摩任聖約翰大學外文教授，後為光華大學外文系主任。其時她全家居於今南昌路一大洋房中，小曼忽得奇疾，時有暈倒不省人事，諸醫束手。同時翁瑞午恩湛（吳江縣人）正在做推拿醫生。翁父名經琪，號印若，清舉人，少年翩翩，得松禪老人與吳愙齋之賞識，得任廣西梧州知府，擅畫桂林山水，又善醫，喜用石膏，故有「翁石膏」之名。據湖帆告余云：在甲午年，湖帆嗣為愙齋之孫時，八月初湖帆滿月，為愙齋招當年名女伶花旦名嚴小寶者演堂會宴客，時翁父新中舉人，遂娶嚴小寶為側室，己亥生瑞午於梧州。瑞午少時美丰姿，推拿學於民初揚州大名家丁鳳山，故懸牌為醫後，聲涯至佳，廿餘歲即自備汽車出診者。又擅唱花旦、青衣，京、崑俱有獨到之處，故湖帆背後譏笑他云：瑞午之生，本人滿月做的媒人，他戲唱得好，胎教也云云。

小曼得此奇疾後經人介紹，請瑞午推拿，他一擱小腹穴道，立即清醒如恆了，故志摩及陸氏老夫婦遂認瑞午為最知己之人了。同時小曼遂向之學習《汾河灣》（總以江小鶼為配薛仁貴者）、《玉堂春》二劇，此劇翁反串王金龍，徐志摩強配紅袍，江小鶼配藍袍劉秉義，屢屢在當時所謂「天馬會」客串時演出，在今之新華電影院及當年共舞台也。至此，憶及一笑話，此劇蘇三上堂跪見按院大臣王金龍時，王驟睹舊情人即犯婦，頭暈不能理案了，當時將蘇三帶下，當堂請醫為王金龍診病，此醫生例為飾啞子，不必開口，診畢即下。是夕飾醫生者為漫畫家張光宇，先在台下問余曰：「我做這丑角，可有法子引座客哄堂一笑否？」余云：「有有，但啞子須破例開口，只要診畢後，對兩個配角說：『格格病奴看勿來格，要請推拿醫生來看哉。』」張光宇照此說了，時觀者均翁、徐、江、陸等至友，聽了之後不但台下哄堂，翁瑞午本人與陸小曼、徐志摩等均在台上失聲而笑。一出悲劇幾致變成鬧劇了。當時追詢光宇，何故出此噱頭，光宇云陳某某所教者，並拉余至後台，余與翁本為在湖帆家相熟之人，經翁與志摩、小曼介紹後始成相識了。時余廿三。小曼廿五歲，尚是嬌艷異常也。後二年小曼、瑞午均染嗜好，遷居於今延安中路四明村之弄口第一家矣，她與徐、翁二人竟成左輔右弼矣，人言藉藉，平襟亞乃在當日小報《晶報》上刊載一文曰《伍大姐按摩得膩友》，將翁、陸二人寫得纏綿風光，恭維譏笑，兼而有之，中有一句云：翁終日⋯⋯淺草公園之中云云。語涉黃色，使徐、陸、翁三人大恚，特請上海著名英國律師某控平氏於租界法院中，以謂必可使平氏低頭作更正之文道歉者。哪知當時租界法院有一事例，任何人每月如已犯過案件，第二件即任何罪名不受理了，平公早知有此一著棋子，故在登報之前即故意犯一違章小案，罰款五十元矣，故翁、徐上堂時，平公即出示已經罰過款，受過處分了，一點辦法將他奈何不得也。此平君認為得意之筆，後來親自告余者也。

在志摩遷居四明村後，余以其毫無大文豪自居之態，故時時去與之暢談為樂。他平生最不喜穿西服、與中國人作英語談天，更最喜偷吃鴉片，趁小曼與瑞午同出去後，即私自狂吸不已。故後來小曼告余云：「志摩如不死，必成老槍也。」志摩在光華教書未及二年，即辭去而改受北京大學教授了。時胡適之為北大文學院長，與志摩最知己同學，故招之赴北大。不久又得噩耗云：志摩乘飛機觸山頭慘死了。當志摩受北大之聘時，即以小曼重託瑞午加以照顧，故瑞午堂而皇之作了「如丈夫」矣。志摩死後，小曼又遷居延安中路當時福煦坊中，時其翁徐申如尚在，每月給以三百元作家用，但聲明云：小曼何日另有對象時即停止了云云。其時瑞午早已不做醫生了，因與中國銀行貝淞生為至親，為當時上海江南造船所所長馬某某所知，任翁為會計處長，便於向中國銀行借款也。時余家已遷今之富民路矣，至小曼處至近，幾乎無日不去作美談。

當志摩未死前，家中常客，為胡適之、孫大雨、郭紹虞、劉海粟、丁西林、老舍、邵洵美、錢瘦鐵等等。余只有胡、丁、舒三人不熟，與大雨、海粟均成至好矣。及志摩死後，小曼無聊之至，乃由錢瘦鐵介紹賀天健至小曼家開始授以學畫山水（錢夫人張珊珊本為志摩在硤石鄉間買的美婢，預備自用者，為小曼硬作主嫁於錢者，故友朋中總戲呼錢為小曼的丫姑爺也。又，賀天健，無錫默默無名畫家也，為瘦鐵招留來滬一力譽揚，乃成「老子天下第一」之名畫家者）。小曼每月致送五十元作學費者，達二年之久，直至徐申如借口小曼已有翁氏了，停止生活費後，賀天健始與瑞午大打一場，負氣一去不來了。志摩死後，小曼家中除瑞午外，常客只余及大雨夫婦及瘦鐵與趙家璧、陳小蝶數人耳。當時每夕瑞午必至深夜始回家中，抗戰後他為造船所處長，我為楊虎祕書，均有特別通行證者，只我們二人談至夜十二時後亦不妨。一日，時過二點了，余催瑞午同走，他云：汽車略有損壞，一人在二樓煙榻上權睡一宵罷，自此遂常常如此，小曼自上三樓，任他獨宿矣。及那月底，徐申如送來三百元附了一條云：知翁君已與你同居，下月停止了云云。後始知徐老以錢買通弄口看門者，將翁一舉一動，都向之作匯報的。當時翁大怒，毫不客氣，搬上三樓，但另設一榻而睡者，自此以後小曼生活，由其負擔矣。其時他已失業，余正刻印生涯鼎盛之時，常常向余借錢過癮，余時早已成「君子」之一，體會到一旦斷煙，比死難受，故時時給以接濟，所以小曼對余每於無一人時，一榻橫陳，一邊吸煙，一邊談過去之一段奇情了。小曼云：據志摩與之結婚後告以云，他在美哈佛大學時，與適之為最好同學，比他晚二班中有一女同學即林長民之女，與之最知己，奈徐已從小即與張幼儀結婚了。回國後發覺張氏與其父有苟且不端行為，故毅然與之離婚了（後張幼儀即居徐父處，認為義父，申如且出資開上海女子銀行，張為經理也），離張後即致電美國林女處，告以此事，微露求婚之意。不久，林女突來一電，內容云：獨處國外生活苦悶，希望你能寫一電對吾多多有以安慰，使吾略得溫暖云云。志摩得電後，大喜欲狂，即寫了一長電，情意纏綿，以謂可得美人青睞了。次日即親至電報局發電，哪知收電報之人忽笑謂志摩云：「先生，吾今天已同時收到了發給這位黛微絲的電稿四份了，你已是第五個了呀！」志摩不懌云：「你不要胡說，這女士只有本人一個朋友呀。」這收發員遂立即出示其他四人之電文。志摩一看，天啊，都是留美的四個老同學也（小曼說時只記得一人為張似旭，余三人已忘了）。志摩氣極了，即持了林之來電去詢張似旭，你為何也去電的，當時張還以為志摩得了風聞，故意去冒他的，堅不承認。志摩乃出林電示之，張似旭大忿，亦出原電示之，一字未易也。於是二人同去其他三人處詢問，都是初不承認，及出電互相同觀，竟是一個稿子也，五人大怒，遂共同簽名去一電大罵之，與之絕交了。志摩那時始一意追求小曼，而成夫婦者。

後二年林女回國了，志摩特地帶了小曼往訪之。小曼告余云：其貌之美而大方，堪稱第一云云。余問名叫甚麼，小曼云：只知為英文名黛微絲林也。後她去北京住西山別墅中，追求者美國同學之多，不可勝計，她又發奇想天開，一日告許多追求者云：「你們都愛吾，吾要考考你們，現在想吃東安市場某大水果鋪中的煙台蘋果，你們不准坐汽車去買，要各人各走去買，哪個第一個買到送到，就算你們真正能對吾有真心愛吾了。」這許多呆子一聲得令，紛紛往山下而去。內中一人即梁思成也，他借了一乘自行車飛奔而去第一個買得，又拚命飛奔回西山，不料一不小心被汽車撞跌在地，把腳骨折損了，忍痛第一個完成使命，但益受傷，入醫院醫治，愈後，變了一足微拐了。林感其誠，遂與結婚了，結婚不久憂鬱而成肺病了。她與適之原為至友，遂時時透露思念志摩之意，適之乃致電志摩，只囑其有事請至北大一談。志摩至京後，適之始告以原委，時梁思成亦在北大為教授，深知其妻非志摩安慰不易病癒，遂請志摩寓其家中，並誠意告之，老同學了，但求朝夕相見，使她稍得安慰，希望其病早痊耳。一日，梁去北大上課時，林女與志摩痛哭而談云：在美時早已願結為夫婦，其後五個電報，只對你一人真心者，其他四人均有意戲謔，用以取笑者，不圖弄假成真，以致遭君所棄，現已方屬梁氏，悔恨何及，但願朝夕見面，聊慰聊慰而已矣。志摩以告適之，適之遂建議來北大作教授，以達伊人願望。志摩因決定以小曼重託瑞午，辭光華大學而北上了。仍居梁氏樓下者。第二年暑假返上海家中，未及半月，又接得梁思成急電云：林氏肺疾大吐血不止，已入協和醫院了，希望即來安慰之。志摩當日即買了火車票，預備晚車北上矣，在回家途中遇一航空公司友人云：中午有一飛機專送郵件者可搭乘一人飛京，志摩遂又退了票，改搭該機了。孰料當時航空駕駛員尚未熟練飛行技術，飛至山東時，忽機身出障礙，性急惶惶中觸及山頭，駕駛員與志摩同罹此難了。當時瑞午至山東收屍，回申云：死狀之慘，不堪言云。故小曼云：志摩之死，死於林、死於情者也。

至此，又應補入一段適之與小曼之間關係矣。據小曼坦白云：適之夫人為一老式父母之命媒妁之言而成親者，他對小曼頗有野心，以志摩老友也，故無從下手，他之力促志摩安慰林氏，存心搞成梁林離婚，俾志摩與小曼分手，他可遺棄糟糠之妻，而追求小曼。及志摩死後，胡曾親慰小曼云：不必靠徐父之三百元，以後一切他可負「全責」云云。那時小曼（一）正恨胡無端把徐、林死灰復燃；（二）瑞午正小心翼翼愛護之，故對胡默然一無表情矣，所以胡夜至小曼處，對於瑞午從不理睬的。直至抗戰勝利後，胡自四川至南京後，猶有一函致小曼云：（一）希望戒除嗜好。（二）遠與翁某某分開（因翁、陸始終未宣佈結婚，只是同居而已），可從速來南京，由他安排新的生活云云。此信，小曼曾給余看過，小曼云：「瑞午雖貧困已極時，始終照顧得無微不至，廿多年了，吾何能把他逐走邪？」故置之不覆矣。

據小曼云：梁夫人自志摩（三一年）死後，只一二年（編者按：五五年）亦以肺病逝世了。勝利後，瑞午又重返造船所任處長，生活又大舒了，二人煙癮更深矣。所以小曼不理適之也。及解放後，禁毒運動時，余早已戒除矣，故未波及，瑞午尚在大吸，以致被公安局綁至刑場，陪販毒一起，一個個看槍決之後放回家的。至此二人始立志戒毒，但染毒至深，每日二人非吃西藥「可敵癮」三十片不可，當時每片價為二角一分也，且禁止買食者，賴當時上海虹橋療養院院長丁惠康開證明後始可買得。其時翁又失業了，幸其第三女兒嫁與一香港富家子，每月寄三百元港幣給翁作生活，小曼其時亦與余同入畫院為畫師，每月八十元，二人合起來有二百餘元收入也，奈以每日耗於藥片需六元余，故弄得吃盡當光了。每月小曼至少向余借廿元不可，余從來未拒絕之，及反右起後，余被鬥了，她竟起立嬌滴滴地說：「某某是我近三十年朋友，吾一向厭他為人，又不便逐之，真是可恨之至。」余聞後大怒其出言污蔑太甚，遂以她尚在私吃鴉片抵癮品二十片一天事向領導上揭發了，這領導竟把余原文示之，她大哭否認，遂回家告於瑞午及學生王××（余之學生，介於小曼補習英文者）。翁與王二人，均以犯亂搞男女關係，翁五十八歲與乾女兒名關小寶者私生一女（余戲對人云：他出生於嚴小寶，又入生於關小寶），被公安局拘禁多月；王生時在民盟學習，第二度又與一女伶姘識，為小曼所知後，告王母、王妻，婆媳二人同至余家請求挽救（時余為民盟盟員），余不得已至民盟揭發後，勒令分開者。所以翁、王二人均恨余刺骨，每逢小曼及余至畫院學習時，即招這領導三人共同深文周納，造了余二百四十餘條反動謬論，把余遣送淮南了。及余六二年回返畫院時，翁已慘死近二年；王亦戴上「右」帽；該領導以私生活不端，調去廣西了。陳佩秋始將此二百四十餘條告余者也。

又，李秋君，余亦老友了，她口操寧波話告余云：「某某，真正報應啦，去年小曼（時她已升任市府參事）在家（音『瓜』）裏，突然昏倒，不省人事，由其表妹吳錦送至華東醫院搶救，百般搶救總是不醒，吳錦無法，坦白了，說：『表姊吃可敵癮須二十片一天，這幾天此貨斷檔了，以致昏倒。』醫生立即施以此藥，及針後，她清醒了，揩揩嘴巴，欣然告辭，欲回家了。醫生覺得禁毒已多年，一個市府參事尚在吸毒，此事太大了，遂以電話報告了，參事室回答說：『不准出院，非為之戒絕不可。』所以至今近一年了，她尚住院未回家。去年畫院群眾得知後都說：『陳某某這話，真的了。』冤枉了你了。」

余聽了後，只一笑置之而已。

至六三年、六四年，又聞她連連至華東住院已四進四出了。直至六四年夏日，湖帆至華東開刀取膽石，余始與大千門人糜君同至華東醫院探望，照例每人只可領一銅牌上樓探望一個病人，余乃填寫探望小曼者，至湖帆房中後，始知小曼即在其左近病房中，余乃趨視之，她一見，竟異常親熱地說：「知你已回畫院兩年了，為啥至今方來看吾耶？」余云：「我臭人也，不敢仰攀呀？」她又云：「不久可出院了，望你仍常常來為要。」余微笑允之。至六五年，因念舊情姑去其家中訪之，她問我為何不來，余云：「怕見王 ×× 呀。」她云：「此人只星期天來而已，其他日子你都可來的。」她坦白告余云：「華東只批准每天准買六片『可敵癮』，實在不夠的，所以身體日覺不支，體重只六十四斤了（初嫁志摩時為一百四十斤）。」時她身旁只吳錦及瑞午私生女兒（九歲）二人了。談約一小時，余即告辭了。是年八九月間，她又病重住華東了。當時畫院中人，大都去探望之。女畫師龐左玉（六九年二月跳樓自殺而死者）來告余云：「小曼此次已無望矣，她昨天一再堅囑我務必請你去見一面，近三十多年之老友了，萬勿對之捨之如遺。」余擇次日而去探望之，時已入彌留狀態矣，正接氧氣，吳錦在其身旁大聲呼之云：「姐姐，你醒醒，看是哪個來望你呀。」她微啟雙目，約二三分鐘，云：「是某某呀，扶吾起來談談。」吳錦無法，遂與護士二人強扶之坐直，她斷斷續續與余談過去舊情，最淒涼地說：「某某，你對吾多年照顧，始終如一，想不到一疏至此，使吾唸唸不已，現在吾至多四五天的人了，你能否回顧昔日交情，每天來望吾一次否？」言時以手給余看云：「簡直為雞爪了。」余連連撫摸之，詒之云：「與余血色相同，絕無妨事也。」當時護士亦為之淒然，對余云：「此是迴光返照了。」時送進雲吞十隻囑她吃，她只吃一皮，即端與瑞午小女兒吃了。其後竟語無倫次，又入彌留之狀矣。余坐二小時之久，據護士云，這幾天全是靠氧氣和「可敵癮」暫緩生命。是夕她竟一瞑不視矣。第三天在萬國殯儀館大殮，送入靜安火葬場時，僅剩余一人為朋友，其他她生前三個使女及陸姓內侄、內侄女，翁瑞午二個大女兒及一私生女等人而已。死屍推入火坑時，這三個使女一片「小姐，小姐」哭聲，甚至昏倒，此足見小曼平日對待使女猶如親生女兒一般，所以悲慟於衷也。

小曼一生男友，一一數之，可成一點將錄，最著者為胡適，不圖臨終時最後見者為余，送入火坑時又只余一人，殆雖未能稱為有始，而可云有終耶？她當年在北京時如何驕嬌，余只聞尹石老及一吳濟川（吳眉生之子）二人形容之。但自余廿三、她廿五，相識後，覺只有嬌態，但一無輕浪之言行，又生平不背後詆人，存心忠恕，如大雨之妻月波，小曼從不言及其「白蘭花」出身，即其例也。嘗有一次於煙榻上問余曰：「某某，吾與你相識近廿年了，你看吾究竟是一淫婦否？」余云：「瑞午與你二個，『老槍』則有之，淫婦未必也。」初，吳湖帆對之鄙視之至，認為余不應與之為友，及解放後，吳、陸相識了，亦云：「當年把她看豁邊了。」

至此，余又要回溯到以前之事了。當年抗戰後，先君因被一龍所迫，賴瑞午與小曼二人始得安然無事（容後記之），故先君曾時至小曼處閒談，談及內子為一乾血癆不能生育，先母急欲覓一姬人生後嗣，一再託其代為訪求。其初，先君見她有一老僕之女，小曼撫之如女，意欲囑她為媒。此女，余至熟，且甚美，余亦有心納之，她亦不拒，小曼後坦白告余云：已被瑞午姦污過，翁不放了，故遂作罷了。後翁與之有孕了，遂遣嫁於一潮州鴉片行一小開了，仍作妾。某日小曼告余云：有了一個女大學生，乃洪深之同父妹，復旦大學畢業者，在校時與一當時所謂「拆白黨」同學談戀愛，其兄洪深告之，終有一天被遺棄，不准作友，其妹不允，洪深告之如結婚後被遺棄，兄妹關係從此斷絕了，其妹毅然允之。只年餘，竟遺棄了，此女硬極，不見其兄了，但生活困苦已極，現只求一老實人有生活可靠，雖作妾亦願也云云。小曼云：「此人美而文，你要否？」余以其為洪深之妹，洪述祖之女，北江後人，故欣然願先一見。小曼告之後，她亦同意了，約某日至小曼處晚飯會見了。上一日小曼笑謂余云：「某某，明天這洪女士可以包養兒子的呀。」余問何以見得，她云：「已生了一個女兒了呀。」余云：「你何不早說明，余家歷代不接外姓作女兒的，此事作罷了。」次夕余遂未去也，事隔十多年，解放初，四舍弟一日忽向余曰：「哥哥，有一洪芬，你記得否？」余茫然不知，四舍弟云：「昨天在一友人家中無意見到了她，朋友介紹云：『這是陳某某之弟弟呀。』這洪芬忽然說：『你回去問問你哥哥，十八年前小曼為我們介紹做一個朋友，日子約好了，吾去小曼家中老等，你哥哥竟看我不起，不來吃飯，這是為何？』」余回憶確有其事，問四舍弟云：「此人生得如何？」四舍弟云：「此人年近四十了，尚如三十不到，又大方，又美。」余即命之再去謊言：「那天因病，故爽約了，現願請她吃飯，見之道歉如何。」

四舍弟真去說了，她面紅耳赤，笑云：「去去去，現在吾已近四十歲了，兒女三個了，當年不願見吾，今天彼此見了面多難為情耶？不必多出事來了。」後余以告小曼，小曼云：此人奇好，你失之可惜也。關於小曼老僕之女，余幸而未娶，如娶了又變成瘦鐵之丫連襟了。此女姓何，每在小曼家中見及余時，膩而且親，余為之栩栩然也。她嘗得精神病，據云為潮州大婦所虐待而成，故她對瑞午殊怨之。她六三年一日在途中見到我云：「翁先生死後，小姐特穿了漂亮服飾，作為弔客之一，黑布都未戴一塊也。」

在五六年時，此女精神失常。時小曼與余正時至一太極名家樂老師家中，余練身體，小曼醫病。樂老師以氣功醫病，有奇效，但不擅醫精神病，據云，一失手可以誤置人於死地者也。小曼求過三次，都未允，余自告奮勇，謊言小曼寄女，亟求賜予一試診救之，樂允了。次日余與小曼二人攜她同去，樂一上手，按其頭頂，即匆匆了事，私謂小曼云：「鬱積所致，非人力所能挽也。」小曼與她先回去後，樂老師突然在余頭上拍了一下，笑云：「你全部謊話，甚麼小曼寄女，你情人也。」余笑問有何證據，樂云：「你們二人，四隻眼睛，一望而知，你憐她，她戀你呀。」余乃告以過去之狀況，樂云：「這病你醫比吾更好。」用以謔戲耳。後聞送至精神病院，以觸電休克達三月始告痊者。後據小曼告余云：「她不堪大婦虐待，思與夫離異，以已生二女二子，不能忍心棄之，故得此奇疾也。」及六五年小曼屍停萬國時，她攜一女兒來弔喪，見余時，命女兒來叫「陳伯伯」。余問之此你大女兒否？她笑謂余曰：「不是的，這是吾第二女兒，大女兒叫髦髦頭，你是曉得的呀（暗示翁瑞午之孽種也）。」這一問一答，第三者莫名其妙也。余又問之曰：「寶珊你今年幾歲了？」她云：「呀，四十七歲了，老了，不如過去了。」膩極矣。又告余住址，囑常去可也，余為之愕然也。及小曼送至靜安火葬場後，她哭至悲慘，余知與她此為最後一面，臨別紀念矣。故情不自禁，俯身抱之而起，她亦婉然溫然，依依不已。想今亦垂垂老媼矣。余與小曼相識達四十年，從未一握手，一戲謔，她生平吃任何東西，多喜吐渣，有一次余竟幾乎吃了她吐余之物。某年六月，余在其床頭見一盆，似菱肉，欲取一個嘗之，她大嚇：「吃不得的！」余云：「紅菱肉，會吃不得？」她云：「吾吐的酒釀渣呀。」一看，真是的。她吃香煙，至多吸十分之二，即丟了。吃必「中華」「牡丹」等等，她棄後，余紛紛拾取吸之。畫院中同開會，常如此，人見之不以為奇矣。她之浪費，於此可見也。

附記管三小姐

在抗戰前一二年，農曆五月四日，翁瑞午生日，時初任江南造船所出納課長，意氣風發，在家設宴請客，時適有前小曼幼年同學、後任北京協和醫院之護士長管三小姐隨其夫（似名周亞塵）來滬居住。周本為偽鐵道部一二等科員，以得當時偽次長陳地球之特拔，得任泗□鐵路局長者。夫婦二人同至小曼處作客，這三小姐純為一北方婦女風格，貌平平，但風神爽朗，竟與余一見如故，時時請翁、徐及余三人至跳舞場為樂。周亦有汽車，猥瑣而鄙下，三小姐竟視之如侍者，每乘汽車同出，必令之與翁二人同車，而她與小曼及余三人同車，習以為常。翁瑞午一日戲詢之曰：「為何我們三個男人不同乘一車，而拉陳同你一車？」她竟云：「吾歡喜陳某某呀。」翁對之云：「你當了周局長面如何敢如此說耶？」她云：「愛與歡喜不同也。」時余大窘，周默然。後管告小曼云：「周乃其掛名丈夫，她實為陳地球之外室，陳懼內，故與周約法三章，冒作其妻，而以小局長任之者也。故不要說歡喜陳某某，即說吾愛陳某某，周亦無可奈何也。」她被陳地球買一西歐鎖陰套套住，非陳開鎖不能與任何男性性交者，此亦一當時奇事。抗戰後她即偕周隨陳去重慶了。

又，當年小曼、三小姐等在大都會舞場（即今靜園書場），小曼指一人告余曰：「這個人即王賡也。」余特與三小姐下舞池跳舞，緊緊追在王後觀之，蓋亦一其貌不揚之人耳。王賡時時跳近小曼桌旁，小曼輒顧而它視，只做未見也。翁竟未及察覺，三小姐亦絕口不提，余私問三小姐：「是王否？」她云：「真是的。」囑余只做不知。因記小曼事後，用附記之。

記龐左玉與陳小翠

龐左玉

龐左玉名昭，湖州南潯人。父名奉之，早年曾任北京交通銀行中級行員，故其子女均生長於北京。左玉其次女也，中學畢業後，其父以善理財，積資有三十萬元，即攜全家來滬，住虹口一大花園洋房中，作寓公了。即令左玉拜當時溫州畫家馬孟容（公愚胞兄也，早死）、鄭曼青岳（此人之姑母即張紅薇女畫家也）二人為師，專學花卉。不知因何人介紹，得拜龐萊臣之寵妾為寄母。奉之與萊臣為五服以外之族弟，左玉遂改呼「寄母」為「媽媽」，萊臣為「伯伯」了。據其多年見人即云：萊臣視之如女，住伯伯家十年之久，萊臣所有宋元明以來名跡，盡出任之模摹過的。但謝之光最刻薄，當面譏之為至多張子祥一路耳。當年畫院開會時龐曾大哭詆之不已，遂二人從不交談了。

初，萊臣家中請蘇州大名家陸廉夫恢為西席，專代鑒定古跡者，時為民國三四年事也。先君與廉夫為至好，其時余只十一歲，常侍先君至龐宅，廉丈戲詢余曰：「歡喜畫否？」余在其桌上見其正吸品海牌香煙，有一畫片為趙雲，強之照畫一幀。廉丈為之大笑不已。後廉夫介其弟子樊少雲為助手，即辭館回蘇了。少雲不久即去了，留其子樊伯炎為萊臣作整理書畫之事，殆高級書僮耳。中間萊臣又請嘉興畫家郭蘭枝號屺亭主其家，其兄蘭祥號和亭，同時主南潯張石銘（蔥玉之祖）家中者。最後主龐宅者為張大壯（太炎之外甥），大壯至今尚為畫院畫師。左玉生前，亦與之為死對頭，因大壯最知其底牌者。但大壯不論何人訊以當年左玉住萊臣家中情況，輒微笑不作一言者也。又，她與吳青霞二人同為畫師，亦背後逢人輒詆吳不已。據她自云，樊伯炎在龐萊臣家時追求她近十年之久，她已允下嫁之，時吳青霞方與壞律師印廷華離婚後，雌趕雄，追求伯炎至烈，變成三角戀愛，破壞她與伯炎之間云云。她嫁伯炎後，吳即嫁上海體育學院院長吳蘊瑞，一級教授。伯炎乃彈琵琶音樂家，月薪只百餘元，戲劇學校之崑音組組長，地位遠遜院長，左玉又吃醋不已了。但吳青霞從不對之有任何意見者，足見她氣量之小也。左玉之長姊丈夫為音樂學院副院長丁善德，其父奉之住丁宅，每逢有病時，左玉必迎奉之至樊宅，百般孝順服侍。當時李秋君告余云：其父有三十萬存銀行中，其姊及弟均聲明不受遺產矣，左玉迎父，蓋為三十萬耳。六六年抄家後奉之存款歸公家了，萊臣家亦抄光了，左玉於是又逢人即云，與萊臣不過本家，毫無關係者也。

余於洵美家中，邂逅萊臣嗣子秉權，早經他見告只同族而已，秉權告余云：她在家招學生教學北京話，每小時需人民幣五元之多。又有一奇談，她原住富民路東湖路口一小洋房中，據她告余云：乃秉權已離未斷關係之妾名舞女尤某住樓上，該屋係秉權所有產，故請她夫婦住樓下，用以監視之云云。後據秉權告余云：他妾名宓妃，早已下堂改嫁一法國人，該房乃法人所購贈之者，與他絲毫無涉。乃左玉去拍宓妃馬屁，宓妃去法國時，她願代管此屋。樓上舞女，宓妃之友，與他一無關係之人，可云笑話奇談云云。六六年時與樓上大相罵，乃與陳小翠上海新村住屋對調而居了。小翠搬進後，未半年即放煤氣自殺於此屋中者。左玉人矮貌陋，但伯炎畏之如獅，因知其父有三十萬可傳之耳。貧夫富婦，大都如此耳。可歎也。

左玉為人，自命為南潯富室之女，故性格既驕且嬌，在畫院中只與小曼一人為至好，時時去小曼家閒談為樂。時余亦時至小曼處者。她擅說笑話，諧而幽默，余亦同有此習。一則因其翁少雲名浩霖與余本為熟人；再則因余每次至畫院開會學習時，必經過她門口；三則她患有隨時隨地暈倒的疾病，所以伯炎特囑余陪之同行步走回家者也，當時全畫院無人不知者。她嘗將畫院戲比作為「大觀園」，將院中幾個著名人物一一比諸紅樓中人：黨支書某公，人至和善，喜人恭維之，她比之為史太君；人事室主任某某，素得支書信任，故比之為鴛鴦；當時唐雲最紅，捧之者眾，比之為寶玉；葉露園朝夕侍唐，一應細節均謹敬異常，故比之曰襲人；唐對余時以印囑刻，余不願奪葉之刻印，對唐雖亦有好感，但疏甚，後又去淮南了，故她比之為晴雯；…… 有一沈邁士，道貌岸然，比之為賈政；王个簃面孔好人樣子，比之為薛姨媽；賀天健動輒罵人，比之為焦大；資料室主任，常熟瞿氏，最擅馬屁工夫，最得史太君歡心，發言時，任何人所不及，故比之為王鳳姐；某青年學員徐姓，嘗偷窺女生洗澡，而被遣送崇明勞動三年，此人回來後，她見人即說賈天祥（瑞）回來了；最諧而虐者，比螺川周女為多姑娘也；陳小翠性格孤潔，不喜與人多交際，比之為妙玉。以上諸人比得無一不恰當，非身在畫院者不知也。一日她自詢余云：「似甚麼人？」余云：「比史湘雲，口沒遮攔如何？」她亦認為甚似。她自云：當年如能學了北京相聲，則或可比畫師要紅得多吧。她正因好諧人，對領導人物亦有犯了亂說之病。當時六八年院中革命派強令余作一一揭發，余因比大觀園事，幾為人所共知之事，曾一一口訴。當時聞者，在座小將們竟忘形大笑。賈天祥無地自容，後竟藉故貼一張大字報，堅決要以莫須有之罪，要求施予鎮壓。又，她嘗嬉謔過王光美。六九年一月，余已囚在南市看守中，至四月中院中領導某某，特至看守所告余云：「龐左玉污蔑最高夫人事，她已坦白了，你如今明亦肯坦白有此事，寫一材料證明她說過的，那麼，四天後，當接你回畫院可也。」余云：「有的，是說劉少奇之妻王光美呀。」他們無可奈何而去了（其實那時宣判五年徒刑之書早已寫好了）。

至去年三月，余回家後，先聞狂徒來進讒言云：徐雲叔到處宣傳，龐左玉因你瞎揭發，忿而自殺者。余即知此人離間之辭。及去歲年底，畫院派一湖帆之及門某畫師來舍還余公債款時，經余詢之，左玉何時自殺？他云六九年三月在博物館跳樓自殺身亡者。當時始終未能定性，現已證明她未有甚麼罪，已恢復解放了云云。至此余始明白，當時只要余一寫王為某，則左玉反革命之罪，即可定性了。可歎哉，可歎哉。其實她如相信黨，對政府相信，事情終有一天明白的，則今日仍可安然任畫師如舊也。此亦舊社會封建小姐之惡習烙印有以害之也。

陳小翠

陳小翠，杭州人，其父即天虛我生陳蝶仙，以自製無敵牌擦面牙粉，家庭工業社老闆起家發財者也。陳小蝶乃伊之兄也。民初天虛我生即有詞章家之微名，當年周瘦鵑、范煙橋、江紅蕉等均捧之甚烈，但朱、況、鄭等均視之蔑如焉，蓋俗語所云鴛鴦蝴蝶派「洋場才子」耳（當年即如書畫家而論，吳昌碩、顧鶴逸、陸廉夫以後即有吳待秋、趙叔孺、馮超然、吳湖帆、高野侯等稱正宗，若汪仲山、錢吉生、李芳園、張石園、許徵白、江寒汀等等均被人輕視，號為「城隍廟畫家」也。唐雲、白蕉、鄧糞翁，介乎其間，吳湖帆等均對以上各人不接見者，所謂門戶之見如此深也）。陳老蝶故見機即棄文學之名，而為市儈了。小翠自小即受父教，頗用功於詩詞一道，狂人許效庳、冒孝魯、陳蒙庵，均謂甚佳，遠勝乃兄小蝶云云。許效庳云：堂堂中國畫院，通品能詩、詞、文者，只周鍊霞、陳小翠二女性而已。小翠稍遜於周，以其所作詩句中常喜抄襲古人舊句成語云。小翠專畫仕女，不但平平，而且至俗，較吳青霞更差矣。某次畫院開大會，提倡作新的人物，小翠發言云：「吾們畫的人物仕女，都是喜怒不形於色，是可廢除了。」足見有口才，惟不肯暴露耳。她進畫院，非其本意，嘗告余云：與湯氏前夫離婚後，得一部分財產，每月有定息五百元可取，故從不至院開會，凡有去敦促者，必提出辭職告退，畫院無此例，故只能任其高興，來不來隨便了。她與小蝶二人均患有白癲風者，頭項尤顯，但好化妝，尤喜用法國香水，所以她每至畫院時，人未進來，香氣已到了。因其女兒湯翠雛與夫嚴伯清離婚後，即去法國遊歷，因而嫁一法國音樂家。與嚴生一子，名長春，由外祖母撫養之，故小翠有法國香水至多，且思乘機去法國耳（後其婿嚴伯清續娶之妻，即名彈詞家徐麗仙也。小翠告余云：麗仙呼之為母，年節必送禮物為敬，殊佳云云。麗仙貌奇醜，但唱功至佳，與余至熟，嘗坦白告余云：「奴現在的丈夫，即陳家媽媽之前任女婿也。」麗仙自云六歲即被父母所賣給說書人為女，幸其假母陳亞仙教之成名，陳亞仙夫死後，所

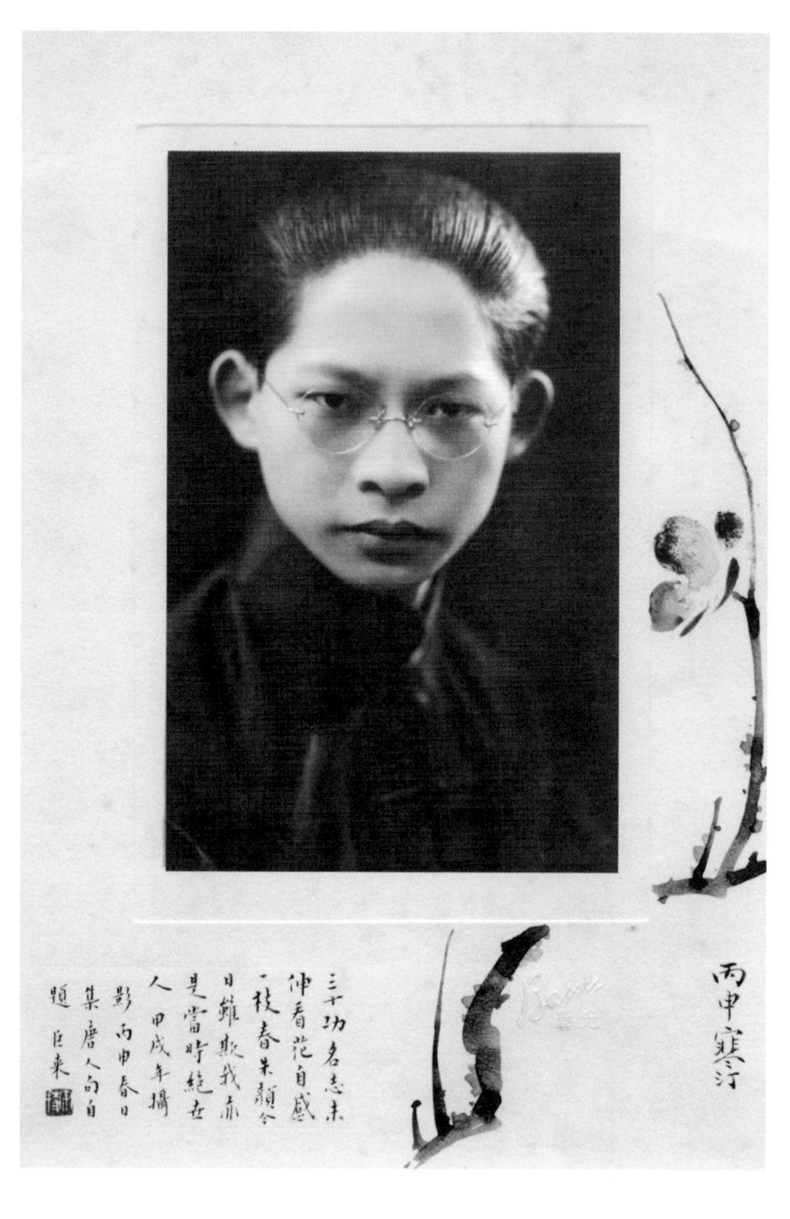

陳巨來（江寒汀畫梅）

有生活悉由麗仙一人月寄四十元作生活。伊人為女藝人中最有良心之人也，現已退休云）。

初，陳老蝶在中學任教師，得一佳徒名顧佛影，詩文俱佳，老蝶招之來家與小蝶小翠兄妹互相交換學問，因此，小翠與顧發生了愛情，但老蝶嫌顧家窮困，堅不允准。後家庭工業社發達了，思仰攀高門，遂以小翠下嫁於浙江都督兼省長湯仙之孫湯彥耆為妻了。小翠以非素願，故與湯生一女翠雛後，即離婚了。湯氏提出要破鏡重圓可以的，彥耆永不娶妻，小翠亦永不能另嫁為條件，小翠毅然簽字允之者（此小翠親自告余者也）。自離婚後，雖仍不能嫁與顧佛影，但魚雁時通，二人情詩之多，多不可言。解放後，余以平襟亞之介得與顧見面多次，乃一恂恂學人也，仍困窮異常，因此鬱鬱而得肺病，嘗數住醫院，均賴友人之助者。及六二年余自淮南回申後，聞顧已以肺癌逝世矣。六三年據大可兄告余云：顧曾住朱宅亭子間為時至久，乃大可招之而住，並不取房金者。當顧居朱宅時，小翠時來探病，二人情話綿綿，真所謂纏綿悱惻，其情至慘也。顧自知不起時，臨死將小翠所寫書函、詩詞，親付一炬，謂不願小翠負此不好聲名，為湯氏所詆耳。黛玉焚的自己稿子，顧代小翠焚稿，同一焚也，顧厚道多多矣。

及六六年「文革」運動開始後，任何畫師一例不准請假，小翠曾連逃至外埠二次，均被捉回畫院，且禁閉之。當第二次捉回院時，余親見二徐姓革命小將（一即賈瑞，一後被發覺為慣竊，被請出去了）令人遍抄小翠全身，在褲襠中抄出全國糧票三百數十斤之多，人民幣數百元。當時訊她為何身藏如此多人民幣，她云：自與左玉調屋後，因沿馬路，且家中無人，故放在身上者。又訊以全國糧票三百餘斤何用，她不語了，遂全部歸公。用極粗麻索捆綁登樓，二徐同時將之毒打一頓。因知她已囊無半分了，不怕她再逃走了，遂放之歸家。後即從此不見伊人之面矣。當時馬公愚私告人云：聞小翠已關入公安局，以繩自勒而死了云云。直至去年底湖帆學生送還公債款時（可憐只二元四角也），經余詢之，小翠是否死了？他云：乃回家後，放煤氣自殺者也。嗚呼，蓋又一不信黨和政府終有寬大政策之人也。她與左玉均出身富室之女，封建小姐烙印太深，故有一樣之悲慘下場也。

又，憶及一事殊可笑者：同時上海有一專刻象牙上細如毫絲之文字的藝人，名薛佛影，與小翠素未見過者。六八年院中揪鬥小翠時，革命群眾勒令她坦白與薛佛影如何亂搞關係，她說素不相識之人，如何坦白？群眾認為抗拒，竟更狠鬥不已了，時竟無人為之證明。余亦牛也，無發言資格之人也，此亦使她更忿怒之一因也。又，同時有另一笑話，鬥豐子愷時問他云：抗戰之後，你連娶二妾，現在都已來院揭發了，速坦白是何名姓，以便核對云云。豐不慌不忙云：「一抗戰本人即去廣西作教員，解放後二三年方才回申，你們誤聽了吧。」使他們啞口無言了。再有一笑話，亦述之如下：在五六年時，小曼至樂奐之太極權威家中求以氣功治病，余亦在學練身體之功，十二時同出樂宅，小曼在樂家時笑謂余曰：「今天要吃你一頓了，可否？」余遂同之至淮海路復興西菜館同餐。時正見斜對面座上一男一女正在竊竊而談，男者五十左右，女者廿多歲，貌至美，見小曼後，特以背對之。小曼告余云：此女即小翠女兒，新與其夫離婚，今天交這麼一個老人做朋友，怪極了云云。余云：「比小翠美得多了。」小曼云：「此女不能開口而笑，滿口牙齒如奇峰，凹凸可怕，是一大破相。」是時侍役忽來告余云：「先生，你們賬已有人付了。」余回首一望，乃四明富人徐懋昌也，他亦誤會余帶女友耳。後小曼戲告樂師云：「上次吾存心吃某某一頓，結果被一陌生人請了。」樂師為之大笑云。隔了半年之後，余正在新華書坊聽書，忽又見復興飯店與小翠女兒同座之男人，正與余鄰居育君談話。此人走後，余問育君方才這位何人？育云：「此人名湯彥耆，陳小翠之前夫呀。」天啊天啊，當時父女同座而食，翠雛背小曼而坐，蓋恐小曼往告其母耳，竟使小曼想入非非了。後余去告知小曼，小曼為之笑不可仰，連呼冤枉她了不已云。

記宋守玉

守玉女史，湖州菱湖人，與大可夫人為同鄉，甲午生。聞出身為小家碧玉，嫁於同里沈伯履。沈亦寒家子，曾在聖約翰大學讀書，未卒業即任本市某小學為教師。在甲子前後上海有人開一《商報》館，注重商業新聞者，總主筆為陳布雷。沈與之為至好，遂入該館任本埠新聞版主編了。同時馮君木丈長子都良，名貞胥，為布雷外甥，亦入該館任編輯。在孫傳芳任五省聯軍總司令時，蔣匪北伐，孫在《申報》宣傳反共。陳布雷為君木首席弟子，文筆絕似飲冰室梁任公，遂寫一篇社論，題為《軍閥不亂反對共產黨》，洋洋數千言，把孫氏罵得體無完膚。文為蔣匪所見，大賞之，遂聘任布雷為祕書，蔣廿餘年文告全出陳手者也。北伐成功後，上海第一任偽市長為黃郛，時果夫、立夫、布雷三陳，公推沈，一躍而為社會局長了。

歲庚午，余受錢芥塵之詒，與密韻後人同去瀋陽，又為蔣所擠，只四十五天即回申失業了。君木丈親函布雷，囑為介紹工作。布雷遂力薦於沈氏，由都良親自偕余謁之。次日即發表一低級辦事員，派在二科作登記等雜務工而已，工資只五十五元。但余先聲明，空暇時要在辦公桌上刻印的，沈一口允准。時中午吃飯，不論局長、書記，共集一廳，吃一樣的飯菜，沈吃了添飯亦自趣動手，一無特殊化的。余每刻印時，全科主任、科員，男的女的，圍而觀之，沈亦時時來從旁默無一言而觀之。未二月，加了五元工資。一日，他忽召余至其辦公室，告余云：「內人宋某某能畫花卉，擬拜一名家為師，有人介拜趙叔孺，有人介拜馮超然，本人外行也，請你代為決定拜哪個好？」余詢以先介紹的是何人？沈云：「先介紹的馮，但有人說馮山水人物專家，不如令師趙老為花卉名家。」余考慮後，告之云：「（一）馮已知此事了；（二）馮花卉亦拿手，還是拜了馮老罷。」沈點頭了，即耗了每年三百元教授費，拜了馮氏矣。馮氏女生之多，名聞全滬。他有一惡習，凡屬女生，必為另取一號，上一字玉旁，下一字「華」字，遂號之曰「華」了。其時馮資產階級豪門女弟子極多，對宋殊平平也（及勝利後，宋親告余云：馮先生昔年與吾太前昂而後恭，太勢利了）。

又一次，沈又招余進去，告余云：「最近北方大水災，上海女子書畫會徵集了三百件名家書畫，在寧波同鄉會開展覽會十天，義賣作賑濟，今已第三天了。內人做副主任，外行，不善處理，望你立刻去協助她，你可請假七天。」余云：「你太太我從未見過，怎麼辦呀？」沈立即寫了一條子：「某某，茲派陳君某某前來協助，望接待之。」並告余云：「你拿了這條子去找她，她昨天已知道有你要去的。」這應了一句俗語，「吃他一碗，憑他使喚」，只能拿了條子，至寧波同鄉會中，趨至一大會議廳中，群雌粥粥，達三十餘人之多。余那時持了條子高聲問哪位是沈太太。時李秋君亦在，見余面有窘態，正擬立起代介紹，是時座中一中年婦女，先立起來說：「你是陳先生嗎？吾即是宋某某也。」客套語未及三分鐘，即把余邀至另一小會客室中。她個性之爽脆率直，一開口即對我云：「這會中三百件，每件廿元，早已推銷光了。下星期天，憑號抽籤發件的。這會，正主任是虞澹涵，副主任算本人。她（指虞）靠了其父治卿（蔣匪恩人）、其夫江一平（杜月笙處紅人）二人牌頭，處處欺辱本人，把宋局長所寫的一幅中堂掛在門背後，一副對聯懸在角落頭，本人去換出來，她即仍照原處掛之，太可氣了。請你立即去調換一堂皇地方掛之。此事務必代本人出一口氣，事後吾必定屬局長派你一美好任務報答你，非照吾所命不可。」局長太太面孔十足。我告之云：「一平老友也，但其夫人從未會過，只能先與她協商，試試看。」她云：「這事著在你身上了。」余無可奈何，乃求秋君介見江夫人了。虞比江大二十五歲，一老嫗矣。她經李介紹後，居然知我為一印人。我主動要求她亦至小會客室談談，她欣然同意了。秋君識相，不參加了。首先余坦率告以宋女士之言，她立即起來攜了余至大展覽廳巡迴一觀。原來都是譚延闓、胡漢民、于右任、吳稚暉、居正等等大反動派書件，趙叔師、馬公愚等等都有，沈氏所書確不入流品之作。遍觀後，她又把我邀至小會客室中，很和善對余云：「陳先生，你是內行、法家，沈局長字能與幾位院長們並列嗎？他太太與我爭吵有理嗎？」使余無言可答，於是只能以昔年跟寒雲先生時所有看見的娼門名姬拍老色迷的技巧借用一番了，首先對她說：「你真老法家，再公平也沒有了，安排得使我佩服之至。」一頂一頂高帽子把她拍得骨頭都酥了。余見火候到了，即轉求之云：「江太太，我與一平兄為老友，本人現正在沈局中做小職員，求求你，可憐我所處的地位，宋女士壓力，如此叫我轉求你，你賞我一個臉吧，換沈字一個較好的地位吧？」她一時硬不過我的膩求軟叩，她沉思了片刻，說：「好好，看你可憐，跟吾來吧。」即又同至廳內，叫我自己選地方換之（她狠極的手法，看我如何辦）。於是我選了一進門的一張吳稚暉所書篆文地方，問之云：「這地方一進門無人注意的，調沈字於此可否？」她情不自禁，拍拍我肩云：「有理有理。」遂命侍役大加調動，達一小時之久。又把沈聯與馬公愚對調了。余乃告宋女士云：「局長字已掛在最前，與吳稚暉一樣了。」宋滿意了。虞對之仍怒目而視。次日余以告沈本人，云：「二位太太似尚未和洽，應求局長打一電話婉告江一平勸勸否？」沈立即以電話自責夫人不好，請你（一平）婉為道歉。一平云：「你告某某放心，到抽籤取件日，你我自己到同鄉會與陳三人發件可也。」沈仍叫我每天去，防二雌老虎相爭也。蓋沈與江均怕老婆大王也。後二人經李秋君與余互相調解其間，未曾再遇事爭吵了。自此事後，宋女士對我有了初步好感了。

未及二月，沈又招我去派一調查工作。事實是，沈與當時上海華安人壽保險公司總經理呂岳泉，有嫌隙至深。呂寧波人，海上巨富也，背後專恥笑沈的出身，使沈恨之入骨。被沈偵知有人在呂岳泉處私領津貼給社會局中之事，沈因擬借此事，以敲呂一記竹槓，特派余至華安查賬，取得證據耳。那時余未知沈派這工作，美事也，告沈云：「局長，我對查賬工作，一竅不通，請再加一內行職員同去如何？」沈無奈，只能又招一三科主任名顧炳元者，告之云：「查賬你的事，但陳為主，你一切聽他決定為要。」又告余云：「如發現該公司有津貼本局證據，立即取回，千萬千萬。」於是余與顧二人同去公司中，先訪呂岳泉，告以奉命查賬，有無人私向你公司領津貼事。呂一聽之後，竟大表歡迎，立即先請余及顧二人至九樓享受豐盛晚餐一頓，席間云：「確有此事，餐後即可出示證據可也。」余與顧均愕然，認為呂何故如此直認不諱？餐後呂立即偕余二人至總會計室，命主任云：「二位來查本公司津貼事，可全部取呈閱。」不勞顧查看，片刻之間，該主任即將二年多的寫明津貼社會局收條廿七張之多，只每月卅元，具領人簽名。天啊，乃該公司的總監察（股東）李祖夔代領，並蓋章的。祖夔為秋君之兄，祖韓之弟，余至友也。呂岳泉云：「這廿七張請你們帶回呈沈局長可也。」那時余知李亦巨富也，這事如帶回局，李首當其罪矣。乃告顧云：「你再詳細複查一番，待我至二樓問這姓李的，究竟交與局中何人的，廿七張由你先保存，我們二人共同簽名封口上可也。」這是我做了一個賺顧不得分身跟我同去也。及余至二樓，晤祖夔，告以廿七張收據已落顧君之手了，奈何奈何。李聞後，面如土色，哀求余設法挽救之（李卅元一月亦要混取，可謂無恥極矣）。當時從鐵箱中取出二千元，作為賄賂。余告云：「笑話了，如為了鈔票，不像朋友了，你為何如此發急，可明告我，或者可想一辦法挽回之。」李云：「呂岳泉與阿拉積嫌已久，此事呂必全部推阿拉身上了（事非如此，李強辯也），那時阿拉冒社會局名領津貼，一世聲名財產完了。」余思之片刻，告之云：「你如能求虞洽老從中設法，或可大事化為小事了。」他聽後，幾乎跪下叩頭，云：「是是，阿拉急昏了。」於是立即打電話向洽老坦白了，求為幫助。洽老，其伯父雲書老友也。余只聽電話中把他大訓一頓後，告之云：「你穩住來人，當立即電囑華安顧問、會計師奚玉書親來了為你揩屁股可也。」一小時不到，奚玉書先至祖夔處詢以究屬何事。余與奚玉書在一平之兄萬平處（當時玉書、萬平，上海二大名會計師也）曾有一面之交，遂一一詳告之。奚氏云：你先上樓，與顧君作為查賬，十分鐘本人即上樓，保證無事（大約玉書必敲了祖夔一大注鈔票了）。余再上樓後，假作要取了廿七張收條回局時，並問顧君尚有查到其他證據否？顧云：「沒有。」奚玉書也來了，裝不知其事，詢呂岳泉何事。呂一一告之。奚云：「把證據給我看看。」余即付之。奚遂出收據一紙，寫廿七張明日面呈沈局長云云，把廿七頁向包中一塞，云：「乞告沈局長，收據在本人處可也。」顧見余已得證據（奚收條也），遂二人一同回局陳明此事。沈聽余報告，只卅元一月，李某所冒領，與本局任何人無關者，他已喪氣了，知呂無關耳。次日，奚玉書來了。余辦公桌與局長室只一板之隔，故聽得清清楚楚的。先是沈問奚有廿七張證據否？奚云：「有的。」向之索取，奚云：「這是華安公司自家之事，你局中無人領取，所以已罰李某某嘔出八百十元，經本人代收退回公司了，這是公司的收據呀。」於是沈與之拍桌大罵云：「你騙去收條，不將原證出示，甚麼理由？」奚云：「本人是公司會計師，有權處理的，況且只卅元一個月，證據尚在，陳顧二人同有簽名，決不是甚麼大數目，你息息怒吧。」搞得沈忍住氣，與奚另外瞎談了。虞洽卿亦來電話代祖夔道歉。

這事曇花一現而已，從此沈認為我辦事不力，不久上海成立市通志館籌備會，把我轉介於張群偽市長，任該館採訪員兼編輯了。三三年該館易了柳亞子為館長後，余又入招商局任事，後又由邵力子介於吳鐵城，至公安局任祕書室助理，後公安局改稱警察局，偽局長名蔡勁軍，乃中統特務也，無端把我降級，余與之大吵，他要扣留我，我告之云：「你今日拘留我，明日陳布雷即有電保回家，不信的話，可問問沈局長即知了。」他無可奈何只好看我昂首回家了。次日我特去見沈，告以此事（其時沈已了解當年我在華安公司事，未有分文得賄，早已釋然於懷矣），沈云：「無妨無妨。本人可向果夫去函，介紹你亦加入 CC 團體，包你蔡氏升你做主任了。」余那時莫名其妙，以謂很好。隔幾天去晉謁宋女士，告以此事。她云:「陳先生你莫上局長的當，這是特工組織呀。如加入，你從此被他們牽著鼻頭，跟著走了。千萬莫加入。你要工作，吾可命伯履介紹，何必做這沒自由之事邪？」天啊，幸而她這一阻，我未成特務，否則，將罪無可逭了。她又云:「你以後有甚麼事，逕來找吾，不必去見局長了。」

及抗戰起，他們去重慶了，余做了二年幾個月「漢奸」了。勝利後，他們回申了，沈做了《申報》社長，又榮任議長。吳國楨雖為偽市長，但處處仰其鼻息。其時馮超然之子一畢業大學，即由沈夫婦提拔任某處高級職員了。他居處即在鉅鹿路，我以做過「漢奸」，故始終未敢往謁。在解放前一年，基同年以始終任復旦助教，堅求余至沈寓見他，求為基同年要求升講師。余姑往求之。承其一見仍如舊交，立即寫信與陳望道說項。宋女士知後囑為其二人各刻二印。印交去後，各人簽一支票，各二千元。余將支票留下，將二人簽名蓋印撕下還之，告以刻印生意甚好，支票留下心領謝謝了。一日，余專去訪她，她與我長談達三小時，把其夫痛罵不已。事實是，沈色鬼也，在抗戰前私娶一妓，囑局中科長宓季方作為宓之妾，沈白天去陶情。事為宋所知，買通司機告密，突然去了。門口人云:此宓科長家也，擬阻之。她直趨樓上，捉姦捉住了。並不責罰妓女，僅云:「下次再捉住不客氣了。」一方面立即召宓至家，以馬桶刷痛打之，勒令沈將之撤職，永不敍用。那天她告我云:「他做小學教員時，收入至少，一切事，均吾一人做之，傭人一個都未用。做了局長後，又私嫖娶妾。現在當了議長後，更肆無忌憚，他每至一處酬應，後面跟了十個八個騷貨色，全是甚麼交際花呀、女明星呀，他顧盼為樂。真是把吾氣死了。」言時適手執一瓶冰汽水，她忘形地對我云：「陳先生，以前吾與他愛情如熱茶，今天已如這冰水了。吾們夫妻兩人，再也莫想恢復感情。陳先生，你替吾想想看，伯履一臉白瘋，好看在哪裏，這許多騷貨愛他甚麼呀？」余忍住笑，答她云：「沈太太，議長五十多歲人了，決不會再有邪念的了。這許多女人都是以認識議長為榮，可以招搖招搖，並不是愛老人也，你可放心放心。」她聽了此數語，似恍然大悟，連說「對的對的」。沈那天回家後，她告之云：「方才陳某某來長談，他說你老了，一班騷貨，都是利用你議長地位，藉以認識為榮，沒有一個在愛你的，你可以腦子醒醒罷。」沈聞此言後，知余在暗中為之幫忙，調和夫妻間感情也。從此二人都對我更有了好感矣。戊子九月，先君逝世，他抽暇親來叩頭弔奠，以參議會名義送輓聯，廿元外，私人又送二百元奠儀。

時反動派文化委員會，正由偽委員長張道藩（他拜齊白石為師，報上大宣傳之事）主持編一厚冊《美術年鑒》，分十大類，中國畫、書法、西洋畫、篆刻、竹刻、作者小傳等等，全國美術家全備了。余為湖帆所強介也，參加一全頁。時編纂委員多人，陸丹林、鄭午昌，均最反對余之人也，將拙作百般挑剔，一致要以方介堪之作列首頁，因有蔣匪頭二印。同時方又運動吳國楨之妻黃某某（她為溫州女畫家張紅薇之女弟子）要列第一頁（因有一定例，不論書、畫、刻，均首頁置反動黨員，篆刻一門無黨員，以南方人為首，北方者次之）。王福庵以為他穩列第一，方、王各有一派人護之爭奪。及正式付印時，張道藩囑一切取決於沈氏。沈氏遂以于右任、沈尹默各登一聯為首；畫以張靜江、陳樹人、何香凝三畫合登首頁，超然第二，湖帆、大千第三頁；篆刻沈將余列第一，白石第二，福庵第三，介堪似落於第五頁後，葉露園竟未列入。王福庵竟破口大詆，陸丹林、鄭午昌竟莫可奈何了。

戊子大除夕（已四九年二月了），他夫婦二人特邀余去吃年夜飯，即在他們臥室中，除子、媳、侄兒外，無一親戚也（杭、嘉、湖三府，從不請外客吃年夜飯的），這是對我特別親熱也。四九年三月底至四月初，宋女士一再叫我去，云：「我們二人均擬攜你同行，對你食、宿、一切，均在一起，我們到哪裏，你亦到哪裏，吾當你如弟，伯履亦同意的。你旅行之費均吾負擔可也。」余當時（一）丟不下內子小女，（二）三弟婦母女二人生活，無人照顧，（三）尚戀戀於不肖老四及基同年，故三次均婉辭之。她云：「你莫後悔，不聽吾言啊。」沈對我純為夫人之意耳。余最感恩她的當年力勸勿聽其夫之言加入反動團體中，真乃大恩人也。後據大可夫人告余云：寧願無子，不聚一妾，乃一君子人也，故特對你時時恭維不已云云。此或許非如是也。今日記之，猶唸唸不忘也。

袁寒雲軼事

袁克文，字豹岑，又字抱存、孝質。因得范華原《寒雲蜀道圖》山水精品，遂自號曰寒雲；又得漢剛卯、嚴卯二玉，以「佩雙印齋」自署。生於光緒庚寅（一八九〇）七月十六日，卒於民國辛未（一九三一），年四十二。其母為朝鮮人，姓白，乃朝鮮國王妃之妹也（當年其父奉清廷之命至韓國作欽差，國王以金氏、白氏二妃之妹嫁於袁公者）。袁長子克定，正室于氏出也。寒雲乃次子，少於克定十二歲。少時即聰穎，江都名士方地山（爾謙）為其啟蒙老師。地山喜藏古書、古泉，故寒雲自少即專以收藏善本孤本宋版書馳名。後又拜李木齋（盛鐸）為師。李為近代版本專家，寒公遂以藏書名聞海內矣。據散原老人第七子彥通告余云，徐森玉乃寒公民國初年之門下清客之一，得李、袁二氏之教導，始亦以版本碑帖出名者也。寒公藏善本孤本達二百種，故自署曰「二百書藏主人」。卅歲前曾以象牙一片，命當時名印人王某刻造像一方，像未知何人所畫，作半身立而觀書形，惟妙惟肖。余曾拓一紙留存，迄今未失也。

余於十七歲時偶臨李北海書（其實摹清道人字耳），為寒公所見，渠在《晶報》三日刊上，以函相招，時渠尚居當年長濱路（今金陵路）。回憶余第一夕訪謁時，一人枯坐樓中間幾二小時。余以謂貴公子搭架子，後見一理髮師來了，始見其一面著長袍，一面紐扣子出來，連呼請坐，看其整容畢，即開始垂詢余籍貫家世，知余為浙西平湖人，大喜云「內人亦平湖人」云（其實乃其第六妾唐志君，下堂後，曾一度為女相面先生）。當時即檢許多當年之雜誌相貽，後又書了一尺頁寄下，上款竟寫「慁石（甲子前余字也）神童」云。此紙今歲由逸翁索去，左爺把上款剪去了（謂臭名不可留云）。余當時即覺其是一恂恂文人，無一毫貴介公子氣息，臨別一再囑有暇可常來云云。余怕久坐，只唯唯而已。

不久，他遷居白克路侯在里。初進屋即設席款待賓朋，前一夕又來函相招。是夕，渠特在廳堂中串演崑曲《折柳》以娛來賓。吳缶翁亦作不速之客，有劉山農伴之而來。寒公平日對缶翁不甚欽佩，但是夕對之恭敬異常，尊之為「老伯」。缶翁以扇相求，亦尊之為「仁丈方家」。是夕賓朋全散矣，他堅囑余少留，即率余入臥室，介見唐姬後，他即臥於被中，與余大談其書法，並出示樊樊山、易實甫、李木齋、林琴南、張季直等等與之信札，無一不獎之譽之者也。臥床狂吸鴉片不已，余行時已三時後矣。他云，嗣後可常來，直接登堂入室可也。於是余每逢星六夕必去，始明春冬二季，永不起床之人也。第一夕見余，勉力起身借此整容者也。那時，宣古愚、步林屋（名翔棻，字章五，一字彰武，河南杞縣人，癸卯舉人，項城小站練兵時之文案，後為總統府祕書，擅醫，亦御醫也，寒公之盟兄也，後在上海行醫，並辦《大報》，專收名女伶為寄女，從不涉於亂，日可盡白蘭地一瓶，茄立克一聽，怪人也）、周瘦鵑、余大雄（《晶報》主辦人，抗戰時作漢奸慘死了）、畢倚虹、錢芥塵（報界前輩，余與邵力子成莫逆，即錢所介紹者）、名笛師趙阿四（名傳桐），余均於是時所相識者也。

渠有一特長，以久臥懶起，遂能平臥床上，以一紙板，上放信箋尺頁等，紙向下，執筆仰而書之，雖小楷，字工整異常，且從不劃格子。書楹聯時，令人持一頭，懸空而寫者，故必需玉版箋也。入冬至後必遷居大東、東亞等旅館取暖。那

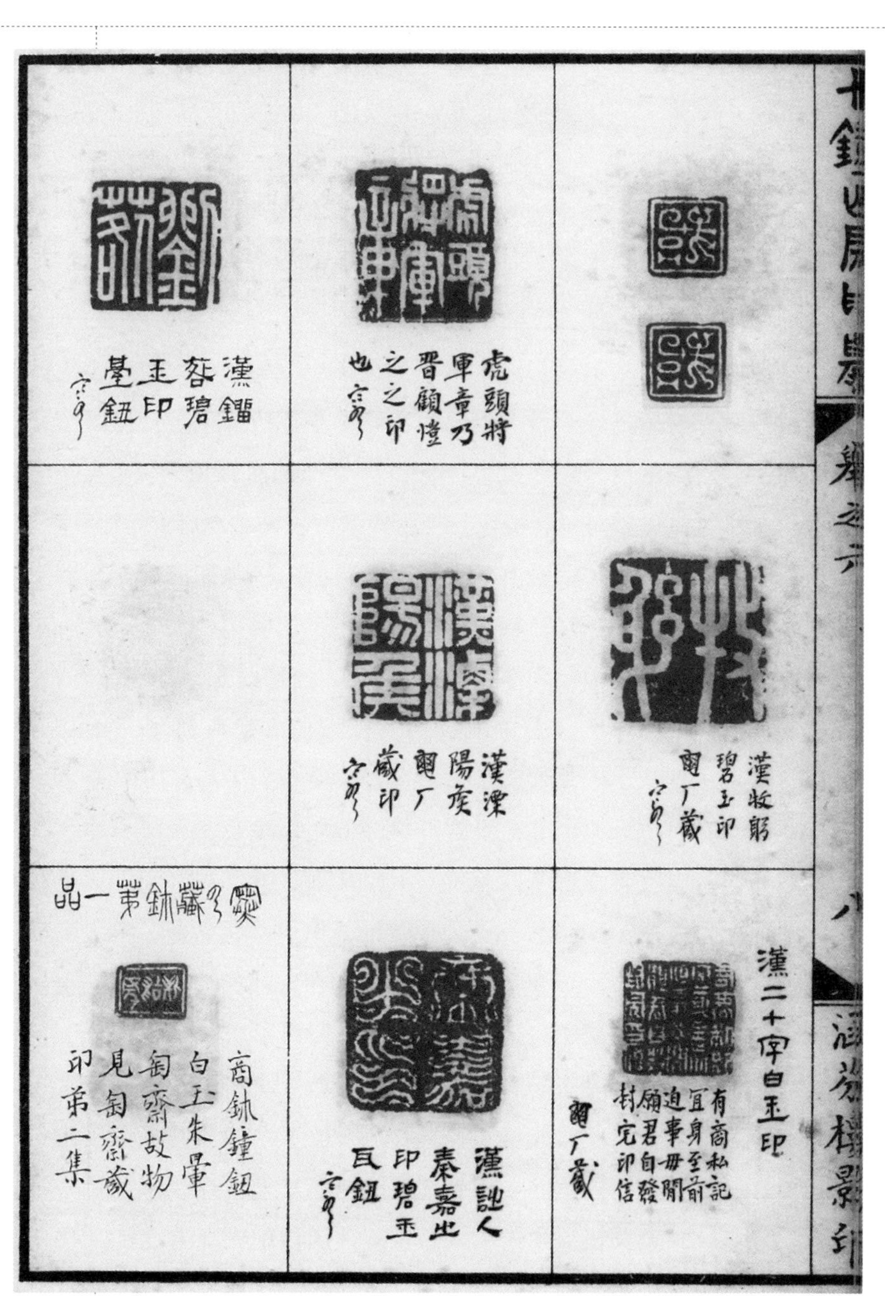
十鐘山房印舉 舉之六 八 涵芬樓影印

虎頭將軍章乃晉顧愷之之印也

漢鐂砮碧玉印臺鈕

漢牧躬碧玉印 匋丁藏

漢溧陽侯 匋丁藏印

漢二十字白玉印

有商私記 宜身至前 迫事毋閒 願君自發 封完印信

匋丁藏

漢誋人秦嘉出印碧玉瓦鈕

寒之藏鉨第一品

商鉨鍾鈕 白玉朱暈 匋齋故物 見匋齋藏印第二集

袁克文題《十鐘山房印舉》

時任何友人求書，必一揮而就，旅館服務員紛紛求書，無一不允，上款總是「某某大疋」四字。一夕，余鬧一笑話，見一款「某一」（其人名也）第一字特長，余誤為二字，問之曰：「某某一大疋（『疋』余認作匹），何故邪？」渠大笑云：「『大雅』你識別字作一『大匹』了。」遂告余云：清人習慣，凡不相干之人均書「大疋」二字云云。

余與之相識十餘年，從未見渠對任何人有輕視之態，更無自銜自媒之言，但偶逢當時所謂巨官大僚，亦毫不重視之也。渠生平只對二人最不愜意，一是前直隸總督陳夔龍（筱石），每於當時《晶報》上做文醜詆之，署名必曰「紅牡丹館主人」。余詢之，渠云：其父任直總督時，陳任河南巡撫，以女公子許其為妻，當時約定吉日吉時，二家聘禮、大賓，同時出發。孰料陳女因觀劇而鍾情於當時名旦紅牡丹，竟欲私奔，被父母嚴禁家中，急急許配於他。及大盤到達直隸時，女公子已殉情身故了。渠笑笑云：「不啻叫我作了活烏龜，故署名紅牡丹館主以丑之。」二是對於當時滬上巨商嘉興人姚慕蓮，渠亦不時做文詆之曰「妖沒臉」。據其云：某年在旅社中與姚賭博，渠大輸，少了三百元，一時付不出，被姚報捕，拘入巡捕房中達八小時，親朋竟坐視不救，幸伶人汪笑儂當夜以三百元贖其歸家。故渠即與笑儂義結金蘭，沒齒不忘云云。

渠有一惡習慣，不論對何物，愛之時萬金不惜，不一二年即棄之，雖賤賣不惜矣。對於姬妾，亦從無久戀不捨者也，從無二妾並列者，得新忘舊，其習慣也。生平取八個姬妾，只第二妾某氏，生一子，即美籍中國物理學博士袁家騮（字叔選），其媳某某亦美籍博士也。其妾早已下堂，家騮為適室劉梅真所撫養成人者。第八妾嘉興人名于佩文，亦生一子，名家璽，不知在何處矣。僅一第七妾天津名妓，名蘇眉雲，死其家中者。渠性好色，花叢中等於其家，如對其妾厭惡時，更終朝每夕留連於妓院中矣。甲子（一九二四）前渠棄了唐志君後，即一度回津。丙寅（一九二六）春又來滬。那時乃由山東督軍張宗昌（效坤）聘任為高等顧問，給以二萬元囑其至申辦一報刊，以作宣傳。渠攜了第七妾蘇眉雲及一陳姓門人來滬住於當時西藏路遠東飯店，開了兩大間，一作臥室，一作會客室，請錢芥塵主其事。錢老滑頭也，拿了多少去，外人不知也，但從未見一紙刊物，而斯際寒公幾以妓院為家矣。當時大名妓富春樓，即其最愛之人也，與她攝影多幀。內有一幀，她穿了寒公衣帽，男裝造像，寒公恭楷題了「濁世翩翩」四字，用以貽余；又以本色小影一幀，亦寫了「鳳珠小影，某某存。寒雲」（前頁已遺失，後者尚存）。真俗語所云「發鬢」也。不三月，二萬耗盡了，不得不回天津了（關於富春樓，在甲子年蘇浙齊、盧之戰時，上海戰區司令畢庶澄，終日龜縮在她小房子中，作司令部，被齊燮元所槍決，故當時滬上哄傳富春樓為白虎星云。解放時她尚存，已為基督教信徒，早去香港矣。如尚在，年近八十矣）。

丁卯（一九二七）春，寒公又來申，住今淮海路二百七十號，其同弄中某號住一當時上海名女人，曰周老五，乃大韓莊主人。寒公除逛游妓院外，又作莊客矣（他從與余相識後，妓院中必率余同去觀光，可云無處不去，獨韓莊中不偕余同游者）。其時眉雲已失寵未偕來，故他先追求一妓名初霞未成，乃降格取一莊女于佩文矣。至戊辰（一九二八）春，其慈母沈氏病故，遂奔喪回天津，自此未再來申了。據他告余云：他有三母，一適母于氏，二生母白氏，三慈母沈氏。沈氏為項城第二妾，無子，寒公自幼歸其撫育，故對之至孝也。

歲己巳（一九二九）冬月，余以錢芥塵之介，與蔣穀孫二人同詣瀋陽往投張學良，當時言明作一小祕書，月薪二百元。不料至瀋陽後，余為蔣穀孫所擠，只任當時東北文化社幹事，月只一百廿元。該社主持人名朱光沐，專為蘇聯日本二國交涉文化事，所有公文悉用日、蘇文字。余一無所事，而且辦公時間為每晚八時至翌晨四時，白天睡覺。余一怒歸申。庚午（一九三〇）正月途經天津下車，借寓天津招商局。局長陳承修，余老友也。是時余至寒公府中晉謁。時侍妾已不見了，他即介余見其夫人劉梅真（公魯堂妹），純一北方貴婦風度。三子亦都見面，又純為舊家規矩。惟寒公仍有談有笑，出示他所寫隸書，與早年學《張遷碑》之劍拔弩張之態判若二人矣。其時所書，以《孔宙》參以《曹全》，既雅且醇。余今日尚悔不向之索取一二以歸。其書遠逾錢大（不似伊墨卿、張叔未），近人無一能及者。余出示所刻印拓，渠云：所謂仿漢，斯近之矣云云。余告以明日擬往北京一遊，他即介紹旅館、遊歷方式等。又云：「你上海青樓看多了，今晚請你先至厚德福吃正式京菜，介紹方地山、朱綸（字已忘，清安徽巡撫朱家寶之子，慶親王之乾兒子）與你見見。再帶你至天津南方式妓院見識見識。」至晚余應命而去，主客僅四人點菜吃去近二十元，可云優待矣。飯後果然同去妓院。方、朱二人均年逾六十之老翁，竟戲謔如少年。方以作對聯馳名北方，又藏古泉纍纍，與當時寧波方藥雨若齊名。地山大門上寫「大方之家」，其玩世不恭蓋如此也。是夕四人談至深夜三時始散。歸時見渠外套一大斗篷只為一襲黑紫羔羊裘耳，已觀察到渠生活平平矣。臨別猶囑北京回津時再談談。

余那時游北京只三天，時尚為閻錫山勢力範圍，余於西山、頤和園均未去，大幸者暢遊中南海半天之久，懷仁堂記憶猶新，最佳風景為「流水音」，倚小山，臨水，建造三明間，三暗間，屈曲小迴廊而上達大間，其下流水潺潺。項城居中南海時，即以「流水音」指給寒公作居處者，三年之久，日以作詩、唱曲為遨遊。當時京中名士詩人，無一不是寒公座上客，樊山、哭庵、瘻公為首，梁眾異當時官卑職小，以詩傳，得以附驥而已。其時余以急於回申，竟未獲再度晉謁，遂成永訣矣。次年辛未（一九三一），似夏日，得噩耗，已逝世矣。後聞天津有人云，乃死於花柳病者。以色自戕其身，惜哉惜哉！

以下述其瑣瑣屑屑之事。

當余十八歲時初與認識，有時童稚無知，率直不知忌諱，問之，渠從不以為怙，總笑而答之或糾正之，故余至今尚留有極深好感也。回憶壬戌（一九二二）冬日，他破例起床接見許多門人，門人中有當時大商人，有鐘錶店老闆，有莫名其妙之富家紈褲子，名字以「通」字排行，余詢以何故要另取一名？渠云：「此吾們『安清道門』之規矩也。」余搞了半天，反覆問之，最後問之曰：「是不是上海人所云青幫邪？」他笑笑云：「對了。」今日思之竟似翠縷不懂陰陽，追問史湘雲一樣笨也。後據步林屋見告云：項城在籌安會之前，曾考慮後嗣問題，克定足跛，望之不雅，次子方面大耳，且以文才著名，捧之者眾，有傳之之意，乃為克定所知，竟遣刺客追尾，欲殺之而後已，為渠所知，乃刻一印曰「上二子」，又作詩四首，勸其父勿為眾人所詒，最後二句，大意云：「⋯⋯多風雨，風雨莫上最高層。」此詩當時傳誦一時者，項城亦大怒，乃不得已倉皇出走揚州，以阮元之曾孫某某之介拜青幫「理」字輩張某某為師，而做了「大」字輩矣，有不得不如此之苦衷在焉（「大」字下為「通」字，「通」字下為「無」字，杜月笙即「無」字輩也，故終身不願見寒公了，見時須跪了稱「爺爺」也）。他們收徒，名曰「開香堂」，非幫內人不得知其內幕祕密，曾有二次，第一次是某日他正錄取數徒後（他們收徒曰「錄」），其煙榻上放了一本小冊子，簽署「一主流傳」四字，他其時正吸煙，余隨手取此冊閱之，只見內容全為糧船名，甚麼「興武六」「江淮四」等等，又每船幾塊板，幾張帆，桅桿幾尺幾寸長啊等等。余莫名其妙，又問之，他笑笑云：「凡進門者必須知道自己祖師是哪個船頭頭子，這船全身構造都要背熟的，方可正式為門人了。」他又云：「他們上來後，你只做未見為要，這一冊幫外人不可看的呀。」又有一次，他正要下樓開香堂了，三個師父齊集一樓（所謂三師父，一為本命師，即收徒者；二為引進師，即介紹人；三為傳袱師，即傳授種種規矩、法律者）。是夕所請來之傳袱師，乃大舞台唱武二花淨角李春利，因演了「大收關勝」，飾關勝跌扑過勞了，要早早回家休息，所以對尚未行禮之幾個徒弟說：「我要早一點先走，現在把進門後規矩告了你們罷。」於是一五一十如何對前一輩叩頭禮節，對下一輩如何對待等等，又說：「倘在長江一帶走，自南京至重慶，不論在哪個碼頭缺乏川資，只要一擺『龍門陣』，即可沿途有吃有住了。」說後，即把如何在小茶館中將茶壺茶杯安放式樣、坐的方向等等，一併和盤全說完了。哪知內中有一「孔子」，即余在內（他們叫門外人為「孔子」），一一默記了。

又，西泠印社小老闆吳幼潛，當年開店在寧波路，被當地流氓一再敲詐勒索，實在不能應付了，求余介拜寒公為師。已允矣，入香堂後，查問何人引進，云為陳某某，眾大嘩，云哪有此規矩，逐之。寒公云，是吾破例，因臨時命一陳姓門人為引進人，始告通過。後陳某提議，亦邀余加入，寒公厲聲訓之曰：陳生有父母在堂，他日文人也，哪可引之入吾們江湖一路，絕對不准許再提云云。此亦使余永感不忘之事也。他們這一道，確是黑暗角落之幫會，當年如杜月笙等等，借此販煙土，害嘉業堂劉翰怡一夕之間敲去八十萬元之多（劉當年因捉姨太太奸，杜幫了女方敲此大竹槓），均此反動幫口作惡之事實，幸而偉大的共產黨成功之後，把這批害人蟲一掃而光了。今日以後永無此怪事出現矣。

關於他所藏二百種善本孤本宋版書，來上海後，因不善理財，又被一豪奴范某所詒，大半押於當年上海工部局買辦廣東人潘明訓處，過期沒收了。一小部分售於密韻樓主蔣孟蘋（汝藻）家中。據聞周密《草窗詩集》（《草窗韻語》）孤本，亦寒公物也，蔣得後，因名曰「密韻樓」云。據當年穀孫見告云，凡為袁氏之書，無一不既精且佳，蔣氏買得後，因惡其為袁項城之子，故所有袁之題跋，悉拆出毀之。後知北方凡宋版書有袁藏印題跋者，價可增二三成之多，故後悔已遲了。在六四年，徐森玉之子伯郊，奉北京圖書館之命，向香港潘明訓家，悉收購所有宋元善本，價美金若干萬之多，由伯郊獲送至北京。袁氏當年遺物，永保千秋矣，袁之名亦不臭矣。此事伯郊祕不告人，乃尹石老告余者，謂伯郊得抽成頭至多云云。

因此，又憶及一事，在乙丑丙寅間，一日余在步林屋醫室無意談及宋版書時，步丈謂余曰：「抱存在宋版書方面，真作了不少孽的。」事實是民初元、二、三幾年中，袁二公子以巨價收羅善本之名聞於當時，於是南北書估，雲集北京。他看貨有規矩，先看首、末二冊。當時他住「流水音」，任何人不得入內，故書估都只能以首末二冊，交於中南海外大門口傳達處送晉去了，他見有孤本善本，即不問價錢，隨索隨付的，萬一看不合意之書，即一丟了事，從不還人。當時傳達又不敢代達，衛兵又要揮走，於是一般未曾做生意之書估，有跪而求者，有坐地大哭者，其弟妹等見了不忍，向之代索，總云：「哪有呀，沒有工夫找呀！」及項城逝世後，他遷出「流水音」，僕人拚出首末之書，不計其數，悉數售於琉璃廠書鋪中了。步丈云：「當時書估哭歸哭，跪歸跪，但仍送書如故，冀有一部獲售，則可損失全補回了。」一冊孤本宋（唐）女道士魚玄機詩集，只廿餘頁，袁以三千元收進，即其例也。後此集以一千五百元押於潘氏，沒收了，足見確名貴也。余與寒公接近三次，第一次見其狂收中國名郵，耗近萬元，未及一年即以二千元售於周梅泉了。第二次見其酷好各國舊金銀幣，不惜重價以求，嘗見其以二百元買二西藏數百年前之銀幣，當時將所藏各幣命拓工王秀仁精拓於棉連紙上，框格悉仿宋版，雅板之至，余尚索一頁存之。不一年，只將西藏一幣贈余留玩，餘均由其奴人老范照九成金份量售去了。看他一無惋惜之意，故叔孺師戲謂余云，寒公應更名「克恆」方對，言其太無恆心耳。

他東西賣了不少後，曾一次自笈中取一小皮箱，一一出示小玩意給余賞玩，內漢玉尚不少，一白玉，棺中古屍手鐲，牛毛紋遍體，渠終日不離於身者。（後來丙寅來滬時謂余云，乙丑夏日，與友人同乘汽車至西山遊玩，中途車觸石翻身，全車五人，四人均折骨重傷，而他自車中翻了二次之多，毫不覺得，及覓該玉鐲，竟影蹤全無了。他云：古諺有漢玉珮了可保跌不傷人，乃真有其事云。故渠各物均肯捨去，獨漢玉不賣也。）是夕渠又檢出古泉十餘枚，有王莽金錯「一刀」二字之厚泉，不帶刀者二個，他云：「帶刀者每個只值五六元，不帶刀者需四十元一個。」言畢即取其一賜余，並親為結絲條佩於襟上云：「俗云『一刀』辟邪，爾夜歸可無虞矣。」余日夕佩之，叔師云：「可惜了，生坑要變熟坑了，應珍藏之。」余乃製一紅木小匣藏之，匣蓋上求叔師篆四字曰「美人贈我」（古詩有「美人贈我金錯刀」之句，故截用此四字耳），余自刻者，至今尚保存。不久又出二古泉，一為王莽貨布帶花者，二為古泉上下均帶有銅環者（字已忘）。渠云：「均壓勝品，任爾取一個。」余取了貨布，以示叔師。叔師云：「你外行，可惜可惜！上下雙環者，可值百元，貨布乃後人添刻花，不值錢的。」

此皆渠對任何物品隨手可棄之本性，但青門中門人從不贈給的。渠更有一特長，雖窮了，後難免常收徒，取贄敬以自給（他們專門名稱曰「押帖」），但從不再有巧立名目，如做壽等等以敲竹槓。窮了即賣古物，亦從不向友人弟妹等借貸，傲骨可敬也。他許多門徒，常年開旅館為俱樂部，每至冬季，常常公請其去取暖，終日為他們作書，潤筆悉由他們公分者也。渠居上海時，凡北方所有名伶如余叔岩、程繼仙等等無一不詣謁請安者，渠亦必熱誠招待，但不接見坤角，更無寄兒寄女等舊習（步林屋與之恰相反，凡旦角南來，初成名者，無一而非干女也，只收白蘭地與茄立克而已）。

渠在高興之時，囑余坐至煙榻一面，將北方遺聞軼事，暢談為樂，惟於其父事至少言及，偶有一次鬱鬱不樂時，謂余曰：「先公（他平日對徒弟們則稱先大總統，對友朋稱先公者）當年，倘無作最高一人之想，則其功至少封公或侯，今日我（他自稱）或早任藩司，何致於以賣文字作生涯邪？」

又言：清例凡年終，上司對下屬必需作一小結，照例只八個字，要總述一切，頗不易者。其父任直督時，許世英（矮子總理出名）方為道台，以能幹出名，其父加以八字考語云：「百廢俱舉，一事無成。」使許大窘也。

又云：其父與唐紹儀（少川）為至交，曾相約為兒女親家，袁求唐女公子為寒公妻，唐允矣，但未正式訂定，後其父得知唐女已出洋留學美國，又是大腳，又是麻子，遂一擱不談了。唐氏亦未敢以女另配外家，直至寒公娶劉氏後，始贅顧少川（維鈞）為婿云云。又云：唐少川廿餘歲時，在外私生一女，後買回作婢，又私了，乃作妾。及為總理時，大婦亡故，又升作正室了。於是方地山作了一聯語嘲之，當時寒公曾背誦給余聽者，年久早忘矣，僅憶開頭幾句曰：「女而婢，婢而妾，妾而妻……」此亦當年舊社會之丑史也。

又云：其父共有七姬，十七子，十六女，兒女三十三人。家庭教師，男、女亦近十人之多。其父恐小輩荒唐，老師不敢嚴管，故特訂學堂教書規則十餘條，分交各西席遵守。寒公言後，即檢出清代時所書大紅五頁摺紙一份，為其父親筆（作行楷，字字凝重而有力，絕不是書法家之字體，與孫中山可云均為大度雍容者也，又與銀元上大頭甚相同也）。文中一開始，即用舊公文中上司「飭」的語氣，後列十餘條條文，均飭應如何嚴教學生辦法，已全忘了，只憶及最後一條云：學生偷吃洋煙（捲煙也）一支，罰立壁角二小時；二次偷吃，罰跪二小時；私行賭博，初犯罰餓一頓，再犯罰餓一天；偷看不正當書籍，立即呈報，嚴笞不貸云云。後附一條云：爾等均為飽學之士故聘請教讀，當能上體吾意……其各凜遵遵。其父之專制於此可見一斑矣。

又云：外間紛傳吾父如何大富，及其死後，遺囑上寫明兒子每人現銀子八萬元，不動產十二萬元；田產、市房，由各人自認，寒公取的天津市房也。女兒十六人，每人只銀元三萬作妝奩而已。連克定多私蓄，共五百萬元左右也。巨室大族，往往有一共同習氣，兄弟姊妹之間，均疏淡不親，甚至形同陌路之人，袁氏尤甚。寒公平日只談其同胞三弟克良，謂其生平無他好，獨喜收藏金剛鑽，纍纍者均是也，一夕之間，為小妾席捲一空，克良遂以神經失常而死云；五弟克權為端匋齋婿，以藏宋版百衲本四史出名，自號袁百衲，尚屬不錯云。其他絕口不談了。

最後，記其多姬妾之軼事。他生平好色，自其父死後，遂以日事嫖妓為樂，一娶再娶，又不以金錢為重，故五六年之間，將八萬元耗盡，連換五人之多（一二年即棄舊迎新者）。唯第二妾生一子，即家騮，週歲不到，即歸適母劉撫育成人。第三妾為北京名娼，名小鶯。小鶯下堂時，私將渠所藏《寒雲蜀道圖》及宋元名跡數十幅挖剪而去，裝裱四周未動，中以報紙捲入，故外表如恆，數年後，他擬取出賣掉供揮霍之用，始發現內容已不翼而飛了，渠亦無從追索，只一笑置之而已。遺五妾於北方後，即南下暢遊江南，即取六妾唐志君，余所見自此女始也。據步丈告余云：他最迷信，一來南方，即在上海當時集雲軒濟公壇，求扶鸞，問終身。濟公亦以四律詩，說以多侍妾，其完成十二金釵之數後，即壽終了云云。四詩中將前五妾姓名或隱或現，都有的，及取唐志君，又暗合小名。後在天津西來飯店，又遇名妓蘇眉雲，發現詩中又有一句「眉雲一朵自西來」云云，遂大喜娶之。益堅信仙示，以謂當有十二之數而後乃死，不意至八妾取後，得一子，家璽，即逝世了。可云上了濟公大當，大可笑也。

寒公雖好色逛游，但對於友朋妻妾及親族等等，均端肅不敢有所涉遐想者也。平日對任何友好，亦毫無口不離牝牡等等。更可貴者，率余暢遊青樓前後達百次以上，見其對任何所膩之妓，均一如普通友人一樣，從未動手動腳，稍露輕薄之態。任群雌粥粥，眾星拱月，他亦彬彬有禮分別待之，有時在中午即率余往游，見所歡正梳妝時，即取粉攜脂，慇勤侍奉，至今余讀《紅樓》小說四十四回中「平兒理妝」一段，他像極了寶玉神態也，若篦頭等，則不屑為之了。他在高興時，曾謂余曰：方地山曾告以云，《水滸》中王婆五字訣「潘驢鄧小閒」，上二字得於先天，中一字半屬於天，半屬於人，後二字全屬人為矣，吾即得「小閒」二字也，對妓可膩可狎，但只可於二人時放浪，在人前猴急，即涉於下流矣。此真名士風度矣。余以隨之久，又得其習氣深，故所遇名人、名娼，都能無意中得其神態，但對女性從不作進一步之涉及於亂耳，以窮，乏財力也。

又一次，他在無人時，忽暴露真意，謂余曰：「北方女性，有一習慣，臨睡前，必施粉抹脂，畫眉點唇，同枕共被尚覺可觀，但天色微明，東方發白時，再一觀之，滿面脂粉狼藉，天啊，竟像一個大花面，嚇煞人哉！故吾生平不取北方姬妾，因此耳。」十餘年間，他只說了這一笑話也，故余屢見所謂名人高官，一遇女性即賊脫嘻嘻，都嗤之以鼻了。他曾一次率余至某娼家，鴇母命一稚婢晉茶水，見她面紅耳赤，若不勝其羞慚者，寒公戲詢此何人。鴇母云：她父母均黑籍中人，不事生產，以致窮困無以度。其母本與我（鴇自稱）小姊妹一齊同行者，因此纍纍借錢與其父母，無力償還，以此十四歲親生之女押與此地者。她來只三四天，尚未經教導，所以一切規矩都不懂也，云云。寒公問其姓，曰「史」。問其父作何業的，鴇母云是刻圖章的。余不禁問曰：「是叫史喻庵邪？」此稚女云：「是的。」時寒公尚未知喻庵何人，余告之曰：「即民國元年為孫中山刻臨時總統官印之南京名印人也。」寒公戲云：「那是你同行中人，你可照應照應她了。」此為他偶爾之雅謔耳。他更有一可佩之處，除嫖妓以外，任何友人學生內眷，一概不招待，若伶人男子旦角，所謂相公、象姑，尤從不接近，此比賈寶玉之與秦鍾、蔣玉菡，高出一等也。

與余十餘年相交之中，從不栩栩然談其父之時，他自己如何如何作公子之事等等，毫無紈褲驕人之態也。但任何人往訪或賀年等，則絕不回拜，是猶存貴公子之氣息矣。書至此，又憶及二小事。其一，渠居遠東飯店時，某日中午，徒弟們公請其至當時蜀腴川館赴宴，宴畢，與余二人回社舍，進電梯時，有一老官僚正下樓，一見寒公即連連云：「抱存，十多年未見了。」寒公亦徑呼其號曰：「桂生，久違了。」遂挽手一同上樓，暢談別後之客套話。此老問余尊姓，寒公告以平湖學生，治印好手陳某某是也。此老一口北方話，告余云：吾亦浙江上虞人顧歸愚，字桂生云云。一小時興辭而去了。他去後，寒公告余云：此人其父老幕僚也，曾任總統府總會計處長，河南財政廳長、道尹、代理省長等等，老官僚也。他這一口，均為河南開封土白，土極了。事隔數年，舍下遷至現居後，對門即此老住宅也。又邂逅，時寒公已故，他深為歎息不已。一日，見余三亡弟端肅，甚合其意，遂藉以囑其十三歲獨生子拜余師為由，完全老規矩，寫紅帖子，叩頭如儀，時招余之亡弟至其家中，介其女公子為友（即今寡居弟婦，小女之生母也），不久訂婚矣，結婚矣。當時尚用結婚證書，余倩南豐趙君以恭楷書成，送去過目，又退回囑重寫，云：「顧氏為四川華陽人，非上虞也。」余告介紹人云：「數年前顧老說是上虞人呀。」後來告云：「因在寒公前，敷衍客套耳。」老官僚處處油滑，於此可見也。

又一次，亦在遠東樓頭，寒公正擬至北京某菜館赴席，遇西醫龐京周（已故），老友也，遂邀之同去。入席後與步林屋隔一座，席間招一妓名宓妃，龐醫自衒文才，謂寒公曰：日昨集《洛神賦》句為聯以捧之，有「乍陰乍陽」一句。言時旁若無人，寒公但微笑稱好。龐對步丈漫不為禮，步丈故意求疵云：「不通不通。乍陰乍陽乃雌婆雄，宓妃明明女性，爾何以知其忽雌忽雄邪？」龐不服，反唇相譏，步大怒，借酒醉而指龐曰：「你甚麼東西，配在此談文學嗎？」言畢揮五指要敲耳光了。宓妃大驚而去，怕觀武門也。寒公與余鄰座，起立緊握步丈之手連呼「章哥」:「莫因小事，而傷大氣。」幾至下跪（代龐跪也），龐不得已，連連說：「饒了我罷。」言畢抱頭鼠竄而去。事後，寒公又書一紙向龐慰問，云：一切均不佞之錯，求原諒一二云。但上款則戲呼之為「同靴」，蓋龐亦嫖富春樓名妓者也。龐為蘇州大地主，故目中無人，而受此辱矣。龐為丙寅丁卯間馮超然、吳湖帆之座上客，與余甚知己，自受辱之後，即與余若參商矣。他常告湖帆云：陳某某跟了袁、步等後面，不願與之為友了。故湖帆宴客時，有他即無余，有余即無他了。他為開業醫生，有一次為舍妹打針，竟將針頭折斷手臂中，亦足見其技術之平平矣。

寒公雖擅詩詞，只歌詠友朋之間唱和為樂，生平絕不作一首濃詩艷詞、輕薄為文者也，斯亦不可多得之事。

附記步林屋一二事

步丈姓名籍貫，已如上文。他為丁酉拔貢，癸卯舉人，相貌糾糾，純一北方武人之態。項城小站練兵時，即為文案。據其告余云，時與當年袁氏部下三鎮：王士珍、段祺瑞、馮國璋（世稱王龍、段虎、馮狗）均時時相見尚無分彼此者。其時徐樹錚（又錚）僅廿餘歲，任段部下為司書，日送公文於段、步之間。徐仰佩文人，時以詩或詞求步指導，嘗作一詩，中有一句云「歐風美雨苦黃昏」，步問作何解釋，徐云：「人人喜用淒雨淒風，故易此四字。」步告以「歐、美」乃國家名稱也，他始恍然而去。二十年之間，徐不但青雲直上，作了段氏之輔弼，所填詞亦可擠入名家之列，且專擅填「繞佛閣」等拗調，昔先外舅況公偶讀徐詞，亦許為傳作也。步昆仲五人，渠行五，故字章五。三個兄長為進士，兩個舉人，故當時人譽為五子登科云。渠當年在申懸牌作醫生，倩天台山農（劉介玉）書之，山農大書曰「十世儒醫林屋山人醫寓」，且在西藏路育仁裏，於是滬人群認為一個走江湖者流，乏人請教矣。渠告余云，家本大族，全家同居百餘人，其歲杞縣大疫，亡者纍纍，步氏一月之間死了十多人，群醫束手，渠素喜讀醫書者，因家中二嫂氏均已彌留之人，他大膽用與諸醫相反之藥，所謂「死馬當活馬醫」也，哪知一劑而愈，於是病者紛紛求治，均霍然而愈，他乃潛心而讀醫書了，後袁氏全家均倩其醫治了。

歲乙丑，先母大病，余親送診金求出診，他竟酒醉糊塗，忘卻了，兩天不來，致先母入彌留狀態，又速請，乃來。睹此情況，連連云：「吾誤了，吾誤了，你們放心，必以一劑挽回。」於是凝神一志開了一方，脈案一紙有半。果一劑醒了，三劑痊癒了。及余婚後，始發覺內子有隱疾，無月經，求其診治，服西藏紅花等貴藥，幾數十帖，一無效力矣。渠云，寒公慈母沈氏與內子同一疾病，亦毫無效果。渠與夫人為怨偶，故以白蘭地解悶，以收女伶作螟蛉，藉以遣懷耳。遇事一言不合，即揮拳，蓋亦一傷心人也。卒於滬，始歸骨河南焉。

記梁眾異

梁逆名鴻志，字仲毅，後更眾異，福建長樂人，其曾祖父即清道光年間江蘇巡撫梁章鉅，字蕉林，為當時藏書畫碑帖大名家也。其父名佟年，為大收藏家福州林壽圖之長婿也，叔孺先生為林之幼婿（行七），故二家至親也。佟年習於紈褲，不事生產，以致貧困而死。其夫人性嚴肅，擅文學，故梁氏兄（伯元）弟二人之學業，悉出母氏親授者。其幼時，凡劈柴汲水，均為其二姊所分任，兄弟二人如讀書偶不用心，其母輒令之長跪於天井石板上，以示罰焉。及光緒癸卯，梁兄弟二人同年中舉，梁氏時年二十一歲耳。在進考場之前，兄弟二人只一件藍布長衫，兄穿了，梁氏向人借了一件著後，始赴考者，其清寒可想見也。時叔師正任某州同知，遂招梁為文書，月給薪二十兩銀子。及入民國後，梁尚居北京，遂為段祺瑞之爪牙，漸升至段氏執政府之祕書長，權高一切了。時為乙丑冬日，梁曾迎叔師至北京，供養二月之久，並為師在當時江蘇督軍楊宇霆處任顧問，月領津貼二百元，蓋所以示不忘少年時受恩殊深也。（在此以前，段氏曾與直督曹錕交戰，當時名為直皖戰爭，段派被吳佩孚所打敗，將段系部下十人，列名通緝，徐樹錚為首，梁氏亦十人之一也。梁氏之名，聞於中國，自此始也。）不久段下野了。梁已富矣，遂至大連居住，讀書作詩，以舒眉度生涯矣。「爰居閣」齋名，在此時所署也。其後，蔣匪幫在南京奉迎段祺瑞南來（蔣為段之學生），梁亦隨之來上海，寓當時舊路名善鍾路，段當時得每月三萬元津貼，乃分一千元一月予之梁氏為生活費用，段並以梁介紹於蔣幫。

及抗戰前一二年之間，中日形勢日緊，蔣匪召梁至南京，擬任為偽外交部長，與日人周旋，梁氏欣然接受，孰料為張群所譖，遂告中止。由是梁氏恚怨滋甚，至丁丑抗戰軍興，北方及江、浙、皖等省相繼淪陷後，日寇初擬擁唐紹儀為漢奸頭頭。唐非總統名位不可，日人未及考慮，梁遽出而毛遂自薦，不問名位，均可接受。不二月，日寇即任之為「中國維新政府」偽行政院院長，並掛五色國旗。行政院下，各部與匪幫同，只無軍政部，曰綏靖部也，蓋無一兵一卒，僅保安隊數百名耳。故當時名稱「政府」，實際不過為一大型維持會也。當時組織偽政府，乃在北四川路天潼路之新亞旅館內，五樓全屬偽行政院，二、三兩層為各部云，真可謂不倫不類，沐猴而冠也。組織偽府，第一件事為刻官印官章，其時偽祕書長為詩人吳用威（董卿），杭州人也，由吳倩其老友王福庵任其事，王欣然應命，並檢出渠在北京政府任印鑄局科員時留存大小尺寸規矩等式樣，為偽府自行政院、立法院（偽院長溫宗堯）以次及各部、各廳、各局，諸印一一由其篆成呈上者。及至要招工人刊刻時，王氏因知未能獲任偽局長一職遂撒手不顧了。經吳氏再三請王設法，王乃薦余為替身，並堅囑吳云，只需給以一百四十元一個月即可云云。同時囑余姑丈徐公來告先君，屬令同意。（一）余以父命，（二）當時全家十餘口，全恃余一人所入用以維持生活者，先君時已七十二歲，所謂親老家貧，遂毅然自甘墮落而為漢奸矣。吳氏，余為是日初見面，詢之何人頭頭，渠但笑云：你晉見後即知云云。及回至梁處，登樓相見，始知彼此熟人也。

初，梁自大連來滬後，時與余在夏劍丞（敬觀）丈家中同席宴會，後渠出二印囑刻，七個字，並附賜潤廿一元，每字作三元也，余刻成後，因很熟之人了，故以支票同時附還之，梁囑夏丈謂余曰，你取潤為作甘旨之奉者，盡可收之。余感其誠，遂又刻一印以貽。梁甚樂，其後竟請客時，常以相請赴席矣。是日梁氏即顧謂吳曰：「吾們熟人，好極了。」當時即以王福庵所篆印樣全部交余帶回，命招刻字工人開鐫了（全為木質），一共數十方之多。余命刻者勾摹上木而後刻之。那時吳氏猶囑王福庵作監視開鐫之責也。及刻成後，余乃全部呈於梁氏，並王原稿回呈也。梁閱後殊滿意，即付了款，仍以王稿授余，囑保存之（在勝利後，余全部付丙，使王可毋戴附逆之醜名，王不知也）。當時即告余曰：「王福庵推薦你來時，叫董卿轉言，只需給你一百四十元一月即可。你做過楊虎、程潛二人祕書的，現在來做漢奸（梁尚能自認不諱），一百四十元是不夠的。吾給你三百二十元一月，你滿意否？」余當時即明白，送他一方印，有此好報也，但表示「謝謝」二字。接著，梁即云：「那末你明天起就要來辦公了。」其為人之尖利如此也。那知他又在背後飭人向刻印工人查賬，是否與余之賬目相符合，明白了余分文未揩油。一日，召余至其書室相告云：「吾現在雖只任你以鑄印科科長名義，局長為李釋堪（宣倜詩人也，亦前輩軍人也），因為吾與之同鄉老友，他年高資深，不能不給以次長待遇，每月七百元，總夠其開支了。他一向大手腳，闊慣用慣的人，他用經費，吾是不放心的。吾所以已先命令會計組了，今後凡是印鑄局刻印，材料、用費多少，都須憑你簽名蓋章，方可照發，單憑局長簽字無效的。這裏吾信任你，委意於君，毋相辜也。」當時余再三不能應命，竟不獲准。並問余，你需一助手否。余乃以四舍弟任作科員也。印局規定每月經費為一萬元，當時除局長一，參事二，科長二，科員只三人，辦事員一，書記一，共計十人而已，刻印是包於刻字店的，局長照例有八百元一月公費者，亦由梁所兼領矣。全局一個月開支僅三千元而已，梁乃滿意，故將余薪給即加為三百六十元，不久又增為四百元了，以示獎許也。局長對之憾之不已，但尚能對余諒解。行政院，全院除祕書十人，各領一組為主任外，科長只二人，科員二十人而已，全院當時規定為五萬元一個月經費，而梁氏只耗不到一萬元。又偽院長公費為一萬元一月，故整整二年的偽政府只經費一項，梁氏刮了一百二十萬之巨。後汪偽還都六年中，梁先任偽監察院院長，後遷立法院院長，因余已離偽組織，故不詳其所以然了，但知其死前，尚存黃金大條三百六十餘條，美金三十餘萬元耳。這所刮的，全是剋扣職員而來的，似比反動派的偽大員刮老百姓地皮，雖異實同也。

當時行政院竟大似一個和尚店，不是大廟也，可笑之至。梁氏為合肥龔懷希太史（心釗）之得意門人也。據龔太史告我，甲辰年梁氏至北京會試時，大主考為吳門汪柳門（鳴鑾），閱卷官龔其一也，當時梁氏之考卷，適歸龔所閱，認為大佳，批以薦卷者，後竟落選。梁託人取出考卷觀之，見汪所加批語，大意云：此卷文章至佳，但語意舛乖，恐他日終非善類云云。梁大慍，遂認龔有知己之感，而拜之為老師。後梁被槍決後，龔大歎以謂老輩目光太銳敏，誠屬可佩服也。更有一可笑之事，不可不記。當偽政府自滬搬至南京後，即在原來偽國民政府原址，為偽維新政府，偽府成立時，需一班樂隊奏樂，其時那班乃自上海偽警察局督察處軍樂隊全班人員投降者，在奏樂時，因不知所措，即奏了兩曲：一《毛毛雨》，一《妹妹吾愛你》。梁氏滿不在乎。當時那隊長作為笑話以告四舍弟者也(時余未參加也)。余於丁丑八月始至南京，因與梁之次子、長女及婿張君（乃外甥也）、甥甘舜四人均成至友。一日，余方與此四人聚餐，其子、女、婿、甥忽相互議論其父之笑話，以發洩其憤憤。余笑問之，胡為若是。甘舜謂余曰：「你不妨加入我們一齊大罵也，吾們舅舅寵妾虐妻，已經到達了眾叛親離之地步了呀。他雖有汽車，但只有夫妾二人可乘，舅母不准坐的，每月只給以三十元零用，連叫出差汽車費用在內。」其妾名趙慧真，前為上海之妓女，民初第一嫁蘇州鎮守使朱某，生一女；二嫁江蘇督軍齊燮元，因私通馬弁，被齊禁囚於西花園中，被當時陸長吳光新求赦下堂，吳妾，即其姊也，遂依吳氏以居。及段祺瑞下台後，吳與梁同住大連時，梁時時之吳家打牌為樂，因與趙邂逅，吳遂以她贈與梁為妾了，梁蓋分文未花者也。趙知梁一錢如命，故百般吝嗇，以固其寵。做壽時，有人贈禮，面、燭等，燭上總以金字寫「福如東海、壽比南山」，燃至「海」「山」二字時，傭人拔下後，趙必珍而藏之，若夜半起身如廁，從不開電燈，輒點燭以照亮者。故梁氏親戚都背後取他綽號為「海山」云。甘氏又謂余曰，父名甘聯，為直系海軍中將，任海軍第三艦隊總司令，與梁雖為郎舅至親，至不睦也。吳佩孚上台，必通緝梁氏，梁氏得勢，首先以甘撤職也。後梁長女張夫人又告余曰，其大弟名孝臨，卒業大學後，父親遣送法國留學，學費由父先匯去了，臨行所給輪上伙食費，少得出奇。在上輪後，弟謂曰：大姐，把你身上所有的錢，完全給吾罷。吾與你，這一別，是永別了。吾從此不回中國了，實在不願再看爸爸這一副棺材板面孔了。言時泣不成聲。果然一去不回了。在梁做大漢奸時，一再託日方轉向法國探詢其子下落，據回音云，人在巴黎，殊不得已云云。至此，余始恍然梁之眾叛親離，蓋有因焉。

梁身材高大而肥胖，渠當時雖高為大漢奸之職，但對下屬態度，卻殊溫和，偶有觸犯其怒時，亦不過以尖刻譏人，從無大聲罵人者。渠作偽行政院長時，只不過轄江、浙、皖、上海、南京，三省二市而已，時華北大頭頭為王克敏（叔魯），梁氏常至北京求教者。故印鑄局長李釋堪嘗笑謂余曰：「王叔魯是在讀《前漢書》，吾們是在讀《後漢書》也。」戊寅王氏曾來南京回訪之。那日余與印局同事岳君正飯後閒步大院前，忽見梁親送王出辦公室外，岳急拉余避之，事後笑：「這真是叫作『北有行屍，南有走肉』也。」蓋王形似枯骨耳，岳君可謂謔而虐矣。梁氏平日總是手不釋卷，所作詩，內行一致佩服，認為僅次於鄭海藏、陳散原云，故凡擅詩文者，有所求，輒委為祕書或廳長也。時有其鄉人某君，與之癸卯同年也，以生活殊窘迫，聞梁祕書多同年，因亦自閩詣南京求一職務，梁一見即欣然，囑先居於中央飯店大房間中，一切膳宿均歸梁付。一住甚久，並時時設宴款待之。陪客大都為癸卯同年，賓主之間，殊融融焉。一日忽命一人持五百元贈之，並告之曰：「院長說，祕書額已滿，一時無法安排，故請暫時回府，一俟缺出，即以電相請可也。」某君欣然接受，次日特趨謁謝之。梁亦與談甚歡，及送之二門口，梁突手拍其肩曰：「某某老同年，你如果在癸卯那年肯以一件藍布長衫借我進考場，那末，現在是五百元一個月了，不是只此五百元了。」說畢獰笑而返身回去了。某君回旅舍後，竟致伏枕痛哭不已。時張夫人正在中央旅舍，聞聲詢之曰：「年伯，為何傷心。」某乃以此告之云：「那年吾亦貧窮之人，所以未能借給，現在事隔數十年，還在記恨，使人羞殺了。」次日張夫人告余，亦云「爸爸太刻薄」了不已。梁之睚眥必報蓋如是焉。

梁自為漢奸後，嘗以小恩小惠施於友朋，年底常送人以錢。只龔心釗老師每月五百元，其餘若李拔可、沈劍知、商笙伯等，每年或三百二百不等，獨武進畫家湯定之（滌）分文不給，因在民國初年，湯在京即與之相識，湯善相面，背後告人曰梁眾異將來必慘死，應過鐵云云，被梁所知，遂恨之入骨矣。及梁伏法後，有人詢諸湯氏，何以先知，湯云：梁雙目似豬形，又視人時必「狼顧」，此皆不得善終之相云云。至勝利後，梁潛逃至蘇州，居於一尼庵中。梁一手所提拔之偽綏靖部長宜興人任某某以私販鴉片發了巨財，是時以大量黃金貢於湯恩伯，求貸一死。湯提出條件，只要捕得梁一人，不但免死，且可給以中將軍職。任某某又以金錢餌梁之胞侄女，而知其祕密居地，遂率警將梁逮捕關進上海提籃橋監獄中了。梁至獄中後，百無聊中仍以作詩自遣。未死時，曾寫之密託人交其妾善為保藏，其妾以示諸龔懷希者，余在龔處曾讀一過。自蘇州尼姑庵始，入獄後詩多痛詈其侄女如梟獍，又痛辱任某某不已，手邊已無詩韻可查，故大部以和前朝人之韻為之矣。余當時未遑抄錄，故悉忘之矣。惟憶及內有七首七絕，題曰「七無詩」，詠獄內當時無燈、無凳、無筷、無褲帶等等之情況，最為諷而婉也。其詠蘇州尼庵一首，因終日聽了眾大小尼姑日事詬誶而作者，余只憶及後二句云：「儒家煩惱緣多事，不信空門事更多。」近歲余讀宋楊誠齋詩後，乃知套其語意也。又一首詈任某某者，余僅憶及第一、第四兩句：「當年裨將使登台……吾今吾戴吾頭來。」後聞梁之次媳云，全稿悉為趙妾及其死後付諸火爐，一炬成灰矣。則余所憶之四句，當成掌故矣。

當梁氏囚居時，猶時時寫信與趙、丁二妾（丁女為梁最後之妾），囑仍要如已往之省儉當心云云。蓋趙妾在南京，雖大富，而每買一角鹹香椿頭，總分成三次用以進早餐者，梁大喜她之節約持家也，故在獄中尚吝惜為恆。更有可笑者，當其被判死刑之後，龔懷希為請當時上海名律師二人上訴（一已忘，一章士釗也），並由前司法部次長汪有齡（子建）為之向承審推事輸賄賂，以求改判，後經汪面子說定，只需三條黃金，即可改為二十年徒刑了。龔即囑趙妾轉致此意，比得回信，竟云：三條絕對不可，太多了。子建，老友也，推事乃其學生也，付以一大條足夠了云云。此鉛筆草草手書，余在龔老家親目所睹者，後聞汪子建告人曰：「梁眾異還在疑吾從中拿扣頭耶。」不問了。龔亦為之歎惜不已。及伏法後，趙妾分了十條給丁妾，其餘巨款悉為所竊據，子女分文無有。當時將梁屍送至上海閩僑山莊義塚地一埋了事。了事後即與其第一前夫所生之女同居，母女同事一夫，事聞於外，丑極了。（余舅氏朱家甫，曾為梁之祕書兼會計主任，常常去問候趙氏的。一日，來告余曰：前天到二太太家，正見母女二人大相罵，其女向母云「老不要臉」……吾以後永不再去了云云。）當時，齊燮元因做了華北陸軍督辦，故亦被槍決，前於梁未十天也。於是張夫人等又上她一尊號曰「白虎太后」了。梁屍移至上海中國殯儀館後，據館中經理華君後來告余曰，一共只有三人弔者，一、李拔可；二、朱象甫；三、沈劍知。回憶梁為偽行政院長時，夫人李氏亡後，即在院中西花園開弔設奠，弔者近四千人，素幛逾萬件，來客連一杯清茶都不賞賜，入晚由趙親點檢入庫了。又，李夫人未故前，嘗請鄭慕康寫小影，梁命余特至申，求湖帆為補畫面，湖即以青綠為之，殊工即好。梁詢余應送潤若干，余云：「三尺者，每尺三十元，應九十元，送一百元罷。」梁即以百元付余。後湖帆告余曰：「梁有信來謝吾，但後又附句云：『聞兄潤為九十元，弟數上乃百元也，未知某某亦如數奉上否。』」湖云：「吾已覆信矣，他疑你揩油也。」梁之一錢如命，可於此見之矣。誠可謂寧可黃金底下死，做鬼也舒暢也。一笑。

記趙叔雍

叔雍名尊岳，齋名珍重閣，生於庚子，江蘇武進人。父名鳳昌，字竹君，出身不詳，清末為湖北候補官員，聞先為候補知縣，後捐道台云。時張之洞任兩江總督，委鳳昌為文巡捕（清制，凡總督、巡撫二衙，例有文武巡捕二班，如後來之副官，文巡捕司接進謁下屬之名帖，武巡捕司督、撫出衙時之警衛隊者，二職官至低微，但與督、撫最接近，非工於諂諛者不能勝任也）。當時鳳昌為張之洞最寵愛者，侍之終日，雖深宵不離，面目娟好，權勢至大，以致當時丑聲四布，章太炎曾撰聯譏之云：「兩江總督張之洞，一品夫人趙鳳昌。」在民國後，趙積巨資來上海，建大洋房於今之南陽路，併購大量《申報》館股票，遂為上海巨紳之一矣。叔雍為其獨生子，叔雍之妻為王仁棟之女兒（清福建狀元王仁堪之侄女也），一女即楊杏佛之妻也。據聞叔雍為南洋公學畢業者，趙以《申報》大股東，故叔雍得為該報總祕書名義，能指揮一切者（一說，只監察員名義云）。

在民國初年，上海以文學詩詞享大名者康有為、鄭孝胥、朱外舅、況公四人而已。康更生先以二子同鐸、同某，拜先外舅為師，趙老乃求朱介紹，以叔雍執贄侍函丈焉，每年奉束修一千元（其後又有潮州巨駔之子陳蒙安運彰為弟子，年俸五百元）。時叔雍只二十八歲，專以填詞為主，蒙安亦如之。當時況公為二人所改削之詞稿，幾潤飾十之八九也。余乙丑冬為況氏東床後，蓋屢見不鮮也。叔雍自列況門之後，將況公所著之《蕙風詞》二冊、《蕙風詞話》四冊、《證璧集》二卷等四五種之多，均獨資付揚州姜文卿刻字店刊木版印成行世者，而他自己亦有《和（晏）小山詞》一冊附之於後。此和詞，據況公告我云：因感其刊印之功，故為之大改大潤者云云。

甲子以前，梅蘭芳數來上海演戲。梅在北京本有三名人捧之：一為馮耿光，二為李釋戡，三為許伯明，人稱「梅黨三巨頭」。叔雍亦思以捧梅自彰，因資淺，故求況公合作，況公（本好男色者）遂欣然允之。其時珍重閣主之捧梅文章，日見於《申報》副刊，況公亦時填長調，捧之如狂，積近百闋。叔雍又為專刊一集（集名已忘，況公正式詞集中，似只留一首而已）。於是況、趙二人齊名矣（惜為專指梅黨南方二巨頭也）。

歲乙丑，余結婚後，始與叔雍、蒙安二人相熟。叔雍身長有風度，純為一豪門紈褲。況公性至怪，其樓上外間，設煙榻，能接待上樓坐臥而暢談者，早期只朱、吳缶翁二人，後與馮君木為兒女親家後（馮幼子賓符，余妻幼妹之夫也，曾為人大代表、外交部部長助理等，已死矣），始亦蒙與朱、吳同登樓矣。若康有為、鄭蘇戡、陳散原、袁伯夔等等均恭迎在樓下廂房會客室裏敍談而已。叔雍、蒙安二人每來，亦必下樓會見；二人出門，亦必恭必敬地親送至大門外，深深作一揖而回。余數數見之，對康更生也如此也。對朱、吳、馮，至多送至樓梯口而已。余一日笑問之，謂老師對學生，何必如此？況公云：「我生平只有二學生，一為繆藝風之子（子彬），蓋藝風老友也，故認之；二為林鐵尊（翔），詞尚可觀，故認之。這兩個人，叔雍，立無立相，坐無坐相，片刻不停，太『飛揚浮躁』了；蒙安，面目可憎，市儈形態，都不配做吾學生的。吾因窮極了，看在每年一千五百元面上，硬是在忍悲含笑。吾與他們談話時，只當與鈔票在談；看二人面孔時，當作兩塊袁頭也。」然而，及況公逝世後，余妻二弟小宋，立即由叔雍介紹入《申報》館，初為小職員，後升為記者，始終得趙一人之力。大弟又韓，雖為名父之子，但只能略畫山水（自視甚高），後蒙安仗老師之聲名，得廁身為聖約翰大學教授，又把師兄攜同助教，蒙安每有提及時，總是「又韓教授兄」不已。但據蒙兄私下告余云：又兄之上講台，一切一切，備課等等，均吾所代為預先擬成付之者云云。故余曰：趙、陳二人之對師門，未嘗有負，此豈況公始料所及哉。況公每作函給二人時，必尊之為「仁兄閣下」（解放後余在繆子彬處獲睹況公手書，均稱「仁弟」也）。余嘗詢之況公，後一輩中填詞以何人為佳。況公云：元曲以吳瞿安（梅）第一，填詞以黃季剛（侃）為不差，汪旭初（東）、龍榆生（沐勳）其次也云云。況公逝世後，馮君木笑謂余曰：「叔雍、蒙安，二人右臂斷矣。」果然，趙、陳從此絕少填詞了。偶有所作，迥非昔比矣。

自況公逝世之後，余與蒙安仍相往返如舊，與叔雍即疏遠了。及抗戰之後，又時時見他殷殷與梁眾異相往返，且以其婿譚仲將（澤闓之子，延闓之侄），薦與梁偽院任科長之職（梁全院只四個科長，趙婿只廿六歲，其一焉）。及汪偽還都後，陳公博任立法院長，兼偽上海市長，叔雍出任偽市府祕書長，代拆代行，大權獨攬。是時，梁逆在滬寓嫁第三女兒文若與偽交次朱樸之，賀客盈門，余與叔雍同在一席。客散時，大雨不止，余立庭中，正思冒雨而出，叔雍甫登車，回首見余，殷殷招余同車，送至舍下。余笑謂之曰：「叔雍，十多年未坐你車子了。」他笑云：「這因為少見面原故呀。」態度如恆，一無驕氣，足見猶未忘舊情也。自此以後，余與之即從此不再見面了。及汪逆死後，陳公博升任偽主席，趙一躍而為偽某某部部長了。其時常聞南京來人云：陳逆好色，外寵至多，趙不惜以女（譚妻也）作陳之密友，故丈人做部長，女婿任偽國府簡任祕書了。此殆趙鳳昌一品夫人之雅號，世襲於後人矣。勝利前，趙早已將南陽路住宅變賣給人矣，一勝利，全家均去香港了，故得免於被逮也。他至香港後，即任香港大學中文系教授，直至一九五九年又去新加坡任大學中文系主任，或云文學院長，不能確指矣。聞在五四年時，梅蘭芳去函，促其回國，已允矣，為一城北徐公去函所力阻，故不回來了。近據人云：他夫婦二人均患癌症逝世已三四年之久矣。

以上為其一生簡歷，尚有二三事，可以作補充者如下：叔雍性輕薄，好戲謔，民國十年以後，滬上有一著名遺少名劉公魯（之泗），年近三十，腦後尚拖大辮子一條。喜嫖，善唱京劇，終日乘汽車往來於青樓戲院中，招搖過市，人皆笑之，劉自若也。劉為貴池劉聚卿（世珩）之獨生子，巨宦，大收藏家也。一夕在宴會席上，趙、劉互見（二人之父為老友也），叔雍忽向公魯曰：「你這條豚尾哪一天可剪掉呀。」劉大惱，回之曰：「你祖宗全有的呀。」二人幾至動武。又，在梁逆時代，叔雍來南京，在李釋堪房中談天，余亦在，有人來云，王克敏從北方來訪梁老闆了，叔雍笑謂余曰：「顧維鈞（當年以服飾著稱者）西裝，穿在甘地身上，就是王叔老了。」蓋嘲王逆形似甘地枯瘦，而西裝華麗也。

又，叔雍與蒙安二人，雖同為況門弟子，但二人矛盾殊深，趙輕視陳為土膏店之子，陳鄙視趙為一品夫人之後。二人見面時，如老師不在旁，則彼此互相譏嘲，陳患口吃，往往期期不出於口，致面紅耳赤，趙輒引以為笑也。又，憶及趙老二事如下：丙寅秋日余以湖帆之介，得識清末郵傳部尚書吳郁生（蔚老）太丈，吳為愙齋翰林同年，其時已八十二歲矣。住一品香旅社，余往謁之，無意間談及張之洞，吳與張老友也。蔚老告余云：香濤有怪疾，好色，人所共知，終年不睡床，倦即伏案假睡，至多一二小時即醒，雖在會客，亦恆如是，凡其下屬司官，亦無不知也。某年蔚老因招商局公事，特至湖北督署，與張相談。張以老友也，故不拘常禮，一面剃髮，一面暢談，不料尚未及談正經公事，而張已昏昏睡著了，那時只能坐待其醒了。蔚老忽笑云：那時趙鳳昌侍列外廂，見狀，即走過去以雙手託住其頭，一動都不敢動，約一小時之久，香濤醒了，趙巡捕老爺方才退出去了云云。蔚老忽又告余曰：「吾做郵傳部侍郎二十餘之久，杏生（盛宣懷）調度支部後，吾始升任尚書，不久即光復了。吾一世做的京官，沒有機會嘗嘗做督撫的滋味。做督撫，可以用文武巡捕侍奉在側，像趙鳳昌之服侍張香濤，吾真正羡慕呀。」這短短幾句話，把一個一品夫人之形態，刻畫到了十分也。歲丙寅七月，況公逝世之凌晨，余至趙宅找叔雍，叔雍未起床，由趙老接見，誠篤老人也，風度忠厚，相貌凝重，絕無一點佐雜腔，更無一點裨弁氣，殆數十年居移氣、養移體，有以如此耶，或有人嫉之甚，而毀之深耶。或因余只匆匆一面之間，未能有所體會之耶？

王湘綺、章太炎、馬通伯

王湘綺

湘綺老人王闓運，湘中大文人，亦名士也。其歷史已為人所共知，不贅述矣。據聞，民初袁氏為反動派之總統後，以禮賢下士自居，遣專使迎老人至北京，在當時中南海懷仁堂接見，命祕書以車恭迎。老人遂穿戴了清代官服蟒袍補褂而入。當汽車抵偽總統府大門時，其時尚存一牌樓曰「新華門」，老人以詢袁之祕書曰：「此何門邪？」祕書告以乃「新華門」，老人曰：「我觀之似『新莽門』也，兩側可加一對聯：『民猶是也，國猶是也，何分南北；總而言之，統而言之，不是東西。』」（下聯犯重出一「是」字，遂有人詆之謂欠通云）及見袁氏，袁氏告之云：「現已民國矣，老先生何以仍作清服邪？」老人笑答之云：「你穿西式服裝了，乃夷服也，我著滿洲服式，亦夷服也，彼此彼此。」袁以其名滿天下，無可奈何，只能恭送如儀，不敢以官職相強矣。

又，述及此時，尚有屬於對聯之傳聞，並記如下：在蔣匪幫當年北伐初抵南京時，湘人葉某某（似名德輝，此人亦一有名之文人、藏書家，以影印唐人筆記《控鶴監祕記》淫書等著稱者）最鄙視蔣匪者，嘗作聯語詆之云：「稻粱菽，麥黍稷，五穀不辨；馬牛羊，雞犬豕，六畜成群。」為蔣匪幫所知後，即以影印淫書，腐蝕人們之罪，槍決於長沙了。或云上聯乃葉臨行刑時所寫出者云云。

又，余在去歲，邂逅一山東小軍官某君，此人能背誦古今聯語近一二百之多，有至傳者，惜余善忘，只憶二聯矣。據其云：在閩人某筆記中，見有某文人之女，嫁沈氏，生一子，以貌美，為豪家所奪（似張季直之奪余沈壽）。沈嘗遣其子從母，臨歸之時，其母書一聯命示其父云：「妾別郎君去矣，大丈夫何患無妻，它時繡閣談詩，莫對新人念舊婦；兒隨乃父免贍，小孩子終當有姆，異日趣庭聆訓，須知繼母即親娘。」此可反映從前舊社會黑暗時代之婦女受壓迫的可憐情況之一斑矣。在今日新中國時代決無此慘狀了。

又，清初年龔堯幼年殊頑皮，在私塾讀書時，常從狗洞中鑽至隔壁鄰家桃園中偷桃子吃，為其師所知，罰以作聯坦白認罪，師出上句云：「鑽狗洞偷桃，是誰。」年對以云：「躍龍門折桂，有我。」乃免打手心云云。

章太炎

太炎先生，文名滿天下，近代大法家也。據慈溪古文家馮君木姻丈告余云，清朝近三百年以降，真正古文家，前數江都汪容甫（中），後推余杭章炳麟二人而已，若桐城、陽湖、湘鄉各派，均落唐宋之窠臼耳。君木丈文集曰《回風堂文集》，所作之文，無一不學《述學》者。不特如此，其長子亦小名為喜孫（容甫子名喜孫也）。歲丁卯，馮公以友人介，晉謁太炎先生，以文求正，執後輩禮甚恭。章氏大賞其文才，暢談至樂。是日適為舊曆端午節，章氏享以角黍，而他自己即以手持蘸糖而食，其時適有一墨匣與糖盆並列，章氏以黍竟誤蘸在墨匣中，一面歡談，一面大吃，吃得滿嘴黑墨，仍怡怡如焉，邊吃邊揩，右手亦全黑了，他自己竟毫不為意。馮氏以初見面，亦未敢告之，次日以告余，大笑不止也。後馮氏又告余云，章先生從南洋橋遷居原同孚路之同福里中，初晉屋不久，嘗出門訪友，回家時，忘卻自己居處，在路中招一巡捕，告以原委，請其陪同回家。巡捕問以所居里弄名，門牌幾號？章大慍，謂之曰:「我如記得，不用你陪了。」巡捕大窘，告之曰:「先生，你住何處我哪能知道呀。」章亦為之大窘不已。後其家中人至夜四出找尋，始將其領回了。此俗語所謂「書獨頭」也。又，章氏作文，喜用《說文》中之古籀文書之，此其為小學大家，成為習慣矣。某年，有湘人某公逝世，以巨金求章撰一祭文，舊例，開弔時，須請人在靈前朗誦，本擬囑袁伯夔丈讀之，袁丈先觀一過，覺其文既深拗，古文又太多，敬謝不敏。乃求章氏自讀。乃章自讀時，至許多古文處，竟亦偶爾忘卻，竟亦期期艾艾終場了。此笑話至章氏逝世後，袁氏始用以告人者。袁氏並切戒後學，作文不宜模仿李越縵與章太炎之多寫古籀文使人不識云。又，孫中山先生安葬金陵後，余嘗於馮君木丈座上聞陳布雷（訓恩）告馮丈云:原先中山陵初建時，擬陵前樹一神道碑，以三千元求太炎先生撰文刊之。章先生欣然接受，但提一條件，中山先生生前有一政治路線，為大錯誤，文中當加以批判，如能同意，則三千元可無需云云。立碑而痛罵死者，為向例所無者，故只能取消了。當時又無一人有此資格為文，故只能由譚延闓書「中國國民黨葬總理孫先生於此」矣。當時尚無法家之說，殆孫先生有政治不合法家，故章氏耿直提出拒絕矣。布雷為馮氏及門大弟子，所言當非也。此亦足以見章氏法家之風格矣。

馬通伯

馬通伯，名其昶，桐城人，聞為吳摯甫（汝綸）之及門。民初時，為北方古文大名家，嘗任清史館之總纂。新城陳病樹（名祖壬，字君任）、合肥李木公（國松，亦龍堂伯父也）為其得意弟子，馬氏與陳散原（三立）名相伯仲，且至好，臨死前，命陳、李轉拜散原為師，故陳、袁、李稱「陳門三傑」云。據病老云，馬老師曾來上海，陳、李均設宴款待之。馬詢陳云：「你好嫖，甚麼叫野雞，我想看看。」陳偕之至四馬路遊玩，告以立於路上之雉妓即是也。馬云：「此只能謂『野妓』，『雞』字是何典故邪？」陳為之語塞。又一次，問木公曰：「聞上海多新產品，有駱駝絨，何物邪？」木公購一襲以獻。馬觀後云：「絨即絨耳，駱駝云云太無出典也。吾原想，駱駝之皮，哪能作皮衣邪？」病翁云：馬老師生平只知四史、唐宋古文，男女飲食卻茫然也，故有以上之二笑話云。但作文章，陳散原亦推崇不已云。此亦舊文人專讀死書之笑話耳，受孔孟之毒素也。

吳棠和吳永（附記朱彊邨一二事）

清末舊官僚二吳氏，均受知遇於西太后者，而二氏一顯一晦，遭際迥然不同，用記如下，亦一掌故也。

吳棠

吳棠，別號籍貫均已忘卻，在清中葉咸豐元、二年間，任蘇北沿運河清江浦之某縣知縣。渠有一滿人至交在江西逝世，將由家族伴柩自運河乘舟北上安葬。得知某日舟將抵其縣界，吳氏特備奠儀二百兩紋銀，遣僕送至船上。及看謝帖上只孤女二人具名，非其友後人也。詢其僕，據云見有一舟有一棺在內，故匆匆授入耳，願去索回。吳云，即誤矣，算了。又備二百銀子囑探明再呈。次日，二舟並列矣，吳氏又送祭席一桌，往弔其友，事先諭僕人云：昨既誤投於不相識之舟上，今可亦備一席祭菜，順路一弔，顧全人家面子罷。次晨親去叩頭拜奠，抵另一舟時，只二少女在柩前答謝而已（此二少女，一乃日後之慈禧太后，一乃醇王福晉，光緒之母也）。當時吳氏還笑對人云：俗語陌生人弔孝，死人得知，吾這次弔孝，死人也不知云云。事隔二十餘年，同治登基後，慈禧已為太后，忽念及此事，飭兩江總督，遍查吳棠下落，得知仍在作縣令於江蘇省，遂特旨宣召晉京，中途升知府，抵京時已升道員矣。及召見日，西太后特命晉簾面見，吳氏俯伏而跪，西後命之曰：「爾抬頭看看吾，認得否？」吳氏遵旨仰望，連稱不敢認識。西太后溫諭之云：「當年伴父靈北歸時，幸爾二百兩奠儀，得以從容歸葬，故至今尚感惠者，爾今後好好做官，回去可也。」嗣即任之為某省藩司，不三年，晉陞為總督矣（似兩江），死後又特謚為忠惠公。當年如吳稍稍吝嗇，則何來此遭遇邪？此亦寬宏大量之報也。

吳永

吳永，常州人，盛宣懷之妹夫也，字漁川，擅文學，寫香光體至佳。三十餘歲時，任直隸懷來縣知縣，時庚子年也。庚子八月，八國聯軍入京擾亂，兩宮微服倉皇出奔，車駕抵懷來縣境時，已二日未得安息矣。吳氏出城迎駕，時吳適悼亡，故以內室讓太后居住，並晉盛氏遺服呈於太后換之。內監總管出諭曰，兩宮未食已二日矣，速晉膳。吳乃宰豕殺雞而晉，大得太后歡心。次晨叫起面見，應對如儀，太后又與之瑣瑣問民間生活等等，一連三日均溫諭有加。其時武英殿大學士王文韶已趕抵懷來，太后對之大訓云：平日爾等如何不以民間疾苦上呈，微吳令，吾幾不知云云。王次日召吳大加嚴飭云：爾小小縣令，竟敢大膽上達天聽，以後小心云云。同時陝西藩司岑春煊又特來護駕西行，時西后已降旨命吳任糧台督辦隨駕去西安。吳因岑已來了，乃呈請以督辦讓之，自為會辦，得旨諭允。在中途，岑氏處處以上司自命，對吳氏不免遇事指責，吳氏以得慈禧優視之故，遂日日反唇相譏，且云：你督辦由吾所保薦者云云。及辱國條約簽定後，兩宮啟鑾回京，王、岑二氏力保吳留西安辦善後，再趕晉京報命。及抵京，西后特命吳升廣東潮嘉道台（潮州道員，肥缺也），岑升廣西巡撫，不久王文韶又力保岑升兩廣總督。岑一到任即將吳氏調任為廣東欽廉兵備道，對於吳氏，事事厄之，後更彈章數上，雖與王文韶內外交攻之，而西后總留中不發，王、岑二氏無可如何也。但西后每欲再升之，必為王氏所譖而中止，幾及十年，卒未大用。及西后死，吳知不可戀棧矣，遂告休返北京為寓公了。入民國後，寫《庚子西狩叢談》四卷，將當年之過去事，一一書之，滿腹牢騷，發洩無遺矣。至解放後始逝世云。該書余曾藏一冊，首列吳像，固一剛直不屈之神態也。附書法一頁，所以知為一筆好董字者。

記朱彊邨一二事

朱名祖謀，原名孝臧，字古微，浙江歸安人。清某年二甲一名（傳臚）翰林，官禮部侍郎，為清季四大詞人之一。年四十後，始向王半塘給諫學填詞，庚子年困處危城，日與半塘唱和自遣，遂以學夢窗名馳天下矣。時先外舅已由內閣中書外放知府，居張之洞幕府中矣。直至民國後，朱、況二公始成莫逆也。

況公嘗謂余曰，朱丈於半塘應稱師，吾於半塘在師友之間也。朱丈任廣東學台時，得門人汪精衛。入民國後，汪逆每至上海必詣朱宅晉謁，仍跪拜如舊儀，朱丈亦不擋駕，也恭送為儀，汪有贈禮，則原封不動退之，絕不與之通一訊者。居上海後，只認一龍榆生（沐勳）江西萬載人為弟子，臨終以常用一硯贈之，龍君遂倩人作遺硯圖，遍求題詠為紀念者。因此，得先任暨南大學文學院長，又任廣東中山大學中文系主任，最後汪偽時，又任立法委員，均借朱丈門人之名耳。朱丈夫人河東獅也，居蘇州，朱丈每對況公談及時，輒曰「獅子」不已。無子，嗣弟孝威子為兒，名方飭，殊平平。故朱丈臨終作詞《鷓鴣天》內有二句曰：「眼前犀角非耶是，身後牛衣怨亦恩。」殊淒涼也。朱丈身矮而小（比余更短小），與吳缶翁同樣也，但姿態凝重，不威而莊，性溫和，視余似子侄，與況公視余為賓客，另有一種感覺也。朱亦訂有潤賣詞，短令十元，長調二十元，但無一而非況公代作者，潤歸況收，知其貧也。況公生平不作詩，朱亦如此，均云：詩至海藏、散原，難得之至矣，然去宋人尚遠云云。

據湖州人朱氏鄉人云，朱之得二甲一名，以其父有陰德所致者。錄之如下：其尊人嘗為河南某縣令，一日秋決七囚犯，在臨刑時，七人同時大呼冤枉，謂非殺人真犯也。其尊人即令重押入監再審，因此被參回浙，後果得正兇，而七人得赦。朱丈之弟名祖謀，秀才，已故，丈乃頂其名，中鄉試。丈書至拙，純無翰林之望，其父只望其得一進士而已。其年大學士閻敬銘之子亦一字拙者，與朱丈筆跡幾難分別，二人同中進士，又同殿試。大總裁及主考者均擬討好閣大學士，特選一拙者為一甲一名，為光緒所見，認為不佳，抽出與二甲一名對易。及啟封發榜時，狀元陳冕，傳臚朱祖謀矣，是科閻子列三甲云。比及報單送之歸安朱府時，其尊人已彌留矣，迴光返照，一笑而逝了。此乃積德之報也。

朱丈與況公同居蘇州時，與大詞人鄭大鶴（文焯）均至好，後與鄭均入絕交狀態，非關同行嫉妒。據況公云：鄭至貧，有嗜好，先嘗乞煙過癮，應之，後作為常例，日非供給不可，如不給以滿意，即作函譏況公吝嗇不止，故與之絕交者。朱丈因鄭屢屢告貸不已，亦敬謝不敏了。但二公論大鶴詞時，均云為文廷式所不及云云（因其時有與鄭不睦者，將「四大詞人」名去鄭易文耳）。在丙寅春日，有廣東新會人陳洵，字述叔，任中山大學文學系教授，主講詞曲，陳氏亦一專學夢窗詞者，特在廣州郵呈《海綃詞》一卷，求朱丈指正。丈大喜，以謂後繼有人，遂作論詞小令《望江南》三十首左右，自清初朱竹垞，以及常州派以次，直至王半塘、鄭大鶴、況公為止，因為捧陳述叔而作者，故最後一詞有意將兩廣詞人同列，後三句云：「新拜海南為上將，敢邀臨桂角中原，來者孰登壇。」（當時所謂詞人龍榆生、趙叔雍、汪旭初、陳蒙庵，曲家吳瞿安等等均未齒及者）況公讀後連連道好不已，時余在旁親見之事也。及朱丈行後，況公喟然長歎，謂余曰：「朱老伯今日捧人太甚矣，把吾與陳同列，還要⋯⋯似不當如此也。」又曰：「吾官比朱小，故人稱『朱況』耳。」但其後二公一無意見，而龍、汪等等均把陳大批之下，終使陳名未揚。此或者因己名未列入《望江南》而望洋興歎邪，抑亦同行相妒邪？惜余於詞一竅不通，不敢妄言矣。

記況公一二事

況公周儀，後更名周頤，十三歲進學，當時學使南豐趙某某即以女妻之，早亡，無出，側室卜娛，內子等生母也，至甲子逝世後，始扶正。據況公云，十二歲至姨丈家中，見書架上有一冊《蓼園詞選》，遂攜歸，試作，名家見之群為可造，遂刻意用功，而成詞人云。十八中舉人，十九會試，在隔座一同年朱某某年輕貌美，況公心不在焉，涉及遐想，竟將「皇上」二字，應三抬頭，而寫在下面了。當時主考只看謄錄，遂以進呈，錄取第二名進士矣，及看原卷，遂撤銷了。

況公生平學生至多，只繆子彬（藝風之子）、林鐵尊二人，寫信時稱「仁弟」，其他一例「仁兄」也。自視寫字，認為惡札，凡題字等等，均鄭蘇堪、朱古微、鄭讓于三人代筆者。大門上每歲換一春聯，總為鄭、朱、吳缶翁三人輪流所書，舊者絕不取下，故纍纍然高凸也。其住屋，大廳上不設一幾一桌，空空如也，廂房門上貼一集南北史句，上聯「錢眼裏坐」，下聯「屏風上行」，上一橫額貼於壁上曰「惟利是圖」，均吳缶翁篆書也。乙丑春，因取妾吳門，遷居蘇州（只三月又回上海了），余特請朵雲軒至空房中鏟取吳書，二元工資，只鏟得「惟利是圖」四字，聯句牢粘木門上，竟不能得矣。此四字余至今尚保存未失，後遂有朱丈長題原妥。余藏缶翁書只此一件耳，亦可寶也。

況公性奇乖，玩世不恭，嘗請吳缶翁畫荔枝一幅，上題「惟利是圖」四字，又填《好事近》五首，均由缶翁所書，生前總掛在會客室中，逝世後由大兒子以廉值售去，後歸上海西泠印社影印入《缶翁遺墨》中矣。今不知下落矣。五詞余均抄存者，幸未失也。況公平日只對一林鐵尊常常提及，今杭州名

陳巨來夫人況綿初

詞人夏癯禪，林之得意弟子也，於況氏為再傳弟子矣。況公生平所填詞，凡題甚麼圖甚麼詩文集者無一留稿（草稿都撕光不留），但作文生涯頗不惡，西泠印社出一書，嘉業堂劉氏刊一書，序跋無一非其大筆，但說明代筆始寫也。又不甚肯獎掖後進，故大都恨之不已。黃孝紓，字公渚，福建人，父久任山東知府，故成魯人矣，在黃二十餘歲時，即以駢文名，嘉業堂劉氏聘之為記室。其時另有一駢文名家，蘇州人，名孫德謙，字隘庵，亦為劉之記室。孫、黃二人居同一樓，食同一桌，五年之久，見面若不相識者，可云奇事也。黃氏以久仰況公大名，請劉翰怡作介紹，恭謁況公，以文求正。況公收下後，從不啟視，隔三月黃又去求正，況公原封不動還之，云：「已拜讀過，佩服佩服。」黃事後逢人必大罵不已矣。解放後任青島大學教授，聞以假造古畫（黃擅山水畫）欺騙博物館，愧而自縊故世了。龍榆生初從江西來滬時，亦先謁況公，為所拒，乃改入朱丈門下者，事後亦深恨不已了。況公乙丑春居蘇州後，李根源幾每日往訪，叩以金石考據之學，入晚又有曲家吳瞿安訪問，談宋詞元曲為樂。丙寅七月況公逝世後，吳氏來申一度為銀行家王伯元之西席，余每往訪之。吳氏云，夔老之詞，比朱為佳，因朱只擅夢窗一路耳云云。余結婚後，二家照舊風俗須會親，先君幕友出身，不知文學者，與況公格格不入，故特請名翰林沈淇泉太丈，名進士嘉興詩人金甸丞（蓉鏡）作陪客，況公於沈老殊泛泛而談，與金丈先只略談，後談至詩詞，二人相互大談為歡了。後金丈謂余曰：「世稱朱、況，其實你丈人好，因朱年長，官尊，故名在上耳。」聞馮君木丈告余云，蘇北興化李審言詳，當世文學名家也，與況公二人嫌隙至深，況從不提及李名，而李見人輒痛詆不已云。但金壇馮煦（夢華）則最服膺況公者。今事隔數十年之久，何人猶能憶及此等事邪？

況公自內閣中書外放後，初至湖北入張之洞幕，張不重視詞章，況拂袖而去，改入兩江端匋齋方幕，端多收藏古碑帖，況專事考據，褚松窗副之，賓主至相得，端乃任之為大通鹽局長，二年獲八萬元。入民國，在三馬路開「瑯嬛書室」書店，被店員所紿，蝕光了，乃賣文為生矣。第一次生意，乃余朱氏舅父喪愛妾，朱舅異想幻念，囑況公代筆，仿冒辟疆《影梅庵憶語》，為之寫《某某某憶語》，說明每則不問長短（二三十字亦一則），每條潤一元，愈多愈妙。況公想入非非，無中生有，三日成三百餘則之多，朱舅大樂，印數百冊以遺親友云。況公當時親告余者也。

況公撰《詞話》五卷，多談作詞之法，曰有三要：重、拙、大，並云：重者沉著之謂，在氣格不在字句。其卷一，第一、二則即將「詩餘」二字作解釋如下：「……唐宋已還大雅鴻達，篤好而專精之，謂之詞學，獨造之詣，非有所附麗若為駢技也。曲士以『詩餘』名詞，豈通論哉。」又曰：「『詩餘』之餘，作『贏餘』之餘解。唐人朝成一詩，夕付管弦，往往聲希節促，則加入和聲，皆以實字填之，遂成為詞。詞之情文節奏並皆有餘於詩，故曰『詩餘』。世俗之說，若以詞為詩之剩義，則誤解此『餘』字矣。」全書五卷從不將同輩友好或其他近人評譽一番等等，惟於納蘭容若《飲水詞》一再書之，有一則云：「寒酸語不可作，即愁苦之音，亦以華貴出之，飲水詞人所以為重光後身也。」朱丈每告人云，《蕙風詞話》，為況公千秋不臭之作，非若前人袁子才、近人陳石遺之詩話等，專以互相標榜為樂之作耳。惟內曾有一二處，寫及外姑卜清似夫人時，頗有佳評，如云：「清似學作小令，未能入格……得劉仲尹『柔桑葉大綠團雲』句……曰，只一『大』字，寫出桑之精神，有它字以易之否？斯語其庶幾乎略知用字之法。」此亦未能免俗，聊復爾爾邪。朱、況二公，均同葬於湖州道場山，六六年朱丈墓先被掘平，屍骨狼藉，況公墓恐亦難保矣。其長子又韓至今不肯向內子道及也。

又，在乙丑春日況公已六十七歲矣，遷居蘇州，為訪艷納姬也，當時朱、馮二丈苦勸不從，不久聘一待詔之女施氏，入秋又遷申矣。至丙寅七月逝世之夕，余始獲見此新太太，固一端莊之小家碧玉也。不久，大先生強令返蘇再醮，渠臨行聲明不嫁矣。至丁卯春突接其父來電云，施氏已死，速來殯殮云云。大先生故意遲遲去蘇，及抵靈前，死者忽張目視，使大先生魂飛魄散，只能從豐辦了後事，並遵從遺言，扶柩至道場山附葬況公之側。故馮君木丈撰況公墓誌銘時，特書曰：「側室施附葬公墓，從其志也。」以一已死三十餘小時之死者，尚能對所懷恨之人張目怒視，斯真不可解矣。

附記鄭大鶴一二事

文焯，字小坡，號大鶴，齋名石芝西堪。滿洲人，民國後，始加一鄭為姓。其為詞，已名聞當世矣，可勿贅。自北南來後即久居蘇州護龍街，以考據金石、作畫、刻印自娛。其居鄰近，有一碑帖刻字鋪曰「漢貞閣」，主人唐伯謙，鄭與之至好，凡有金石拓片等等均由唐代裝治，囑學徒錢瘦鐵（時尚名根山）送往。鄭愛錢少年好學，教授以篆刻書畫。昔年陳蒙庵嘗購得其遺著筆記二冊，中發現其致人書札，一式數份之多，細察之，或一句未雅，一字未妥，甚至寫錯了字，必更易書之者也，所謂落筆即作千秋之想，亦鄭之得名所在矣。後聞瘦鐵云，鄭老師以不善治生產，卒致窮困而歿云云。

記張魯庵

張魯庵，名某某（錫誠），字咀英，齋名望雲草堂。浙江慈溪人，富商之後也，世業藥材，僅次於胡慶餘堂藥店，杭州張同泰藥行及店、益元參行，均其獨資所開設者。以家素豐，少時喜收羅古印譜，以及浙皖丁、鄧以下大名家刻面印收藏幾近千方，鄧石如為雷氏所作之五面印（一面包世臣刻題志），張以五百銀元購之，為藏印之冠也，後輯拓《望雲草堂印譜》行世（此譜最後二方陳師曾作品，為余所贈之者）。

在丁卯、戊辰間，叔師方以印擅名於滬上，張乃來滬開設益元參店於南京路，執贄而為趙門弟子矣。嗣後收藏益多，如明之《顧氏印藪》以下，迄浙皖諸大家之印譜無一不備，最後不惜巨資以千四百金購湖帆之《十鐘山房印舉》九十九冊。所藏達四百餘種之多，全國藏印譜者，竟無出其右矣。亦能治印，但為天資所限，雖參考書若此之多且精，竟無能吸收，故所作數十年如初學，至為幼稚，邊款尤劣。嘗遍取鄧石如所作，摹刻約近二百方，視昔王爾度所摹刻者幾倍之焉，廣拓貽人，惜僅有其貌，而遺其神也。叔師每為余曰：「魯庵如此用功，而作品一無進步，可謂笨極矣。」張氏雖拙於刻印，但有二事，則有助於治印者，其功至大，用述於下：

一、製印泥。印泥小道之技也，然自清乾隆間起，享盛名獨步於中國南北各地者，只福建漳州老魏麗華齋一家所製之品耳。中國舊習俗，多保守，魏家製泥祕方，累世相傳，只傳長房子媳，次子女兒等不與焉。故雖魏店充滿於漳州，如杭之張小泉、北京之王麻子刀店一般，但真正老店，云在蔡同商藥店之弄內一家耳。（聞在抗戰時，漳州曾遭日寇轟炸，魏氏老店，全家罹難而死，今此印泥絕跡矣。）張氏在鄉時，曾試製印泥十年之久，耗資二三千元，及製成，悉為一無用處之廢品。及來滬後，發奮以每兩印泥十六元之巨價，郵寄漳州魏店購進廿四兩之多，寄來後，乃以四兩囑人分析其油分，四兩分析其顏料，四兩分析其艾絨成分，四兩分析其加藥成分，八兩自存。至是，魯庵印泥乃告成功矣，較之上海西泠印社所製，高超十倍也。後張告余云：油分乃蓖麻油也，非古人所云之菜油，顏料硃壿為主，硃砂、西洋紅只二三成而已，故能細而薄，薄而麗也。艾絨非用漳州特產不可，藥料則惟冰片而已，油須加工熬煮者云云。張自云所製者，終做不到如漳州之薄潤，殆尚有祕訣未得也。嗣後余所用之印泥，全為張所供給者，其時尚不以之售人也。至抗戰後，余治印生涯鼎盛，委刻者紛紛而至，余刻印素不留底稿，因謂張曰：「能否試為吾草率做一種印泥，只顧目前鈐出時好看，日後變色發黑，均可不計也。」張允後，只數日即持贈四兩，謂余曰：「內一無硃砂，全用德國出品專以印鈔票之顏色，名阿爾西，你試試如何。」又云每兩價只值四角而已。此泥色只略深較紫，余用後，亦甚佳，隔四年，色如故，余以告諸張氏，張氏遂並製之。後謂余曰：「吾積印泥太多了，擬以之出售，硃砂者命名魯庵印泥，阿爾西者即名為陳某某印泥如何。」余笑允之（當時價，硃者每兩十二元，阿爾西，每兩十元），並為之盡力吹噓。西泠主人吳振平對余恨之入骨，背後狂罵，呼余曰，其心叵測之巨云，蓋因此也。其後求買者眾，阿爾西竟致用光。再去定貨，只阿爾皮矣，色更深了。今余尚存不足二兩，色仍如新也。惜為西、皮參半矣。

二、製刀。張氏嘗以炭素鋼自煉鍛，為刻印刀，式樣甚佳，紮以紫色粗絲線，然後以贈叔師及諸同門，余一共得四十八把之多，惜不以為奇，凡有向余求索者，輒予之，今只存一小刀而已。後又向英國鷹立球鋼廠定購二分見方、二寸不足長，風鋼六十塊，每塊當時價為美金八元，合中國銀元為廿四元也。定貨到後，又在他自己家中裝馬達，親自磨煉成刻字刀，大小厚薄，各式均備，夾以竹片，裹以紘線，漆而成件，既呈叔師，又以贈余。此刀以之刻犀角象牙，可數十方不需磨之。余擅刻牙章，故所贈大、小者，有五把之多也。張氏藏德國油磨刀石，雖數十元一塊，不惜也。其為人，以出身富室，故好以奢侈自奉，佩手槍，坐汽車，自得其樂。凡有向之告貸者，如屬喪事，所求輒應；苟為娶親，必遭拒絕而面斥之。張謂：喪事如不借給人，死人要腐爛發臭，於心不忍的；辦喜事窮人哪有資格，窮來西，還要尋開心，這錢吾是不借的云云。故其為人，尚非富而吝者也。然性佻脫，好作狎邪游，與余年相伯仲，每感獨行踽踽。余自患腹膜炎愈後，張知余亦不檢細行之徒也，於是常邀余遨遊於舞場，韓、莊，甚至東瀛之青樓、高麗之酒吧間，二三年中，光顧幾遍矣。及抗戰之後，余除嗜好戲劇一如以往外，舞場、青樓等等遂絕跡不往矣。張氏雖強與為侶，均婉辭之矣。張氏誤以為與有嫌隙，遂憾之不已。是以後有叔師七十大慶，借端戲弄使余一時難堪之事發生耳。一半亦由叔師盛名赫赫，張擬附勢以自高身價耳。師逝世後，即（抗戰）勝利了。其後若張大千、溥心畬以及諸名家凡有求索印泥者，余必以張製為介紹，故張對余亦釋然矣。

　　及解放之後，張氏因感於在四九年二三月間，曾以所有之黃金大條四百餘條，悉數交其長子乘某某海輪運去台灣投靠其連襟俞佐庭（俞原為上海市總商會偽會長）（編者按：經查證「偽」字誤，當刪），孰料海輪沉沒了，兒子、金子，悉沉海底。土改了，藥行公私合營了，張遂一心想為人民服務，從政事上求一地位了。故在五四年後，政府號召團結全國知識分子時，張氏先為民進成員，又發起篆刻研究社，會址假四明村高式熊家中，張與高二人召集蘇滬各印人共同開會籌備，余於此等事，素不感興趣（故反動派之美協、現政府之美協，以及杭州西泠印社、上海書法篆刻研究會都一例未能參加也），經張氏一再強邀始去過二次。最後那次，要推選主任、副主任委員矣，張氏前一日囑余，主任可選王福庵，蓋王氏已年邁了，勢不能幹任務了，副主任一職，他總以謂：「捨我其誰哉？」至次日晚上，居然群賢畢至，少長咸集，約近三十五六人，投票時，余乃投張以主任一票，及開箱檢票數，王福庵只缺少一票，馬公愚、錢瘦鐵票亦多，為副主任了。張氏落後了，高式熊乃提議推張為祕書長，眾無異議。其時張忽怒目而起，僅大聲云：「吾沒有這資格，不幹了，不幹了！」說畢即拂袖而去了。馬公愚、錢瘦鐵二人亦同時立起說：「吾們下次不來了，不來了！」也去了。此篆刻研究社開會自成立至解散，前後半小時不到，可謂短矣。

其後一年，叔師之族侄趙鶴琴自香港來信告張氏，謂將為叔師影印書、畫、刻遺作一冊，並附有二弩精舍同門錄一欄，囑張氏為之查錄寫寄，張氏忽來告余曰：「某某，吾已向趙師兄查明了，原來在你之前還有二位耶？一名某某某，一名林冕之，你是第三呀。」說畢即出示，所謂某某某者，余竟從來未知其名；林冕之，乃叔師內侄，在少年時早死了。後於余者二人，一徐文漪女士，一孫元良，確是的，亦已逝世已久了。於是前於余者，後於余者，各二人均死人也，張特加了黑框框，將余名夾在當中，用以咒余耳。余即至趙師兄家詢以某某某何人，益予云：吾們家中從未知有此人也，林亦非學生云云。余即馳書鶴琴，囑以照姓氏筆畫為序矣。鶴琴亦知張之故弄玄虛也，故即照余意改正，並將某某某之名剔去也。

至五六年上海中國畫院籌委會成立了。畫師都五十八人，內書法者三人：一、沈尹默，二、馬公愚，三、白蕉；刻印者三人：一、余，二、來楚生，三、葉露園。一日，張氏又來告余曰：「某某，吾與露園二人都在未成立以前，即同去委員吳湖帆家中求其提名介紹，湖帆一口允許的。吾並告湖帆云，將來進去之後，吾供給所藏印譜，與露園合作編纂印學源流，以廣流傳，湖帆也同意。吾並與露園互相約定，進則同進，退則同退，露園完全同意的。現在，他背信失約了，某某，你進去，是對的，吾無意見的，露兄不應該，湖帆也欺了吾了。」說畢，憤憤而去了。後余詢之稚柳，始知原委，據云：畫院所有各畫師，均是由十個委員各自介紹提名，提名之後，須十個人全同意後，始通過，如此者，需經八次反覆審查，方才確定任為畫師也。故開頭人名多極了，至八次後，剩下這五十八人而已。內中只你及沈邁士二人為統戰部所提者，故八次全通者。張、葉二人確為湖帆所提名，因刻印規定三個名額，你之外，來楚生為主任委員所提名者，勢不能去之，張、葉二人必須去一不可了。故詢之湖帆，願留哪個，吳遂將張名在第七次時否決了云云。事後余從未以此告之張氏也，但張與葉二人遂構嫌隙矣。五八年冬，余去淮南，六二年五月初六回申，張適於四月底逝世了。後據同門秦彥沖見告云：魯庵於上年因太求向上爬，與沈尹默鬥法，要取書法篆刻研究會主任之位而代之，失敗之後，鬱鬱憂憤，以致患肝癌不治而死的。秦氏為之歎惜不已。

嗟乎，張之一生，可謂生於已富，而死於未貴耶？然而亦愚矣。又，其死後，有遺囑，將生平所藏印譜、刻面印等等，悉捐獻於杭州西泠印社矣。印社為特陳列一室，以紀念之。張氏不臭矣。

記陳蒙安

蒙安，名運彰，又字君謨，齋名紉芳簃（生於乙巳，與余同庚），廣東潮陽人。其父名開齊，字青峰，為一目不識丁之商人，相貌堂堂，靜坐不談時，望之若清末大員也。據其自告余云：清光緒中葉，渠一人自潮州坐小木船漂洋過海來到上海，抵埠後，身上只餘二角小洋，銅元四十多個而已。幸得同鄉收留，給以資本，先作小販，後開小煙鋪，再開土膏店、行，始成家立業云云。入民國後，即將所有土膏店、行完全收歇，改營錢莊業了。一帆風順，遂致大富，專收購中國銀行股票。在甲子前後，正其鼎盛之時也，房地產無數，大弄堂五，以仁（和里）、義（和里）、禮、智、信為排列。錢莊亦五家，均獨資者也。生子二，長運彬，次即蒙安也。據其弄堂口老皮匠告商笙伯畫家云：二人均陳老螟蛉之子也，二子形象均不登大雅之堂，大約不假也。廣東人專喜買小孩為子，已為習俗矣。

據蒙安自云，曾在復旦大學讀書，但未畢業也。渠至況氏拜師，乃毛遂自薦，奉巨金為束修，況公時正窘乏，故即允以學生相待耳。蒙安自拜師之後，頗能勤於用功，故況公對之與叔雍相等，有詞來，總詳為改削，故學業日進，而驕狂且逾於叔雍矣。學北京話，亦尚似不惡（當時北方榮寶齋來滬設分店，店員均北京近縣土人也，蒙安每日必買筆買紙，目的專學北京話也），於是動輒以陳二爺自稱，尊況又韓為況大爺了。風格神氣，獨具一路。時況公已故，渠竟目中無人矣。故人皆以「十大（小）狂人」之一尊之。余今日平心論之，上比第一狂人冒效魯（鶴亭之子）相差太遠，與丹徒詩人許效庳（德高）、九江文人呂貞白（傳元）在伯仲之間，若鄧糞翁、陳小蝶，則遠不如蒙安矣。鄧、陳等，非狂人，直妄人耳。

蒙安喜收藏，但性奇鄙吝（每大雨天出門，不雇一車，手握紙製雨傘，腳著土製釘靴，踐躞緩步，甚自得也），經史子集，非商務即中華書局出版者。又好羅列金石拓本、碑帖，則又均為有正書局、文明書局、北京故宮影印本等等而已，能據此等印本而寫考據文字能頭頭是道，宛然鑒賞家也。金石名家褚松窗笑謂余云：「蒙安真聰明，居然像個內行也。」又喜遍求名家治印，石章三四百方，每方價二三角而已，齊白石、趙叔師無有也，因潤過巨也。鄧糞翁亦無，則因鄙視其人也。據蒙安云，鄧與之為十五六歲之同學，後鄧不用原名鈍鐵二字了，改為米田共，欲引人注意。一日，又遍登各報廣告報喪：鄧糞翁逝世。隔三日又登報鄧糞翁復活了。故蒙安談鄧時，輒嗤之以鼻也。況公逝世後，渠又常詣馮君木、程子大（頌萬）二家請益，故文辭頗可觀也。余嘗為之介紹湖帆作友朋，其始湖帆與之尚好。一日，陳屬湖帆書一封面，為他人款。湖帆云：非你自己之物，需付潤的。蒙安云：看你得起，方請你寫的。湖帆竟揮諸門外。其後吳、陳二人，竟背後互罵不已也。二人均吝而愛財，宜其不能相處甚久也。

蒙安用功學行楷，初學東坡書，後學褚河南，小楷又參魏碑。渠自視甚高，余不敢讚賞也。但渠有一特點，二王、懷素、張芝，各種大草，無一不識，與李釋戡二人相同。余多識篆隸，獨於大草，竟未多讀，幾同盲人，總先求蒙安，後請李公，二人所示無不同也。蒙安又嘗與余擬收集近代印人一百零八人，仿清人某某所作詩壇點將錄例，寫成印壇點將錄，除晁蓋為已故趙叔外，余悉為當年生存之名印人，宋江為吳缶翁，趙叔師為副頭領盧俊義。吾二人收集近一年之久，居然南北各地集得近百人之多，後硬湊幾個書畫家能刻印者亦列入成一百零八人了。原稿十之八九，均為蒙安手書者，現已贈與逸梅翁矣。當時齊白石為大刀關勝，以謂很似。及解放後，齊逝世後在滬開過一實況，房間等等，用筆、刻字刀，均陳列展出。余一觀，發覺齊老用刀奇小，而刻此大氣磅礴之印章，奇跡也。當時余年僅廿三歲，名未彰也，故蒙安戲以余比作盧員外親信童兒小乙，故寫余為浪子燕青矣。因此一寫，蒙安自謂確切，竟人前人背，總以浪子呼余矣。以致余「罔擔浪子名」者竟十年以上也。

蒙安自列況門後，因而得與朱彊邨、程子大、馮君木三公至接近，故與人談吐之間，尚能不露市儈醜態。第好力仿北方世家豪門子弟之行態，可憐所識太少，袁寒雲，陳又認為青幫大字輩，流氓也；瞿蛻園（已瘓躄數月矣）、袁伯夔（思亮）、周梅泉，陳又拍不進去；以致所結交者，不過一二曾居北方之破落戶人們，不是所謂「京油子」即是「蔑片」之流，蒙安亦仿之。但他究為富翁之子，「蔑片」之諂諛下流狀況，一點都沒有的，而恰恰像了一個「京油子」，見了與他無關之人，不是背後譏，甚至當面嘲，又喜信口雌黃，胡說亂道。余與內弟況又韓六年不相見，內子臥病四年，幾至不起，均其一言惹禍也。事實是：又韓之長女、長子，解放前均為大同中學學生，舍弟左高所教者。左高回家告余云：「況氏姊弟，成績均第一，女兒尤佳，兒子言論很左派。」一日蒙安與內人二弟小宋均在余房中，余無意告小宋：你兩個侄子均頭等聰明，一個作文略左云云。及解放後，況子已為黨員了，蒙安忽至又韓處告之曰：「你曉得嘛，前幾年陳某某一直要把你兒子的頭搬下來呀。」不由又韓不怒，次竟欲打余耳光，幸小宋力抱其兄而止。余從此不准大況來家，內子回家可以的。如此者二年之久。五四年三月，余五十生日，繆子彬因深悉此事，因謂余曰：「吾以況門大師兄資格，為你郎舅二人作一調解人，何如？」余問如何調解法。子彬云：「由吾設宴請又韓、小宋及你夫婦二人同來吃飯，彼此不談已往，一笑了之可也。」余允之。子彬云：「俟你生日那天，吾到你家，再與小宋一談，囑他陪兄一同至吾家中聚會。」及期子彬於飯後，邀小宋至余家亭子間中，談此一事，希望小宋回家徵求又韓之意見如何。小宋一口允承，並對子彬表示感謝。當時蒙安亦來余處的，與小宋、子彬不離左右，蒙安其時聽了子彬一番話，最後竟未邀他參加，遂很不愉快，對小宋曰：「你一個人去勸大哥，大哥能接受耶？」小宋云：「子彬兄為了吾門二家和好，大哥不會拒絕的。」當時蒙安立即起身回去了，子彬、小宋又暢談甚久而別。不料第二天小宋又來告余夫婦云：「吾回家把繆師兄說話告知大哥後，大哥竟把吾大罵云：『你們在陳家與繆子彬搞的鬼，想捉吾去，把吾污辱一頓，吾全知道了，蒙安方才已來詳細說過了，不去，不去！』」小宋云：「吾再三證明決無此事，大哥獨信蒙安的謊話，一切不談了。」余即往告子彬情況，子彬云：「這事由陳引起的，他如同席，使我如何措辭，這小子太『拎不清』了，可惡之至。」事到如此，內子感到雙方永無恢復和好之望，竟致突患神經分裂症，心臟衰弱，一病臥床三年有餘。只一小宋常來安慰而已。

至五四年（或五五年），蒙安因其父死後，其妻郭氏，如久閉籠中之金絲雀，一旦無家長管束了，遂出外，樂而忘返，有人說如何如何，有人說狂事賭博，大負了，以致他們勃谿不已。蒙安讀了《離騷》的原故吧，遂效三閭大夫之行吟，辭了大學教授，往杭州投湖自殺，幸又韓追蹤在後，獲救回申。不久即以患嚴重胃病而死了，在萬國殯儀館入殮的，那日余仍去送殯的。當余進禮堂時，又韓避開了，聞得後面有數人竊竊私語，笑相告曰：「今日希奇了，吾們在看反串『柴桑口』，周瑜來向孔明弔喪也。」蒙安對余一無嫌隙，竟以一語亂道，不肯認誤會，僵到如此，亦可慨也。

蒙安既死之後，況子亦自北方回申探親了，聞知此事並知內子病重，故由小宋率之同來吾家，解釋一切，小宋證明當時情況。小況乃曰：「吾准定與叔叔同把爸爸請來探望姑母，惟求你不談既往為要。」次日即由叔侄二人把大況像牛一樣牽來了，余只當常見一樣相待，面子上遂和好如初了。後其妻來告余：蒙安未死前，亦因小事，與又韓有嫌隙也，云云。又另一狂人呂貞白（傳元，現為中華書局編輯）本與之至好，亦反目絕交了。是知蒙安老了，變了。又，余自淮南回申後，安徽領導上因余曾捐獻程穆倩十字朱文印，故認為余非一「惟利是圖」之人，故甚看重。六四年又韓以所藏張善子稿本《黃山圖》一卷求售，合肥竟以一百六十元收進；又大千偽作石濤、石谿二小尺頁，又韓以幾角買進，又由余賣給了一劉氏資本家，說明大千之作，亦賣了四十元。余於又韓，可謂不壞吧。但此次回家後，既不來，連陳某某三字，亦不准說了，表面是劃清界線，反面乃余未曾恭維其山水也。可謂太無自知之明矣。余如捧之，則變了瞎子了。

記陳病樹

陳祖壬，字君任，齋名病樹，生於清壬辰十一月五日，江西新城人（解放後新城改隸安徽更名某某縣了）。其祖父（或曾祖）為咸同時名書法家陳孚恩（似字玉方）侍郎，父某某為清末之名舉人。病翁自少即性近文學，執贄拜桐城古文家馬其昶通伯努力學桐城派古文，馬門有三個名弟子：一、病翁；二、李國松木公（李經羲長子，亦龍堂伯父）；三、葉玉麟浦蓀。病翁作文為陳散原所佩服，常令之代筆為酬應之序文壽文等等，故奉馬師之命，再拜於散原老人門下，木公亦與同拜，故時人稱之為「陳門三傑」之一：一、袁思亮，二、陳氏，三、木公。馬通伯從不作詩詞，病翁從散原後始學詩，偶爾填詞。

翁生長武漢（大約其尊人為湖北州縣？），故一口漢口腔，一無江西白。自至當年北京為馬氏高足後，即與當時北方名流日事盤桓，故文名大盛，從未作過任何部曹，只在當年北洋內閣總理潘復馨航家中作西席家庭教師多年，月入束修三百元，於是終夕逛窯子，成嫖精，又好吃，善罵座，心情乖張，遠逾冒鶴亭，但梁眾異、周梅泉、袁伯夔，均對其詩文欽佩之至。解放前七八年，他居北方及漢口，均無以為生活，周梅泉接之來滬，即住「今覺齋」中至久，遂日從袁、周二氏之後，游宴必偕了。時夏劍丞與袁、周二氏為死敵（因夏、周原為至好，二人合股作橡皮股票投機，夏全權託周者，被周所紿，蝕去卅餘萬之巨，全入周之私囊，夏因之恨入骨髓，見袁、陳二氏日與周同出入，故連帶恨之），特自繪三黑犬作手卷，自題之曰：《三獒圖》，並廣求袁、陳、周不和之人，大題而特題，痛詆不已。夏與病翁之父為姻戚平輩，翁因此由其痛罵，夏每在大庭廣座之中一見翁面必大聲呼之曰「狗狗」不已，翁亦置之不理，背後告人曰：「夏為父執，不鬥口，敬之也，非畏之也。」足見翁尚遵守舊禮教之人也。

翁人短小長髯，對文章只佩服陳散原、馬通伯二人，對詩只佩服海藏及散原。夏劍丞如此痛詆之，翁云：「夏平日自詡學孟東野，其實不像，近代學劉夢得者，無一及夏氏者也。」梁眾異為漢奸時，一再以副祕書長席聘之，堅決不就，但請之赴宴，必叨光大吃。一夕沈劍知以陳孚恩一聯，擬以善價售於梁氏，陳云贗鼎，沈云真者。翁拍桌罵之云：「吾陳氏後人，不懂嗎？如易以你們曾祖沈文肅墨跡，吾當讓汝審定了。」把沈狂人罵得體無完膚。翁嘗告余云：「本人文章，並不見到甚麼好處，只因近代大手筆太少，遂謬得時譽而已。本人平生所作，最最自認得意，陳、馬二師密加佳評者，亦自視至多如梅伯言，想超過方、姚，夢想而已。」足見他雖以狂士名，而並不如某某等之目中無人也。翁於後輩詩人中，最賞認者，如許德高效庳，其次為馮君木。翁云：君木丈之文，乃近於駢文絕非古文云云。翁對於吳湖帆，最鄙視之，嘗謂余云：「吳山水畫，大千人物，均可與溥心畬成鼎足而立。心畬通品為第一；大千不甚通，但題款作長題時，自知不妥時，必求謝玉岑（稚柳長兄，早故世了）為之改削，此至可嘉許之事也；湖帆如此一筆好畫，如出生於普通人家，題識稍不通順，尚屬可恕，他，吳清卿之孫、潘祖蔭之侄婿，出身世家，而一短短題款中，往往見笑話，最為可恥之事也。」又嘗諭余云：「你為印人，文學欠通，嗣後不論邊款題跋等，可事先見示草稿，本人當一舉手之勞，代為潤色，不致被人作笑柄。陳季鳴文無與本人同歲，每有題跋亦均由本人改正者也。本人因與你及季鳴二位有緣，故樂為代筆，除你二人以外，他人來求，決不允許的。但有一條件，本人手筆，不得帶回，亦不准告人。」翁之對余，可謂厚矣。又，嘗告余云：「自古以來，作文譽人，均等於放屁，你作草稿時，不妨像放屁，盡長不妨，本人自會代你精簡成文的。」余笑答之云：「那變成『屁精』了。」他為之大笑點頭，不以為忤也。他與尹石公至好，但背後告余云：「石公博是博了，不過太雜一點而已。」某日，余嘗在石老座中，見石老以大作之詩示之，他云：「一個大學教授，有此造詣，可稱佳作矣。」尤其對《萬牲園》一首五律，末一句「與爾共陶情」大為擊節不已也。

他解放後即戒正式之詩，時作打油詩奚落人為樂。余只憶及片段如下：詠吳青霞再醮與體育學院院長吳蘊瑞（年已七十了）詩云：「五百年前共一家，吳娘今日嫁吳爺，思春情緒應難畫（青霞以畫仕女擅名），體育功夫定不差。」（後四句涉黃色，惜已忘了）又詠青霞、周女云：「某某雙臉艷於花，不問朝霞與晚霞，暗渡明修君莫問，縱然烏道屬吳家。」又，當時延安中路有一咖啡館名「葉子」，主人為一名交際花陳某某，設這館子，專便善男信女參某禪之地。陳女士為周女學生，於是一班老登徒子如尹石公、楊千里、梅蓀（周女三面首之一）、繆子彬（藝風之子、上海著名繆三少也）、許效庳等等，又有女賓周、沈（玉還，與石公、千里均膩友也）。事為翁所知，又作七律一首，惜只憶及中間一聯了。上一聯譏繆為女彈詞藝人義務寫《十三妹》腳本事，已忘了，下一聯二句云：「居近梅周偕出入，酒闌尹沈各西東。」又，當時五七年上海尚有一「棉紡俱樂部」，設在今市政協原址，主持人為榮毅仁、吳中一等等，每星期天下午三時至六時特請滬上一批大名鼎鼎之男女名票友登台清唱，場面齊全，提調為李釋戡詩人，如尹、梅、楊（千里）、錢（聰甫）、周女、沈娘、任女（名票，蘭芳之女弟子），其中有一聾子名周南。翁從不光顧者，但作詩一首云：「棉紡聽歌處，冬烘聚一叢，師娘新跨鶴，提調老猶龍，蹺腳錢沖甫（錢陳群後裔，時已八十餘歲矣。為文史館八怪之一，此老九十歲時，子子、孫孫，女兒、女婿，曾孫輩，共近七十人，無一孤寡單身人，奇跡也），歪嘴尹石公，猶有擊節者，聞道是周聾。」此詩為冒鶴亭所見，戲改一聯云：「色鬼楊千里，淫朋尹石公。」楊氏見後，持詩與翁觀後幾欲享以耳光。於是，翁遂永遠不再作詩，只集句了。

翁之記憶力，為任何人所不及，宋人詩如王荊公、陳後山、蘇、黃、陸、劉（後村）、曾等等無一不能背誦，更奇者，林琴南所譯小說，中有一節寫心、肝、脾、肺、腎，二人問答之詞，翁笑云：「外人知此五字否？明明為琴南以意所譯者之證。」言畢即將洋洋一大段，隻字不遺，背誦給余聽了。又，余少時讀《小倉山房尺牘》，內都某某中丞同年、某某女弟等等，不是恭維，即是油腔滑調，故對袁子才甚何詩文都不願觀，翁謂余云，袁氏盡有佳詩，如《落葉詩》七律中某句某句，均大佳之作，言後即全部背了出來了。又，翁自云，作詩死守一家宗派，為他所不取。自云：「苟有大名，必有其佳處存在者。」余詢唐宋八大家，曾子固佳處何在，翁笑云：「曾文確遠不如歐、王、蘇（東坡），但全宋比曾佳者太少矣，故不得不以曾為八家之一。」

記夏劍丞與周梅泉

夏敬觀

夏敬觀，字劍丞，號吷庵，江西新建縣人，清舉人（聞與李拔可、冒鶴亭為同年云）。早年生活不詳，入民國後，曾先後任復旦大學監督、浙江教育廳廳長，宦囊豐富，遂在今萬航渡路康家橋建築花園洋房為寓公矣。

夏氏擅詩詞，居滬後，與鄭蘇堪、朱古微、況蕙風時相往返，與袁伯夔（思亮）、陳仁先（曾壽）、冒鶴亭（廣生）、周梅泉（達）為同輩，初與周最相得，往返詩酒，月必多次。余與相識，乃陳仁先丈所介紹者，對余至契重，每有設宴，余必預焉。梁爰居主人，與余建交，即夏所推薦者也；湖帆與之相識乃余所介也。夏晚年始向仁先丈學畫，訂潤鬻畫賣詩文以貼補生活，其書畫上所鈐印，悉為余所作。畫平平，但有古拙意，湖帆最為之拜服不已，云：與陳仁先、金甸丞（蓉鏡）、宣古愚（哲）均文人畫之鉅子也。夏氏美鬚髯，平日道貌岸然，但與梁爰居二人晤及之後，則口不離牝牡之間矣，斯亦「食色性」也耳。夏嘗告余云：「湖帆、大千等畫，超超等也，惜題識不通順，為缺點。當代畫佳、題識通，南北只一溥心畬。」誠至論也。夏氏在己巳之後，與周梅泉合股作投機，買賣外國橡皮股票，初嘗獲利，因周氏知外文，故一切均由周氏代勞。其後聞橡皮股票大跌，夏喪其資幾達所有財產之半以上。事隔一年，始悉周氏將其資乃賣出者，故夏所失，悉為周所賺者矣，於是二人大事訨嘩，幾至動武，遂絕交了。每見友好，必大罵不已。時袁伯夔、陳病樹（祖壬，字君任）左袒周氏，夏氏乃自畫一手卷，畫黑狗三隻，題之曰《三獒圖》。此

「獒」字，乃夏氏杜造之字。既作文痛詆之，又遍徵當時詩文鉅子題詩詞於後，用以發洩其氣憤。又因其時陳病翁為周梅泉招住其「今覺齋」中，供養生活，故夏氏每見病翁，必連三呼「狗、狗、狗」不已。病翁與之同鄉，姻親也，故從不理之。後余詢病翁：「《三獒圖》，知之否？」病翁笑云：「吾與伯夔、木公（李國松）同為陳散原門人，亦陳散翁捉刀人也，故朋輩戲以『陳門三獒』呼之耳，夏乃去一木公而補以梅泉。」病翁生平以好吃喝、好嫖妓、好罵人，直認不諱者，背後譏夏文、詞，至「笨、笨、笨」，但謂余曰：夏作詩自詡學工部有心得，非也，學劉夢得乃其第一手云云。抗戰後，夏氏常至當時回力球場以賭博作消遣，不久即逝世了。

周梅泉

周梅泉，名達，字美權，齋名今覺，皖之秋浦人，祖父周玉山（馥）為兩江總督，父名未詳，北洋政府財長周學熙，其叔父也。周氏嗜鴉片，大癮也。生平以藏中國郵票享大名，人稱「郵票大王」云。歲丁卯，寒雲先生忽亦有集郵之興，步周之後塵，亦以專集清末之稀有郵票，賣去宋版書、剛嚴二卯等等，以買郵票了。其時上海有集郵俱樂部，設在當時上海銀行公會大樓之頂層，群推周氏為會長。寒雲先生曾偕余同去觀光，梅泉正高踞首座，傲視一切，大發議論，見寒公至，遂熱忱招待之，蓋自知其祖不及總統邪？與余不理也。時寒雲先生購進郵票一厚冊，悉為周氏所介紹者，價二萬數千元之巨矣。不一年，寒公又對郵票厭了，改玩外國金銀幣了，以這郵票只以二千元悉歸周氏了。其善於經濟，蓋如此也。

在敵偽時期，余刻印之名方大盛，周氏乃屢以佳石委刻，一二年之間，幾乎全為渠一人服務，每刻必點品，若指明仿吳缶翁之「貞之鄆」、叔之周千秋（急就章句）、汝南等等，余無一不允，因其潤從不少付。又時時以函招余至其當時舊名西摩路之大洋房中作暢談。其人至怪，衣服古色古香，古銅色長袍，醬色背心，純為清大員之服飾也，而餘者，煙必三五牌，咖啡必進口貨，餅乾非英國出產不買，房間佈置，亦一例西式也。余對之殊無好感，敷衍而已。其時病樹尚未南來，故渠平日只與袁伯夔二人至好。某次，余方有高溫休息中，渠二度招余，未能去作長談，第三天竟來信破口大罵云：有何得罪處？乞明示云云。余不得已，抱病往說原因，渠始釋然。後余因治印生涯日甚擠，不能為之一人服務，渠囑刻必點品仿某某某，亦不勝其煩，故舉賢自代，時廣東馮康侯（強）方以仿黃牧甫章法來滬鬻藝，周喜牧甫一派，故以之為介（余與馮不相識也），周乃捨余而專囑馮刻矣，殆亦數十方之多也。又一二年後，余與周氏相遇於北平榮寶齋分店中（尚在河南路老店中），周氏告余云：「吾對馮某不薄，因至熟了，故盡出所藏田黃、雞血、白芙蓉凍約三十方，悉交之奏刀，乃馮某竟挾之往廣東，又去香港，從此不來了。」言時大罵「畜生」不已。余云：「可向箋紙店代求者追索呀。」周云：「吾對他，與你一樣，因信任，所以都直接交的呀。」不久，即聞其逝世矣。

在四〇年前後，其女周淑貞為中西女校校花，稱「皇后」，與當時上海名律師江一平訂婚，孰料江從小讀中學時，與盛某某同居一宅中，江樓下，盛樓上，盛妻虞澹涵，乃洽卿商會會長之長女也，長於江一平廿一歲，江乃其情俘也，虞女知此事後，即去函周氏云：一平，奴家未婚夫也，將要與盛家離婚後即嫁之了。如你們膽敢與江結婚，我們姓虞的，要使江一平上海無立足之地云云。周女一怒，乃去美國求學了。及五六年，余時至一東華書場聽書作消遣，識一龔元彪律師，一日龔夫人告余云：「吾有許多石章，不知何人所刻，請你明日一看。」次日余看後，纍纍者均余為梅翁所作之印也。余告之曰：「區區一人所刻的，不值錢的。」並問周老先生之印如何在你手中，她云：「吾父親也。」余詢其妹淑貞下落，據云尚留美國，作股票商，大發其財云云。嫁否不詳了。後龔君以周遺著《今覺詩集》二冊相贈，內容十之二三，都破口詆夏老之作也，真氣量太狹矣。夏氏除《三奘圖》以外，從不在自己詩文中罵及一句，似稍有涵養也。

記蔣密韻後人

蔣祖詒，字穀孫，光緒壬寅（一九〇二）生，浙江吳興南潯人。父名汝藻，字孟蘋，清癸卯舉人，後為文史館館員，五四年始故世，已七十八歲矣。世業絲綢，與嘉業堂劉翰怡為姑表弟兄（孟翁母，乃翰怡姑母）。二氏均南潯巨富，孟見劉藏書著名，亦以專收宋元名著，與劉爭藏書家之名聲矣。其最著者，乃周草窗密之孤本詩集，聞得之於寒雲者，遂署名曰「密韻樓」。後又收得寒云「宋書藏」之善本無數，其名益盛。穀孫乃其正室所出之長子也，少受熏陶，故於宋元善本，到手便知真贗，更於宋拓漢唐之碑帖最為精鑒，古器物及書畫，亦善鑒賞。所以，中年後（時其父已經商失敗沒落矣）遂以一高等紈褲子，而變成為一高級古董市儈了。

穀孫身魁貌美，妻邢氏，亦富家女，以難產剖腹生一女。醫戒同居後，遂公開狎游取妾了。渠有一怪習，非經名人嫖過、或巨室下堂妾不取，自云玩古銅器需生坑名貴，玩姬妾要見過著錄熟坑為佳云云。因此，他第一妾名小春紅，乃北洋軍閥曹錕之弟曹銳（直隸省長）之下堂妾。蔣納之後，未及九個月，即為她揮霍幾及二萬元，且自北方攜一面首來，公然不避耳目，穀孫遂聽其下堂而去。此丁卯以前事也，時余與之尚未相識，後據其自云者。

丙寅（一九二六）、丁卯（一九二七）之間，湖帆偕余至三馬路「古香齋」古玩店看古畫，坐於外面房中，突見門外昂然來一少年，直趨內室，與老闆小顧談生意經。湖帆告余曰：「這即是蔣穀孫也，不理他，走罷。」至戊辰（一九二八）三四月中，陳美美自漢口來滬，拒楊雲丈之婚，重張艷幟於三馬路，穀孫以四千金納為姬人了。各小報遍登其事。五月初旬，余忽接得蔣之請簡一份，招至其時四川名菜館「都益處」晚餐，事前一無介紹人者。余是時為陳妓名所迷，竟欣然應約而去了。見面後承渠殷殷招待，同席者大都當時遺老遺少，故余亦安然無異辭矣。席次，穀孫謂余云，渠新以五百元收進陳簠齋手集古印精品粘貼本五巨冊，內有玉印「公孫穀印」一方，擬求摹「穀孫」二字，少待同去家中，以印譜與印同呈如何。是時，余（一）以有十鐘山房真跡可觀摹；（二）有機會可一睹陳美美之真面目矣，故欣然席散後同至其家中了（時住今延安路、成都路之西，安樂村中，弄口大洋房今為中德婦嬰醫院，當時為匯豐銀行買辦席鹿笙之住宅也）。時余尚住成都南路。取石及印譜五冊後，次日即為刻成，又送去，得潤六元。渠大喜，云：「五冊印譜，留存兄處，不拘何日還。」又囑三印，余即聲明不需潤了。於是每星期至少去二次。有時渠偕余至當時南京路名餐館「麥瑞」（法式西餐）晚餐，晚餐後又同至其家中，出示所藏古物，暢談為樂，往往留連至深夜十二時始回。直至六月底，猶未見陳姬一面。一夕余詢之曰：「近二月矣，你如夫人從未一見，豈避客邪？」蔣云：「每日下午五時即去弄口席家與諸妓小姐妹等打馬將牌，非至二點左右不歸家也。今夕你可在此等等看。」至丑刻後，伊人回房了。經蔣為之云：「這位陳先生，與楊雲丈是親戚呀。」她聞之後，特表好感矣（後知她與雲丈，未忘恩德也，故對余如此耳）。余遂與之亦如親戚一般，不拘拘矣。後作劉楨平視後，覺妖艷有餘，而美則平平而已。但其人至豪爽，與蔣之深沉多智不同也。不知如何，她漸漸戒賭了，姊姊妹妹日集於穀孫樓頭，晚飯後，必與她們（共五人）及穀孫拉余一同不是去看電影，則去觀北來名伶演劇了。余最不喜觀電影，因不懂外語耳。而轂孫必強之同去，謂余曰：「好容易不賭了，每月省去至少五百元，看電影她們五個出錢，背後群雌都呼你『小弟』，樂得白看。又五個女人，兩旁你吾二人，亦使這女友之夫可放心了。」五家共有四輛汽車，余專喜坐一利利汽車公司主人之下堂妾王某某之車上，王某某比余大十歲以上。她們私下問余云：「有所甚麼邪？」余大笑，告她們云：「王女士汽車為七〇七號，吾家門牌亦七〇七耳。」如是習以為常幾一年有餘也。

茲再回溯在戊辰冬日，余已與之至熟矣，一日，轂孫已回大婦家中時，她即臥於轂孫之煙榻上，余側坐其旁。她告余云：奴本良家女，姓俞，浙江余姚人，父為名成衣匠，在北京韓家潭北妓集中地點，開成衣鋪，凡名娼衣飾，均其父所包辦者。時她十四歲在小學讀書，星期日常至隔壁妓院中遊玩，被鴇母所詒，強令「大茶壺」（北方妓院鴇母之夫曰「大茶壺」也）奸之。事為父母所知，忿極之餘，遂將其賣入院中為妓矣。初嫁福建王某某為妾（王仁堪狀元之子），王任遼寧教育廳長，後得神經病死了，遂被王氏所逐，乃至上海為妓，又被當時上海法界會審官聶榕卿所強迫，不從，而致不安其業，乃易名陳美美，至漢皋而為楊雲丈所力捧成名妓，始嫁蔣氏云云。言時，對雲丈尚不勝低徊也。所以余乃知其尚非昧盡天良之人也。

歲己巳（一九二九）春日，轂孫又以四千元收進宋拓孤本薛少保《信行禪師碑》。事為湖帆所聞，倩余介紹一觀，轂孫至歡迎，即囑余電話告之，謂請即來一觀可也。時已夜十一時後矣，湖帆亦癮君子也，立即乘汽車來了。二人居然一見如故，先談客套語後，即請出觀。時陳姬因未與湖帆見過，已避入小亭子間中安睡了。轂孫即出一把鑰匙交余，囑代至亭子間一小箱中取薛碑。箱在陳姬之臥床後，取物必須跨床而過者，故余謂蔣曰：「如夫人已睡在床上，你自去取罷。」蔣竟笑云：「你老嫩邪？怕啥？去取不妨事的。」余無奈，乃至其臥榻旁，以手推之云：「轂孫叫你拿宋拓一本呀。」她云：「正好睡，你上來拿罷。」余云：「不大好的。」她云：「房門開的，他們看見的，怕啥？」余又不得已脫鞋登床，爬過其身取出了。余大窘，蔣坦然。吳賞鑒大讚不已，遂與余同車回家了。是歲夏日轂孫以又欲買他物，缺了二千元，遂以是碑押於其表弟南潯首富張叔馴處，叔馴行七，以藏古泉幣名聞南方，北方為方藥雨若，時稱南張北方也（此人為蔥玉之叔，去英國近四十年矣。聞早已死矣）。叔馴知此碑當時可值四五千元以上，知轂孫半年內不能贖取也，遂說明利息可免，但三月不贖，即沒收之，蔣無奈允之。至二個月後，轂孫詒之云，有人願以四千購之，需先看件，一日即還不誤。叔馴付之，至次日果還了。及三個月，叔馴催贖，蔣不理，叔馴即以五千元出售了。受主一檢點，缺了二頁，不買了。叔馴大怒，遂以轂孫當時押據控於法院了。是時蔣知余不屑為之代出席者，乃囑另一至友秦康父（廣東提督秦炳直之子）代為出庭認錯，具結領回囑蔣補齊後再呈堂上云云。法官因有具結在院，遂付之歸。次日果以全碑呈上，法官檢視已齊，乃付叔馴之手。哪知已被轂孫換了一本翻版贋鼎矣。叔馴不接受，退呈法官云：「不是真的了。」這法官可憐甚麼真假全不懂，大怒云：「明明薛少保《信行禪師碑》，缺的已補，甚麼真假？去去去。」叔馴竟啼笑皆非，以二千買一二元的物品了，遂與蔣絕了交矣。蔣大樂，然而南潯人群不齒矣。據蕙玉告稚柳云，穀孫為人，以善詒人都如此云。

歲己巳秋日，余之單位江蘇交涉公署，已宣佈十二月辦結束矣，時張學良正託其駐滬爪牙錢君芥塵（嘉興人，報界前輩，與邵力子為至好，余識邵氏，承邵提挈近十年，均錢君之介也）物色一能管理書畫之人，云可任作每月二百元之三級祕書名義云，錢遂願介余充任此事。余以在申只一小科員，月薪八十元，又受了當時上海大名鼎鼎之術士名陳克武者所妄言，謂余大利東北云云（余因上了當，所以直至今日，認迷信為放屁了），所以欣然應徵了。事為穀孫所知，他當時正感上海已無發展市場了，故囑余介見錢君，自云有荒田十餘萬畝在東北，擬藉張之勢力，招工開墾，重振門楣云云（其父孟蘋，即坐是傾家者）。並詢錢君應以何物為晉見之禮？錢告以云，小張最喜古書畫，在這三月前，小張曾知劉公魯祕藏有清初名畫家冷吉臣枚工筆絹本二十四巨幅尺頁（高幾二尺，闊若之），為清宮糊窗格者，《宴寢怡情圖》也。初，公魯出示人錄售時，只索價二千元，後為其所風聞乃小張所需，自二千五、三千、三千五，增之不已，無法購之。錢知穀孫與公魯為金蘭之好，故告示之云，只要可以持冷吉臣之畫晉獻，則一切均可迎刃而解矣。穀孫亦知公魯為一貪得無厭之人，明買決不濟事，遂囑余至公魯家，作為余有意無意間一詢實價，以計取之。時公魯住所為今富民路之十五號中，余乘蔣汽車晚上九時訪劉，先作瞎談，忽詢之曰：聞你有冷吉臣名畫，可否一觀。劉即出示，問余何以知之。余云，古香齋主人所說，你要二千元云云。劉云:「聽說小張要買，所以非加倍四千不可也。」余紿之云:「周湘雲也想買，要多少邪？」劉云:「四千即可了。」余云:「讓我取去試為一問，如周要了，我不賺分文，當以四千奉上如何。」劉允了。二個大手卷，共裝在一大楠木匣中，余即攜付穀孫了。不料劉派僕人送至車上時，識為蔣氏汽車，公魯知蔣如買去，當更值錢，乃大悔。次夕余攜四千現款去付之，劉在樓梯上，向余百般辱罵，要索回原件。余云:「你自說四千，已賣了，你有何理由索回。」劉云:「是穀孫買，非五千不可也。」余云:「請你自打電話增價可也。四千先存你處如何。」劉堅不收，要畫。余云:「是你不收，吾去了。」即攜款仍還於蔣了。隔三日，劉請了當時大律師、虞洽卿之婿、杜月笙走狗江一平，控余於法院，謂騙拐他的古畫罪。江一平已在代湖帆施姬作辯護士時，為余所反擊失敗過了，故那時其勢洶洶。余以電話告之曰:「控我拐騙，拐騙甚麼古畫？你應寫明，《祕戲圖》法院不受理者，況且又無收據，我又要反告你一狀了。」事為其兄江萬平所知，萬平與穀孫、公魯三人同屬盟弟兄也，因此向余詢明情況，知公魯無理增價，故即向穀孫取去四千元付之，和平了事。不數日又被好事者，在當時三日刊《晶報》上刊登了這新聞，大意云蔣某某巧詒《祕戲圖》，謂蔣以賤值取之，誣也。

至是年農曆十一月後，余與蔣將隨芥塵定期同去瀋陽矣。一夕，陳美美俟蔣出門之際，謂余云:「你年輕，至北方後，第一切忌狎游花叢與妓院。」言時，將其本身北方妓院所經歷，一一暢述無隱。她云，北方妓院較南方大不同，倘一不慎，為鴇母、妓女所惡時，這時，放蛊、施毒，甚麼下流花招全可使出來的（言時歷舉事實無數，無贅了）。余當時戲謂之云：「你這話，吾自當謹記不忘，但吾如要開妓院，也有了經驗矣。」當時她亦為之微笑而已。使余今日回憶所及，因知其弊，而能避之，皆當時受陳美美勸導耳。至十二月中旬，決定乘日輪「丸」至大連，轉鐵路去瀋陽了。上一夕，余即在蔣宅浴室沐浴更衣，余洗後，蔣次之。陳美美橫陳煙榻上，囑余對面隔燈臥下，以至誠摯口吻，語余云：「你們明晨即行矣，我有臨別贈言相告，穀孫，陰險無義之人也，你們同到北方後，宜處處提防之。」時余殊不以她言為然，答之曰：「穀孫對吾至佳，不致如此吧。」她哼了一聲曰：「我與他二年多了，睡在一個枕頭上的，總比你知道多一點吧，還是當心一點的好呀。」時蔣亦浴罷出房，語遂中止。次日三人同北上了，至大連、轉瀋陽，先居一旅舍中，曰「凌格飯店」。第二夕錢即興沖沖只帶了蔣及二大卷冷枚之畫同謁小張於私邸中。又二日，錢忽命余搬至當時清故宮之右大院中「東北文化社」中先住下，當時社長為朱光沐（聞為浙人，余居四十五天，未見一面者），任余為一幹事名義，月薪一百廿元。該社專辦與日本及蘇聯文化事宜，全用日文、俄文，余於外文一竅不通，而辦公時間，為每夜八九時開始，至翌晨為止，白天睡覺而已。余詢同事們何故如此。他們云：「小張每夕八時後始起身（白面大癮也），故一例如此也。」余殊不慣。又因說明二百元一月小祕書，奈何變卦了，又至凌格飯店責問錢君。錢君始以實告余云：「次夕我即向小張呈明陳某某也來了，蔣先生在旁即說：『陳某某在上海只做科員，月只八十元，二百元可不必也。』所以，那時朱光沐正亦在旁同賞鑒冷枚之畫，張公當時即將你交朱派為幹事了。並非我對你失信呀。」余問：「那末，蔣甚麼名義邪？」錢云：「張大喜，已派充顧問，不久再可升調。」至此，余始信陳美美因楊雲丈關係，故二次對余如此關心體貼也。嗣思既來矣，姑再至蔣室中訪之，一觀其作何態也。既見之後，蔣一若無聞此事者，益信其陰忍之面目，乃不露聲色回文化社矣。

當時余久知金息侯梁在瀋陽任張之參議，金祖為滿洲駐防吾浙乍浦之將軍，時金亦自稱為「乍浦同鄉」矣，故余查明其居處後，作毛遂自薦晉謁之。承一見如故，且操乍浦土音與余暢談，因此得知楊雲丈之居處（雲丈亦參議也）。次日又去訪謁雲丈，知雲丈與蔣為情敵也，故以穀孫欺吾之事，一一詳呈之。雲丈但表示惋惜而已。自此遂每日至金楊二氏家作遣悶之計矣。己巳大除夕，庚午元旦，都在楊宅度過，尚不寂寞。某日余至雲丈家，已先有一老人在座，渠一見余，即起立連呼：「譽虎譽虎，你何日來瀋陽呀。」雲丈笑謂之曰，某老，此吾舍親陳某某，非葉譽老也。原因余與葉丈二人相貌極相似，身矮亦同（即譽丈亦自認少年時與余一般無二者）。此老人大笑。雲丈為余介紹云，乃廣東名翰林梁某某（年久名已忘了），現任張幕總參議之職。雲丈即將余如何與蔣同詣瀋陽事，並蔣以冷畫作進身之階事一一告之。梁聞之亦大為不平。余以老者在，且生疏，故即少坐告辭了。第三天，余又去雲丈家，求畫一扇（先已有金息侯所書者），告雲丈，吾已擬辭職回申，作為紀念之用云。其時一口常熟鄉談，笑謂余云：「昨梁老已來過云，已代你出了這口怨氣了，你可安心回南去吧。」雲丈曰：「梁公見你後，當晚即至張邸閒談，有意詢張云：『總司令，聽說你新得祕寶一件，可否求賜一觀。』張即出示，梁極口恭維，詢從何處覓得。張云，乃一江南蔣某某所贈者。梁問曰：『亦應有所酬邪？』張云：『已聘任為顧問了。』梁云：『不妥不妥。此畫連我也知道了，外間知曉的人正不少也，你酬以顧問榮銜，萬一外間人稱此人為春宮顧問，那時對於總司令盛名有累呀。』張云：『委已十日，奈何？』梁云：『可速追回聘書，酬以原價可也。』」張當時即囑副官向錢詢問原價，即以七千元（連丸都山殘碑在內）追回聘書了。時雲丈以至幽默語氣告余曰：「吾今年尚未見過小張一面，完全梁公為你打抱不平，外人不知，或要誤會吾吃醋報復，真是俗語所說『一督水滴在油瓶裏』呀。」此雲丈欲蓋彌彰之言耳，明明是他託梁代作之妙計也。時為正月十二日也，余氣平了，即決定上元之夜乘車先至天津，順路游北平，然後回申了。十四日特至錢、蔣二人處辭行，告以因不知外文，無顏尸位云云。是時蔣不動聲色，告余云：「你明夕走，吾後夕亦作歸計了，但須先至北平勾留一個月再回申。現有丈二尺巨幅宋元人畫四件，可否請你勞神帶回交老七（即美美）收好。」余歡然允之，即代為攜之而返了。此事自始至終，余與其二人均表面至好如舊，故有次年恢復友誼之情況也。乃回申後，即以四巨畫面交了陳美美，且告以穀孫之事。美美又哼了一聲云：「如何？『不聽老人言，吃虧在眼前』就是你了。」嗣後蔣家不去了，穀孫何時回申也不知了。

至此，余又憶及二事，並附記於此。

（一）在瀋陽時有一浙人沈某，亦文化社幹事也，某星期日他作狎游，邀余同去妓院看看，余應之。當二人正入門時，突見一「大茶壺」在門口一聲怪叫，「客來」，院中諸妓多至二三十人，紛紛啟門簾而出，穿紅著綠，幾如一群魔鬼相僕而迎（後始知，凡有生客光降，必列隊候選者）。余大驚，幾欲拔腳而逃，為沈所阻，始勉強隨沈入一小房中。沈顧盼為樂，余則如坐針氈也。後觀了曹禺所寫《日出》話劇第三幕，胡四嫖院，形狀一般無二。而老妓翠喜自白一段，將人間地獄情況，尤為逼真。始信編者、演者、導演者，均殆有切身從體會中來邪？演翠喜一角，以孫景璐為第一人也。因此，余體會到了偉大的共產黨來了之後，始能將這一群至可慘可憐的婦女從苦海中挽救出來，成為能自食其力的人民，否則，將有多多少少的慘事繼續存在邪。

（二）在己巳八九月間，一日轂孫忽告余曰：最近家中又來了一個麗人，此人少年時與老七同在一院為「小先生」（即初學為妓者之稱），被段祺瑞之唯一紅人「小諸葛」徐樹錚所娶去，時此人只十四歲，十七歲作為姬人者，故一無妓女習氣，落落大方，似大家女，且通中法文字。因徐自直皖之戰失敗後，即攜此女同至法國多年，故知法文也。段祺瑞為北洋執政府主腦時，徐不甘寂寞，又因她久欲思歸，故相偕回國。徐車抵豐台時，突為馮玉祥伏兵齊起，將徐槍決於車站上。時此人已有二子，大婦認為都是她要返國，所以致徐於死，遂迫之下堂回南者。此人因與老七同院過，故回南後，告老七云，以生活關係，淪落為上海一個大流氓名王茂亭所包去，月以三百元作生活之費云云。王氏為上海賭場老闆，動輒打人、暗殺人之惡魔也，故此人無日不至蔣家作消悶之地者。轂孫謂余曰，看過此人後，陳美美如糞土矣。她每日下午五時左右必來，晚飯不到即去歸王氏矣，你明日一下班即來，一觀之後，當信此真麗人矣。余好奇，即準時而至，時此人已在，陳美美為之介紹後，余審顧之，真如《聊齋誌異》中「青鳳」文中所云：「弱態生嬌，秋波流慧，人間無其麗也。」而端莊一無妓女之形，尤為可貴。開始與余殊落落少言，數日後漸漸相熟了，自云姓施，名美，徐老爺（她稱故夫總是如此）所取之名也，在十四歲前，則名「小金剛鑽」云。如是者二三月之久，此人每日必至，余亦樂而忘返了。蔣陳二人有意為余撮合，有時二人外出，故意囑其留在家中，給余與之暢談機會。那時余只二十五六歲，她只三十不到，余頗有遐想，繼而一思：第一，余每月只八十元之小科員，雖有刻印收入，但一家老少十四五人均靠余一人生活者，何來余資，可以成為一雙兩好；第二，王茂亭惡魔也，如吃醋，余將作袁仲頤第二，槍洞壘壘矣。故與之雖熱，而始終未敢溺也。有一次，王茂亭至蔣家接之返，上樓見蔣陳二人不在，只余與其戀人二人，正談笑間，她見王來，面不轉色，告之曰：「這是蔣少爺朋友陳先生呀。」王怒目而視，余知其將打架了，因憶及曾有一次他在寒雲座中，袁師父、袁師父，不絕於口，知其對袁服帖之人也，故微笑稱之曰：「五師兄，你還認得我否？」王怒目相顧云：「啥人認得你。」余云：「某年某月，袁師父住遠東飯店時，你去拜壽，送了王無能滑稽戲祝壽，吾與你談甚久，記得否？（其實只見過，絕未理過他也）」王記有此事，即以流氓青幫語問余，余當時即以鄙視之態答之「某爐香」三字，他誤以為余亦流氓隊中人了，遂笑臉而談了。次日，余又與她見面，告以實情，余有愛你之心，怕你遭其毒手也。她竟云：「至多不拿三百元一個月，無所謂也。」當時她豈知余為一窮措大邪？當蔣以四千元買進冷畫之後，為她所得悉之後，向蔣請求一觀。蔣笑謂之云：「明天可以給你看看，但有一條件，必須由陳某某代為展卷啟視，因該畫尺寸過大，是絹本，倘你自展，恐損折呀。」時余正在旁，見她竟微笑同意了。余亦以謂次日蔣、陳當同在一起，無所謂之事也。哪知次日（為星期日）余三時後先至蔣處，陳美美出房門鑰匙一串，交給余云：「少待吾們兩個要去看電影，五時後可回家，吾已命女僕施小姐來後，任何人不得上樓，你可放心陪她看畫，非吾們二人回家，你亦不必開房門也。」其時余至窘云：「不便的，遲幾天再四人同看吧。」蔣、陳同笑云：「吾們相信你呀。」其時她見施女也來了，亦以告余話告之。時余猶冀施拒而返身而去，乃竟點頭接受了。蔣陳出去後，余只能將畫在蔣臥床上展出，攜一矮凳與之並坐而觀矣，逾一小時始看畢。時余始終未敢以四目相接觸，但囑其賞鑒冷畫廿四幅中，每幅攤鋪之各式鐘、錦、絨、緞，無一圖案相同，窮極工細等等，以分其專心看人物之念耳。當其正專視圖畫時，余曾側目偷看其臉容，真已到了「羞態粉生紅」矣。當時如欲行苟且之事，易如反掌也。余自知克制之功，斯際亦幾難自持矣，但幸一念及王茂亭乃殺人魔鬼，遂息慾念矣。卷圖之後，她猶嬌態百媚生也。余戲問之：「你何對此欣賞若此邪，豈徐將軍府中少了此邪？」她云：「吾自十四歲被贖身，徐氏即請老先生教《女孝經》等書，嫁徐十多年，不但沒有看過這等春畫，連《紅樓夢》也不准一看的云云。」余趁此機會，乃專與談嫁徐後生活，以拖延時間耳。至六時後，蔣陳回家時，余早將房門大開矣。施行後，陳美美戲問余云：「你今天對吾們感謝否？」余云：「這下流事，余實不敢在寶床上相搞也。」穀孫云：「鑰匙都在你身邊，你竟不明白邪。」一笑而散了。至後來，余自東北回申後，已不去蔣宅，斯人消息，亦無暇過問矣。越二年辛未春，余於今復興路途中忽睹一麗者，衣飾豪貴，手牽一巨大獵狗，殆自當時法國公園閒步出來者，遠視之即施氏也，人已變了形態矣，俗稱「發福了」，既胖又大，行路姿態，完全一外僑風味矣。因此，使余聯想到，她居法國有年，能法語，其時度已離王而歸法僑矣。當時她仍擬趨前與余一談過去之情，但余不敢再惹之矣，遂只作未見，側身而避之。余意此人，或尚在人世，年只七十四五耳。穀孫因余此事規矩，未逾二年，所以又與余力圖恢復友誼，而又生了後半部之韻事了。

歲庚午秋日後，蔣因陳美美已下堂而去了，遂又去北平作收購古物與訪美納妾之圖了。至是年冬日，聞湖帆云，又娶了當時北方名妓「四大金剛」之一名紅萼者回申矣。其時蔣與湖帆已成莫逆之交，二人幾乎每日必見，都是蔣至吳處者，余因之絕少至吳家，蓋猶不欲與蔣邂逅耳。至辛未春日，湖帆多事，忽謂余曰：「昨日穀孫來只坐幾分鐘，即匆匆告辭，云與姬人將同至公司買物云云。吾好奇心，欲一睹伊人面貌如何，故特意送出弄外汽車旁，看見了，真一絕色佳人也，你如看到，一定亦大讚的。」余當時又為吳所談，動了好色之念了，謂吳曰：「惜乎已斷了交矣，無法作劉禎之平視了。」吳云：「不妨不妨。穀孫時時猶在念及你，頗思再恢復友誼的，他前月囑吾畫一手卷，曰《遼寧訪碑圖》，已將完成，今夕可趕成，明日你來一取，作為吾託你代交者，如此，可以『借腳上階』了，一方面可以電話告之。」余竟欣然應之。至次日特攜圖去訪之了。去時仍至美美原住處，叩門而入，一女僕云：「少爺在對面弄中，請少待，當為通報。」十分鐘又來云：「請你去對過談談。」言後，即導余至今巨鹿路之福海里，二弄二家，女僕指指云：「即在裏面，可請進去的。」女僕言後，即匆匆去了。余再叩門，另一女僕開門詢找何人，余云：「看你們蔣先生。」她云：「這裏不姓蔣，你搞錯了。」即閉門矣。余當時思之明明指這後門，奈何錯了。正徘徊弄中，想問問看弄人時，忽聞後面有人問：「喂！你是姓陳否？」余回顧，見一女郎，年可十八九，窈窕秀媚，風致頭嫣然，正向余凝視問話者也。即云：「是的。」她即招呼一同登樓，見了穀孫，至歡迎，問余曰：「為何隔如許久上來？」余告以「你傭人告我此地不姓蔣呀」，他大笑云：「是用她姓，姓汪，所以有此誤會了。」時尚有一裝池店「汲古閣」主人在談生意經，傍晚始去，余自以謂已見過了，亦告辭，蔣云：「今夕張叔馴請吃夜飯（後知薛碑，穀孫仍加了二千賣給張了，故已恢復友誼也），請你在此陪她吃夜飯，飯後陪她同去『夏令配克』電影院（即今新華電影院）買三張樓座票，吾九時一刻可來的。」余竟一諾無辭也。蔣行後，她至殷殷招待。飯後，已逾八時一刻了，余云：「汽車被穀孫坐去了，吾們人力車去罷。」她云：「電影院在成都路口相近，可以步行而去。」余云：「那麼路過舍下，吾要至家中換一眼鏡如何。」她同意了。走至時余家善樂坊弄口，余謂之曰：「請你少立片刻，吾不上樓自取，囑使女攜下來的。」乃攜下時，她竟已同立余旁了。使女多言，竟奔告先母及內子二人，使家中人全知余又有女友矣（內子一無醋意，故余至今仍能忍受其怪脾氣，即因此耳）。是夕觀劇之後，穀孫即以車送余回家，臨下車時，堅囑次日下午再去，謂有事託余云云。至次日余又去了，坐只十餘分鐘，穀孫即謂余曰：「吾們同去訪湖帆談談去罷。」余猶以為真也，即隨之出門了，詎他竟在巨鹿路上立談云：「你看，這新取之人如何？」余云：「年輕貌美，是你艷福也。」他云：「正因如此，所以要與你相商，她為北平唯一大名之妓女，與福建沈成武醫生，早有嫁取之約。沈為北大畢業生，去歲已赴外國留學了，約五年可回國娶之為正室。所以吾至北平時，她正擬撤艷幟等矣，被吾以計詒之云：只要求同居五年，沈一回國，即任其仍歸去作正室，故化了大功夫始騙來的。但她野性難馴，吾恐又如小春紅之被人佔去，必須設法絆住之。所以昨夕，吾故意留你晚飯，又同去看電影，回家後，試探她對你印象如何。知她對於你甚有好感，所以現在請你，在吾至正室處當夕時，你來陪住她閒談，不使出去尋女友訪甚麼人，吾已決定除她之外不再取妾了。」是時余始知他每隔四天在大婦家，她只輪到二天當夕者，余戲謂他云：「你不怕以小雞託付黃鼠狼？」蔣云：「你對施女，尚且不亂，吾乃誠意求你，望勿笑談也。」余乃告之曰：「那麼，你既有此誠意相囑，余一人尚恐難以絆住，如你不怕她色衰年老，則可以將阿芙蓉令之上癮，則余之外更有一燈相伴，庶可無虞矣。」穀孫認為對極，遂如法炮製了（孰料其後聞他又生厭惡之心，沈氏五年回國了，任她自去找之，時她肺病已入三期，人亦無復當年形態矣，竟為沈所婉拒不納矣。此皆余所造之孽，非始料所及也，夫復何言）。自此以後，只他當夕之日，余不至她處，其他四日，穀孫必待余到後始回夫人家中，並密託余至少伴至十一時以後云。其後又遷居今南京西路之安樂坊中，小洋房也，臥室在二樓，煙榻在樓下，故余更泰然自若矣，如此幾達二年。余與她專談戲劇，從不涉一褻語，她已做到除三人同去觀劇看電影外，從無一女友往返了。湖帆亦一迷於女色者，當時竟時至她處，與蔣暢談為樂，並與她對面橫陳，一燈相對，娓娓清談了。

壬申秋日，吳、蔣、她三人同去北平訪古董了，二月有餘始歸申。在北平時，穀孫又作了一件醜事（吳幫兇也），事實是：當時北平有名收藏家袁勵準，字玨孫（或覺生），藏古墨及米襄陽小楷、宋某太后哀冊著名，此人雖為名人（似翰林），但亦以買賣古畫為利藪者，與蔣為老交易也。是時蔣得知袁新得一幅王鑒青綠山水，名《瀟湘白雲圖》，蔣偕了湖帆二人，在天色已暗、尚未上燈之際，突至袁宅以四王吳惲六本冊頁，求袁以王畫交換。袁七旬老人了，為貪心所迷，竟以王幅交之（蔣詒之云，不合仍可交回云）。蔣一得王幅後，次晨即與吳氏三人同乘車回申了。次日袁老再細察六冊，竟無真者，即持去找蔣調回王幅，哪知已逃之夭夭矣。又寫信至申催索，竟置之不理，袁大怒，乃親自來申訪湖帆，求其代索，哪知吳一方面以計拖延，一方面囑穀孫託當時嘉興畫家郭屺庭蘭枝連日趕仿王畫原跡（郭當時為仿四王專家），並由湖帆加工，即交汲古閣裝池，將新畫移植於原裱之上，俗名「倒棺材」。某夕，穀孫臨去吳家時，堅囑余必須待其返家後可回去，或有任務相託云云。余是夕竟候之至半夜三點半，在樓頭雋文（紅姬嫁蔣後之名也）見余無聊，特自笈中出示她所攝之小影可一百餘幀之多，與沈成武及其他名妓合攝者無數。余乃獲睹沈之面目，是稱美男子，尤可貴者，毫無如梅蘭芳「雄婦人」之態也。她一人所攝者，亦有二十餘幀之多，無一不麗，尤以二手支頤一幀為最娟媚。當時余如向索，易事也，然以舊禮教所束縛，未便啟齒耳。至今猶深悔不止也。是夕，余始詢以家鄉及出身。據云，其母少時為平湖汪氏婢，為主人所污，因而懷孕，被遣棄後，始生奴了。故僅知父姓汪，而不知其名耳。及十二歲即被後父攜至北平身入娼門者也。余斯際雖未告以吾母舅亦姓汪，多儇薄之行，但竊疑她或為所出，然平湖同鄉人已確知矣。故對她有了進一步之愛護矣。是夕蔣回家後，始告與吳同詒畫之事，謂余云：「湖帆推薦你，原畫上有名人藏印多方，必須由你一一摹刻鈐之，則天衣無縫矣。」余問：「幾方？」云：「十餘方，需幾天要？」又云：「三天內。」余云：「三天要趕十餘方偽印，飛毛手也不能勝任了。」故拒之。後聞即以偽作交去，湖帆力證確是真真原件，袁以上海人地生疏，竟無可奈何擲還六本，取回偽作而去了。袁去後蔣以真跡仍交汲古閣精裝後，即囑曹友慶（即店主也）持去求售於上海大富翁周湘雲了。(一）因王鑒青綠絕無僅有者；(二）暗合「湘雲」二字。索價高至五千元（當時估價，只多二千以內）。周氏請叔師鑒定後，一口即允三千元。蔣不允，又增為三千五、四千，仍不允，周知有湖帆為軍師，三千也不要了。隔了半年之久，蔣託余持至農業銀行總經理王伯元家售之，余先詢以最低若干價即可脫手。蔣云：二千元。余即以是言告諸王氏，王一觀即允之，並以現鈔付余。余云乞交湖帆代轉去為妥。王笑云：「吾以謂你至少二百可賺，早知如此，至多付一千八百元。」其後，蔣又收進了元李息齋衎墨竹、明吳小仙偉工筆人物等等，均至精之品，後悉歸湖帆了。

歲癸酉小除夕前，蔣又告余云，自取雋文後，兩個除夕均付以三百元辦年貨，她一天之間，耗盡了，正月又伸手要家用，實覺不勝如此浪費也，明日託你陪她同去買東西，設法阻止少買一點，能留一百元作正月家用，即好了云云。余笑允之。次日下午她果然又拉穀孫同出買物，穀孫云：「請某某陪你坐汽車同去罷。」於是二人同至永安公司後，她見一樣買一樣，僅糖果即買了近三四十元之多，火腿也，糕點也，又近四十元了，余不作一言也。她行至絲襪部，又停住了，店員大肆慇勤，出最高級進口貨示之，每雙十餘元之昂，她一見即擬買一打之多。余暗中一計算，非一百五十元不可也，乃開口故意詢店員云云：「最近我見外國雜誌中，云有絲襪，一隻可從一筆套管中抽過，這可以嗎？」店員云：「此尚不能也，可抽過筆管之最薄者，我們已去定貨了，尚須二三個月可到也。」余告她云：「好貨來後，再買不遲，現在先買兩雙即可以。」她認為對的，即以廿八元買了二雙。時余恐她再買它物，即云：夠了夠了，明春再來買罷。即拉之回家了。蔣一聽，只耗一百二十元左右，背後大樂不止矣，云：「明歲仍求你如法治之如何。」孰料在甲戌秋日，穀孫開始又施虐待，某日竟借端將她左臂打傷了。在這前半月穀孫以湖帆之介，向王栩緣同愈丈處買得宋孤本五臣注《文選》一部，為蘇州藏書家潘博山承厚所知，倩湖帆介至蔣處求觀。潘為吳之內侄也。一日，湖帆請潘及蘇州彭恭甫與余三人晚餐後，同乘車至蔣宅求觀。向例，蔣雖宿大婦處，亦必在雋文家留連至晚十時方去者，是日午飯後適打過她了，故五時即走了。及余等四人至時，她猶余慍未盡，因見潘、彭為生客，故強作笑容云穀孫有事，少待可回云。嗣知為《文選》而來，即登樓攜下潘、彭欣賞，湖帆即與她臥煙榻上抽煙，二人聲細甚，余坐潘旁，正同看宋版孤本，不甚注意她與吳作何語。及觀畢後，吳即行色匆匆促潘、彭同回去，余因見她神色沮喪，故亦欲隨吳同行，詎吳竟云：「車子坐不下四人，你留在此待穀兄罷。」余云：「方才同來不是四人嗎？」吳云：「吾們要另訪他人，你不便同去的。」即反啟房門而去了。時雋文云：「吳有話囑你留在此，吾告訴你後再轉告之。」余問何事？她云：「蔣近一時期，以虧空過甚，《文選》買了，又不能賺錢，故時時罵人，今日竟把我痛打，吾方才已託吳先生轉告穀孫，讓吾出去了罷，吳先生說一切可由你聽後再告之。」言畢即捲衣袖見示，確青紫纍纍。她泣不成聲，囑余託吳代為勸蔣准其下堂，其時余力慰囑其息了此念，她云：「感情已有裂痕，奈何可久居邪？」次日余至吳處，問之云：「你為何使我留著做難人？」吳云：「她談時已面有淚痕，博山、恭甫，觀之不雅，所以使了金蟬脫殼，留你勸她了。」余乃詳述其言，吳云：「如此美人，穀兄竟打得下手，太忍心了，請你再告她，吾自會使穀孫負荊的。」入夜又去告以湖帆之語，囑安心可也。同時穀孫防其有變，以電話囑吳，請余仍去絆住之，他避開三四天可回去云云。余在第三天再去時，她竟笑容相告云：「好了，吾有證人了，穀孫虐待，可以控於法院請求撫養費了。」余驚詢，何作此言？她云：「吳給穀孫一信，將他痛責，不應打吾受重傷，所以吾擬以此信作證據也。」余求一觀，竟靳而未允。次日余去詢吳，你真有此信否，她將憑此與穀兄分手了。吳大窘云：「確有此信，奈何落入她手，闖了禍了。」言畢竟起立對余作揖不止云：「某兄，這事，只有求求你了，務必詒之索回，索回後，你要吾畫甚麼，都可照辦的。」余大笑不已，告吳云：「那麼，囑告穀兄再緩二三天回去，吾當力勸可也。」言畢即去以純摯之辭勸她，她竟一無允意。余云：「出去後，你無非再操舊業，他日對象或比穀不如，奈何呀。」她笑云：「你放心，吾出去後，不做妓女了，吾尚有私蓄六七千元，存在母處，吾將暫隱蘇州，半年之後，吾任嫁何人，穀孫無權干涉矣。」言時嫣然對余微笑不已，大有纏綿悱惻，含情脈脈。余只做不理會其意，對之云：「俟沈成武二年後回國，再走不遲也。」繼乃以哀黨方式苦勸至二天之久，告以云：「湖帆願力保穀孫對你和好如初，你可把信還了他罷。」她見余呆如木頭，一無領會其意，遂云：「好好，吾取信還你們罷。」即從樓上攜吳信下來，怒丟余身旁，且云：「某某，吾今天始知你對吾乃是一片假情假意，你們男人都不是東西呀。」余那時心理上竟覺得要美人千金一笑，尚易；要美人含怒而怨，至不易得之事也。那時心中，俗語所云「渾淘淘」也，至今猶不勝低徊，真乃「此情可待成追憶」矣。余那時答之云：「蔣太太，這真正是吾對你的好意呀，你應心中明白。」她仍含慍意，是時余急以電話促穀孫回家。晚飯後，余之任務始告完成。回家後檢視吳函，大意云:「穀兄，雋文女士嫁你之後，克盡婦道，對你如何如何……（一派恭維之言），比陳美美高出百倍，你為何虐待痛打，使她身受重創，你太辣手了」云云云云。難怪她可據以作憑了。及余擲還給吳時，謔之云：「你對她竟比吾更迷更癡邪？」吳大笑點頭，當即為余作極工之山水扇面相酬，惜六六年已化作雲煙矣。事後吳遂不敢再至她家，恐受「白眼」相向也。縠孫對余亦至感不已。因大事化了小事也。甲戌小除夕，蔣又以買年貨事託余照式同去。乙亥一歲，幸二人相安無事，無可記述者。

乙亥小除夕，蔣又告余云：「難關到了，非你幫吾一辦不可。」問以何事，蔣云：「南潯舊俗，除夕與元旦，縱有多妾，必須讓位與正室。去歲吾二夕回老宅，適都屬她當夕，她云：『已讓二年了，以後不允許了。』明天大除夕，後天元旦，又適逢她家居宿，她小孩脾氣，無理可喻，勢必又要鬧事了。請你大除夕在此吃年夜飯，吾可脫身，她當你面，大約不致破臉阻止也。明年元旦起，楊小樓在天蟾登台，吾已定好三座，准請你看一個月戲為報答如何。」余又允了。在大除夕夜飯前，蔣謂余曰：「某某，吾要回老宅祭祖叩頭去了，你留在此陪她吃年夜飯。」說畢，溜走了，其時她一無表情，任他去了。晚飯時，余故意為之云：「讓我打一電話回家請假。」她笑云：「算了罷，你們串通如此做的，不要假癡假眼了，今天吾看你面子，讓他一馬，明天你如再幫他溜走，吾不給你們過門的，請你原諒，吾已打過招呼了。」余笑謂之云：「明晚吾決不干如何？」她遂歡談如恆矣。次日元旦，蔣居然在她處仍留余共飯，飯後一同至天蟾觀楊小樓與金少山之《連環套》，演至竇爾敦認罪投案為止，時已逾深夜一點廿分矣（當年夜戲必至一點停鑼者）。在出場登車時，向例，必雋文先進車座，次蔣中坐，余坐其左者，是夕，雋文坐後，蔣囑余上車，余即仍坐旁車門處，詎蔣堅促坐至中間，他坐左側了。余故意作謔語云：「甚麼？平日吾做慣蠟燭，今天吾做了請香，你們變了兩支蠟燭呀。」乃一上車後，蔣即告司機名阿海者云：「阿海，先送吾回老宅，再送少奶及陳先生。」阿海竟默然，微聲遵命耳。時雋文先以足踢余，又以向余腰際微觸。余不敢理之，她知余不管此事了，遂厲聲云：「阿海，先送吾回家，再送少爺！」阿海回頭，時時看蔣面色。余看雋文，已怒不可制矣，遂一手輕按蔣氏，一面謂阿海云：「先送少奶罷。」及車抵她家時，她先下車，回顧叫：「穀孫穀孫，你進來，吾有說話。」蔣堅坐不動云：「你此地說好了。」她云：「這話，某某不可聽的，談一二分鐘，你即回去可也。」蔣上當了，竟隨之入內了。余知一場風波即在眼前，向蔣云：「快點出來，一點三刻了。」他們進去後，余與阿海閒談，至二點一刻，仍不見蔣出來，余云：「為啥還不出來。」阿海云：「大概相罵了。」余搖玻璃車窗正擬聽聽，忽見女僕阿寶惶極開後門，對余云：「陳少爺，裏面打得一塌糊塗了，少奶要尋死哉，快來勸勸罷。」余無奈又進去了，只見穀孫正手持茶壺擲地，立於桌旁，奪門欲出，而她呢，嶄新白狐皮大衣亦未脫下，雙手叉住房門，正在說：「你今天如要回去，吾立即碰死在此，你如不買一棺材來，先把我釘了後，休想出此房門。」她見余進門，連連云：「去去去！昨天已向你打過招呼了，今天不買你面子了。」余笑謂之云：「吾是來勸穀兄不要走了，吾要坐車回去了。」她鬆手讓我進房。余是時確想勸蔣不必回去了。他一見余至房中，即去煙榻上臥下，與余打一手勢，牽她上樓。余亦以手示意，吾們二人上樓後，你即溜走罷。他點點頭。余即出表示之，已二時半矣，低聲告之此時路上已無一人矣，吾不敢獨行的，你如允許坐此再待半小時，吾勸好後，下樓與你同走如何。蔣點頭。

余乃至房門口勸她上樓，竟動都不動。余乃喚阿寶云：「你先扶少奶上樓，吾陪少爺立即上樓。」她上當，上樓了。余隨之而上，她大哭云：「又是你設計放走了。」余云：「你聽如汽車開動，你再罵我不遲呀。」是時她一語不發，哭泣不已，房中爐火熊熊，而白狐大衣仍不脫。余先脫皮大衣後，囑阿寶為之強脫大衣，已淚濕一大片矣。阿寶溜下去後，余百般安慰勸導，只有「不買你賬，不買你賬」四字，達廿分鐘之久，站立如木雞。余急了，單刀直入詢之曰：「你自度，今晚能強過穀兄否？」她云：「明知不能，但僵了呀。」余知已有轉機了，遂謂之曰：「這容易之至，明天穀兄來後，你待吾來後，再下樓，把吾痛罵一頓，作為吾不好，放走他的。那時你面子夾裏都有了，好嗎？」她止泣了，云：「哪能可以罵你呀？」余云：「吾同意的，你盡罵可也。」說畢著大衣要下樓之際，她突以手緊握余手不放，又泣下不止云：「某某，你應知道吾的心事，吾決不是為了爭風吃醋而做此事，實因近來他時時欺辱吾，吾借此發洩者，你要原諒吾呀。」言後仍緊握如故。斯時也，余心旌為之搖蕩不已，真所謂「一握難禁暖到心」（周鍊霞女畫師名句也，借用之），竟忘乎所以，為之解長衣脫履，扶之登床睡下，急呼阿寶上樓云：少奶已睡了，你當心她再悲痛呀。乃匆匆下樓。穀孫詢知一切後，對余云：「多謝多謝。」欣然同車返家了。余抵家下車時已三時後，穀孫連連叮囑明天早去候之。余問：「你幾點可回去？」他云：「四點後。」余允三時半可。及乃余敲門，只先母正焦急未睡，下樓開門將余痛責，云：「平日至深夜尚可原諒，今日元旦途中無人，多危險呀。」余稟以原委始罷。次日，余近四時始去，到後，余囑阿寶云：「吾坐在此等你們少爺，你可上去說一聲即可。」乃阿寶又下樓云：「少奶請你上樓。」余上去見她尚未起身，隱有淚痕也。囑余側坐，娓娓而談，直至七時忽聞弄口已汽車喇叭之聲不絕，知穀孫駕到矣，余告她云：「下面去了，你可起身了。」及余坐方定，他進門即問：「為何不上樓？」余云：「方才下來也，已無事矣。」至晚飯時，余囑阿寶登樓請她下來，她下來後，對他似尚有慍意，嫣然一笑，指余云：「都是你做的，做這種鬼事？」一笑而罷了。飯後仍同至天蟾觀楊演《長阪坡》。散場後，余仍坐於車窗一邊，告阿海云：「請你先開到古撥路吾家中罷。」及余下車之際，以手微按她肩，笑謂之云：「明天會。你從此不要鬧小孩脾氣呀。」其實此時余已下定決心「慧劍斬情絲」，與她永別矣。次日，余先以電話報告他們云：「家中有病人，需四五天不克回去看戲了。」一方面立即趨湖帆齋中，把一切過去詳情告之，余云：「再如繼續下去，吾自知掌握不住矣，將要變做豬八戒跌進『盤絲洞』矣。吾受穀孫之託，而作監守自盜，它日何以對之啊。請你轉告穀兄，夫妻相罵，吾再不敢廁身作難人可也。」湖帆笑云：「吾生平所見美人，此為第一，不怪你『渾淘淘』，吾當時寫信，也有些『霉血血』也。」自那日起，余遂從此不去了。後湖帆云，穀兄時時盼你再去云云。

是年四月余以程潛大力，得任楊虎處祕書，每夕以舞場為消遣地，亦已漸漸忘卻伊人矣。至八九月間，余至永安公司閒遊，是日星期天也，忽聞背後有嬌聲頻呼某某、某某不已，回頭又見了她一人在買東西。她微慍詢余云：為何半年多不來了。余云：「有了工作忙呀。」她云：「現在做啥？」余脫口而出云：「看白相也。」她云：「明明瞎說，同吾回去。」余問：「轂孫呢？」她云：「在屋裏。」言後不由分說，拉了即又同登車至蔣宅。及至客室中，余見轂孫正橫臥榻上，滿面窘態，狂吸香煙不止。桌旁坐著二人，（一）轂孫盟兄張修府（厚轂），藏銅器大名家也；（二）古香齋古董店主小顧也。時張公咆哮如虎，小顧萎縮如鼠。轂孫見余也來了，對雋文白眼連連，對余亦默無一言，她呆住了，余好奇，竟端坐看戲。只見張忽而起立，忽而坐下，對小顧云：「你這王八蛋，吾與你說好一千二百元買定了，約好次日付款取劍的，如何竟又賣去，現在抬高到二千二百元，問你賣於何人？你竟說蔣大爺買的。蔣大爺是我的好朋友、弟兄，他不會做出這畜生一樣的事的，明明是你在搗鬼，你是畜生，所以特抓你來此，使蔣大爺知道知道，你真是一個畜生也。」說畢，竟一把抓住小顧領頭，云：「你今天不把抬高賣價的人說明白，吾與你同去跳黃浦江尋死。」小顧急叫：「張老爺，張老爺，你饒饒我罷，吾願意貼出一千元買了給你呀。」張云：「你能告饒，吾亦願意再加一千元買之。你你你說出賣與哪個的？」小顧低頭指指轂孫云：「是蔣大爺呀。」張氏是時，立即換了一隻面目，連連對蔣云：「老弟老弟，吾不知活真是你所買的，方才得罪了，請你『海涵』呀。」是時轂孫紅暈及項，含笑點頭，真窘極矣。張又和顏悅色懶懶云：「你寶劍拿出來一看，俾吾放心，明天盡四點前當以二千二百元交與小顧向老弟取劍如何？」轂孫即命雋文上樓攜劍而下。張看後，連呼「寶貝」，請收好罷。那時余在雋文手中取之一觀，覺劍長二尺餘，二指闊，已剝蝕，中鋒且有斷痕，以一橡皮膏粘之，劍匣只一鉛皮者內放棉花填之。再觀劍柄上有黃金絲極細，嵌綠松石至工之「王武」二字，橫列，上「王」、下「武」，作鳥篆形，精美至極矣。一望而知為秦代之佩劍，但無論如何一千元不值也。張觀後即大喜而去了。余知蔣必深恨余見此一段欺人情況，無暢談之望矣，識相，告辭了。雋文亦只能以目送余出門了。至數日後，余擬向張君請再示劍俾余描摹「王武」二字作參考者，張君遂將前後詳況見告云：「本人原藏有商、周、漢三劍，獨缺秦劍，在小顧處見到後，明知至多值六七百元，因三缺一，故毅然以千二百元收之，說明三天付款取劍。吾行後為轂孫弟所見，知吾再昂亦必收藏，故立即付小顧一千二百買之，小顧不敢，轂孫知吾習慣，約三天，必至十天付款，故對小顧云：張過三天來，你可云：『前途等款故已賣去了，如要買非二千二百元不可。』哪知吾次日即付款，小顧拿不出了，已被吾打了耳光，他始抬出為蔣所買。所以吾還不甚相信，拉小顧去蔣宅演了這一齣戲了。後向蔣祖詒出一觀之後，吾證明小顧之言不假了，所以吾一出蔣宅，即告小顧說：『吾對這劍，忍痛犧牲了，賣給吾一千也不要了。』此劍，任賣何人一千不值的，讓蔣蝕本生意做做罷。」至抗戰後，某日，余至合肥龔懷希太史家中，無意間懷老問余：「你湖帆家中曾否見過窓齋所藏古劍否？」余云：「不但未見，而且未聞。」龔云：「有『王武』二字款識的，你想想看，有否？」余詢之曰：「是否鳥篆嵌綠松石的，劍鋒中段有橡皮膏粘住的，鉛皮匣子的。」龔云：「正是正是。」余乃告以經過來歷。龔云：「上月湖帆託人求售，云『祖遺之物』，索價一千二百元，先還四百，後以五百收進者也。余索一觀，確此劍也。」余笑謂龔云：「湖帆說『祖詒之物』呀，你聽錯了。」一笑而已。此事穀孫上了張當，蝕了七百元。

又，在吳、蔣交歡時，二人時時相互作買賣，亦時借物賞鑒，在蔣臨去香港之前，曾向湖帆借明拓漢碑數冊校字，湖帆向蔣借倪雲林二尺立幅一張，上有長題也。後蔣還漢碑時，吳竟云：「說過對調倪畫的呀。」穀孫竟亦無可奈何矣。因勝利後，余見此畫懸於吳處，詢之曰：「這穀孫之物，你買了嗎？」吳云以漢碑易得的云云。幾冊明拓四五百而已，倪畫至少一千以上，蔣又蝕了本矣。越一歲丁丑夏日（九月十六日即抗戰了），上海程貽澤富翁，以住宅任人開了一個舞場，名「麗都花園」（即今泰興路文化俱樂部原址）。開幕之夕，海上富翁、名流、名女子，紛至沓來，座無虛席，楊虎五個夫人全到，部屬亦另據一桌，余亦廁身其間也。是夕，余入場較晚，至時已座無餘席矣，余立入門處，正詢侍應生，吾們定座在哪裏，忽覺右肩上微有人以指相觸，回首一看，又見她以極細之聲呼余曰：「某某你竟不來了嘛。」余睹其身穿純黑色紗旗袍，體態風致仍苗條如恆，但形銷骨立，憔悴幾無人形矣。余知其不久於人世矣，詢之穀孫來否？遙指云：「在前面與譚敬已進去了。」又默默待余回答，凝視呆立，余只能告以云：「蔣太太，你惓惓深情，吾豈不知，因吾與穀孫，誼屬朋友，實不敢與你更有進一步的安慰作伴也，一切只望你對吾原諒的，你好好保重身體罷。」說畢，即進場了。她是日始終端坐未下舞池，吾每近其桌時，輒俯首而過，不敢以四目相對而視矣。是夕也，乃余與之最後一面了，所謂「死生從此各西東」矣。

至戊寅陰曆八月，余已墮入梁眾異之幕中，正乘火車赴南京，同車許姬傳兄（後為梅蘭芳之祕書）忽告余曰：「轂孫如夫人紅蕚前天死了，今天在萬國殯儀館大殮，惜不能去一弔也。」余不動聲色，漫應之而已，當時只有惋惜，尚無哀痛之心也。直至解放後，五一年，余以戒除嗜好，日至成都路之滄洲書場，以聽評彈作消遣。是時徐君懋齋安亦無日不來。徐為藏古印精品著名，為轂孫老友，余亦曾與之相識，因其得一佳印，只肯以原作示人，不以鈐本贈人者，故余與之泛泛而已。在滄洲同出同進後，他竟肯借印傳拓了。故與之交至深了。一夕，徐無意間談轂孫，余云：「久不知其下落矣。紅蕚死後，他還取姬人否？」徐云：「你還提她嘛？你對她始愛之，終棄之，你真是一個負心郎也。」余云：「莫胡說，吾何嘗愛之，更談不到棄之，你何以見得邪？」徐云：「有事實的，告訴你罷。自你不去蔣家後，他們二人時時勃谿，轂孫經吾介紹，與譚敬、許姬傳相識後，轂孫做了不少好生意，生活甚好，對她日淡，轂孫云：『某某不來了，無人可以勸阻了。』囑吾三人時時去勸勸她。她對譚嫌其銅臭氣，對許說他賊忒嘻嘻，都不甚理之。時她已煙癮甚深了，轂孫每日只准吸二錢，她精神日衰，只吾常攜煙供之（徐亦吸煙者），故尚能與之談談。她知吾有印癖，時詢某某認識否。吾告以雖相識，不多見到者。她曾託吾見你時，務必仍常常去安慰安慰之。她時時流露說，你無端一別不來，情分太薄了云云。所以吾說你負心郎也。那時吾（一）實不知你住址，（二）亦不敢作『紅娘』寄簡也，後告之某某音訊全無也。她由怨而恨了。轂孫任之找沈成武，又遭婉拒了，遂日以白蘭地沉醉抵癮，作慢性自殺了。至戊寅八月，譚敬（廣東豪富，紈褲子）邀他們二人及吾，三四人同至虹口廣東大富翁甘翰臣花園中午餐，紅萼竟狂飲白蘭地至一瓶，片刻之間吐血不止，倒地人事不知了。轂孫尚漠然視之，由甘老急電醫院，擔架搶救之。不二日即逝世了，其狀慘甚矣。」徐又云：「某某，假使你當日仍肯常去，轂孫亦不致如此虐待之。就是你與她有關係，轂孫正欲卸任，對你亦無可無不可也，她亦可得此安慰永年，何致二十五六即夭折邪？」余聽了徐兄一夕話之後，夙昔情懷，又一一縈迴於腦際矣，大有既知今日，「悔不當年秉燭嬉」矣。時余無恥之際，手邊正有《文選》，偶讀古風有「山桃發紅萼」，又有「彷彿見斯人」等句，遂戲學集句，成五古一首，以示當時丹徒詩人許效庳（十大狂人之一）。承其許為可造之才，又屬一首分為五首。嗣又讀荊公詩，集七絕六首梅花詩，自蓓蕾、爛漫直至落花，許君持示集句專家陳病樹，病翁大為讚美云：乃首首寫梅花，首首指所眷念之人云。余又以告於湖帆，徐君之言種種。湖帆云：「徐君之言，吾果認為你與之一清二白，但你當時即使有甚麼，也情之所鍾，無足奇者。你後來格於舊俗，確有負心之處。」余云：「轂孫以正人君子待吾，吾如作此不端之事，將何以自恕邪。徐之說吾負心郎，移贈轂孫方正確也。吾平日最鄙視奪人之妻者，如江小鶼，奪至友陳曉江之婦為妻（後友人戲之云：陳早曉得有江也）；俞振飛一經教唱至友夫人崑曲，一奪陸氏，又奪陳某之婦王氏為妻（王死後，乃取言慧珠者）。而吾何能效之邪？」湖帆亦認為然也，乃為余畫枯梅一枝，上只一花，梗上滿點石綠之苔，復填詞一首，題曰「暗香感舊圖」云。惜乎於六六年亦已歸公矣。

初，湖帆於三九年葬其妻潘夫人於虹橋公墓時，歸謂余曰：「雋文亦葬於是，可一弔也。」余乃乘展先妣墓之時，憑弔之，竟未見到，遍覓之後，始獲睹「蔣阮雋文之墓」，碑後復有褚松窗丈百餘字短文一篇，始知即斯人埋骨之地矣。她明明汪姓，而穀孫有意易之為阮，聞不欲使沈成武知耳。可歎也。時余尚未聞徐兄之語，故亦一瞥而過，後對湖帆云：「其始也，君好事推薦之，其沒也，又促吾憑弔之，洵可謂始終由君一人所造成者。」相與一歎而已。先是，張修府曾以所藏莽量、大秦權二全形拓片贈蔣，裱後懸於床側，余每去必讚賞莽量文字，她徵得蔣同意後，親自摘下見貽（今尚保存未失也），後曾囑稚柳補梅一枝以作紀念。又，余聞徐君言後，深悔未得其一影為憾，後為沈侄維奕所知，云昔年其母曾與她相識，獲有一幀，但非雙腕支頤者，可私取相貽云。時沈君正有二印介紹命刻，潤三十六元，余知其方失業，至窮困，遂全數贈之，及攜來視之，乃十四歲時初入娼門後之影也，稚態猶存、肥胖之小姑娘也。亦聊勝於無矣。在勝利之後，又在途中遇穀孫，汽車已無，白髮滿頭，形殊頹唐，尚與余歡然道唸唸之情也，知其對余尚念舊情耳。後即全家赴港，其女嫁一大富之家，穀孫又作丈人老頭，汽車洋房了。六四年徐森玉之子伯郊自港來滬云，他已去台灣做反動派文化部之審定專家矣，但醜態如故，乃不時以贗鼎騙人錢財云云。

余寫此感舊往事，不禁有所謂「白頭自笑未忘情」者邪？穀孫、湖帆與余初均不屑為友者也，乃余以陳、汪（中又有一施氏）遂一再往來，湖帆亦不惜為作幫兇，均迷戀於女色，而余至今猶唸唸不忘，均可哂之事邪。

附記沈成武二三事

沈為清沈葆楨（兩江總督林則徐之婿）之孫，沈崑三（英美煙公司總理）之弟，行七，奧、德留學生，乃滬上X光巨頭，回國時以五萬美金購全套X光儀器自設門診於今南京西路之大華公寓。自婉拒雋文後，迄未取妻，得一場大病，人事不知者近一月，幸其胞妹之女郭氏（有夫之婦也）日夕衣不解帶侍奉之，尿屎親滌，甚至以口度藥。沈愈後，百計厚酬之，均不收，問有何希望？云：「請舅舅自猜。」堅詢之，乃云：「願為夫婦耳。」郭貌奇醜，沈感其恩，遂娶之矣。哪知一結婚之後，全部經濟悉操其手，沈成木偶矣。沈五兄名林策，留英學生，余老友也，以嫖傾家，遂死了，遺子即維奕，日本學生，母子均賴七叔為生，郭氏只給卅元一月，致維奕窮困無以度日者。沈住宅在富民路底之延慶路，故余得時時見其夫婦經過門口，一雋一丑，人以為異云。後以奉命至朝抗美以X光為軍醫，以急於完成任務，以致感染X光得疾而逝了。以上均維奕告余者。維奕又云，紅娘雙手支頤之小影，七叔始終懸於內室，無法竊之貽余也。又，維奕嘗告一笑話云：「某日，七叔處來一人求拍X光，詢以何症，云：『請自頭至足，一一檢查。』凡數十種之多，達一月後畢，告以一無尊恙。其人大喜，略視賬單後，即出付支票一紙，囑七叔自寫之。七叔云：『哪能如此？』其人云：『老實告你，阿拉不識字的。』七叔云：『共一千幾百元呀。』他云：『阿拉相信你，開好了。』一看都不看，打一印章，連連謝謝而去了。」此真舊社會時代市儈怕死之怪現狀也。記之，以供一笑云。

記楊雲史

楊圻，字雲史，齋名江山萬里樓，常熟人。父名崇伊，字莘伯，為清光緒初年三大名御史之一，以風厲稱。雲史少即有才子之名，中某歲北闈鄉試南元（當時舊例凡在進北闈者，解元例須北人，南方人第一名曰南元）。李經方（字伯行，為文忠長子，承繼者）時任某部侍郎，即以女妻之，不久悼亡。續絃徐霞客，乃徐積余之妹也，不數年又悼亡，時已民國初年矣。雲丈雖已年逾四十，猶不減少年風度，日以秦樓楚館，詩酒豪放為樂事。當吳佩孚戰勝皖派後，虎視鷹瞵於武漢之際，聞雲丈文名，遂聘之任祕書長（有人云，乃首席祕書也）。其時冠蓋滿武漢，名娼亦雲集於漢口，妓女陳美美為雲丈所特賞，於是暢宴無虛夕，日以詩歌張之。雲丈詩專學吳梅村，故仿《圓圓曲》而歌《美美曲》矣，律詩絕句，更無論矣。當時拍馬好事之徒，時時抄錄，投寄上海《申》《新》二報副刊上，於是楊陳艷史，又遍傳於申江矣。余久隨寒雲先生歷遍娼門，對楊氏之如此力捧美美，總以謂必美而艷者，不知不覺，一心一念，想一睹此美人而後快了。吳佩孚失敗後，楊陳雙雙來滬，楊欲納之為作正室禮待之，為美美所婉拒，告以云：「公子年都與奴相若，萬一失身被蒸，反誤公一世清名矣。」（此為美美嫁穀孫後，親口語余者）雲丈乃取泥金箋四幅繪紅色野梅花（雲丈善畫，專寫野梅，梗上多刺似玫瑰），並各題七律二首於上，末幅有最後二句曰：「好花堪折不須折，分付東風好護持。」上款仍書「美美校書留念」云。至此，余須插入一段笑話如下：美美嫁穀孫後，知余為雲丈姻親，故時時以雲丈軼事相告，至表感念，並嘗出此四畫見示。某夕，穀孫請褚松窗丈及余二人晚餐，求褚審定宋拓孤本薛少保《信行禪師碑》。

晚餐後，蔣囑美美出雲丈四畫示之。褚丈在書畫家中，以善謔刻薄出名者。其時美美展示，褚丈觀至末幅最後之「分付東風好護持」之際，適穀孫立其左側，余立其右，褚丈先對美美微笑，繼拍穀孫之肩而云：「東風東風。」余亦微笑謂褚曰：「老伯，這不是『東風』，是『白板』呀。」（妓院切口，二客爭一妓，名曰「白板對殺」）使蔣陳二人為之哭笑不得。

當雲丈初自漢口歸申後，余以一龍尊人之介，乃得識荊。雖五十餘人，猶風度翩翩，一望而知為一北方名士氣（以生長北京也）至重之雅士也，承一見如故，時時暢談，並以詩集見貽，艷詩濃詞幾佔十之三四，內有句云「家家紅粉說楊圻」，套放翁「團扇家家畫放翁」耳，可謂饜極矣。不久又為東北張學良聘去為高等參議，作冗員矣。歲庚午春節前夕，余上錢芥塵之當，謂可介入張幕作三級祕書（少校），蔣穀孫是時以在申無出路，忽動官興，以巨金購得清冷吉臣（枚）廿四幅巨冊頁《宴寢怡情圖》，囑余求芥塵為介投奔張氏，與余同車至瀋陽（詳情另敍）。余知雲丈亦在瀋陽，遂朝夕屢訪之。是時雲丈正新納一北方妓女，云是伊人不願嫁某傖，背鴇母而私奔投雲丈者。雲丈為之更名曰狄南美，又作長歌曰《燕歸來詞》云。鄭重出示，並囑狄姬出見，告之云：「陳少爺，至好親戚也，嗣後你可無慮避之，同桌吃飯可也。」余為穀孫所出賣後，只四十天即南歸了。至楊宅可廿次以上，始得對狄氏作劉楨之平視，乃一神似南方姑娘，尚楚楚，但滿臉脂粉，畫眉點口紅，滿身紅紅綠綠，尤其大紅鞋子，淡綠襪，宛似史太君身旁鴛鴦之裝束，如今日觀之，幾同妖怪矣，一笑。在此一個多月中，雲丈談掌故至多，尤其對於岳家文忠後人談至獨多，只其岳父伯行，雲丈謂乃一純雅之士（後先君曾至大連晉見，確乎如此云）；一龍之父未加一詞，殆為舍妹之翁耳；其對於偉侯（國傑，文忠長孫，襲一等侯者）尤肆意醜詆之……偉侯乃雲丈之胞妹夫，楊夫人與之如冰炭，故雲丈對之不懌，亦理所當然耳。又，雲丈對於文忠幼子經邁（字季高），平日見之，從不以叔岳視之，雲丈云：季高乃文忠私於婢所出，少狂嫖，得隱疾，形同閹人。妻卞寶第巡撫之女也，季高無力控之，任其所為了。季高本欲以一龍之父為嗣，為老夫人所拒，不得已，納一婢，表面為妾，其實因知她已與僕人高叔有了身孕矣，生一子乃名九齡者，其實「小高」云云（據舍妹云，九齡早去美國，死亦多年了）。又云：偉侯只二女，一子亦似「小高」身份云云。余回申後，無意告諸舍妹，為一龍父子所知，李姻丈一夕特召余至其煙榻旁，笑詢云：「雲史真如此相告耶？」余大窘，應之。一龍尊人云：「雲史所言，無一不確，你既知之矣，更可相告。當年我們二家會親時，不使四爺與你家見面，第一，因四爺比你老父年齡小幾歲，舊例須叩頭，不像樣；第二，我們李氏對之，亦不尊視之。」

庚午三四月間，陳美美離蔣下堂而去了。時余與轂孫尚嫌隙未消，故一無所知。而這消息竟不知何人傳至瀋陽而入雲丈之耳了，乃以快信致余，附致美美一函，囑必須設法面投，代致慰問之意。信未封口，余啟視之，乃一純粹之情書也，長篇累牘，余僅能憶及二句云：「卿本佳人，奈何從賊。」所謂似有微辭。後云惟願今後擇良而作正室，以慰吾之期望，最後更云託陳某某姻兄面加致意云云。余為之大窘，此函她必珍而藏之，雲丈筆跡又為她所熟識者，余名廁入，似太不雅，乃選薄箋，雙勾填墨，將最後幾字抹去。又不知她在何處存身，不得已，單身至三馬路妓院探春家詢其下落，因她二人至好也。承探春允代問接見時刻。至次日又去，告余云在一品香旅社某號即可去談談。及見她後，即涕泣而談，穀孫如何如何虐待，半年不付家用，私蓄用光了，不得不下堂云云。及讀楊信後，囑轉言感激而已。又云即將仍去北方為妓了。又三年，吳門名畫家吳子深至天津，知她又積多金，願取之為正室，遂正式結婚歸滬，住威海衛路之祥麟里為吳太太矣。余與子深亦老友也，又時時見之矣。但其時她自知不便露本來面目，處處婢學夫人，吾與她二人不再親熱如蔣氏時矣。其時她螟蛉一女名佩佩，初意殆不得意時恃之作搖錢樹者，未解放，四八年即全家去香港了。七年前即聞子深之第六弟婦（小）云，佩佩嫁一外僑，富人也，子深美美雙雙安度晚年矣。去歲十月得港友沈葦窗來書云，子深死已多年，美美尚在港作寓婆，年近八十矣。她初嫁穀孫時，云比他小三歲，甲辰生，雲丈云，其實己亥生也。她歸子深後，先君亦時去訪吳，故至熟。一日她笑而詢余曰：「陳先生，你究竟是否為老太爺所生？」余笑答云：「看看面孔像否？」她云：「因太像了，故與你當笑話談談。你為何賺的錢，全部被老父拿光，身邊一元也沒有呀？」余云：「七十五六老人了，只能如此順順了。」她云：「吾不是觸你霉頭，你簡直是『生意浪』（妓女最忌『堂子』兩字，總言『生意浪』也）的一個『討人』哉（『討人』，指賣斷母家的稚妓，一任鴇母操持者）。」她對余確甚表同情，故只有一笑而不以為辱吾矣。她在蔣氏時，對余多所規勸，勿涉妓院荒唐，言多切實，下當再記。

雲丈生平有一隱痛之事，厥為其長女墮落事。其長女乃李氏所出，嫁於儀徵名小說家畢振達，字倚虹，號幾庵，父畢奎號畏三，作民初杭州印花處長，死於任上，虧空纍纍，倚虹被送看守所，逼代償父債。數月之間，楊氏為當時杭州某飯館小開李風來所引誘成奸，堅與倚虹離婚。倚虹來申懸律師牌，第一件即辦理自己案件。余那時在寒雲家親見倚虹述當時情況云，子女五人，長女已十七齡矣。在判決准離時，其長女持一結就之絨線衣，趨前謂母曰：「媽媽，衣服結好了，可帶去。」其母理都不理，隨手丟在旁聽席椅子上，云：「啥人要。」竟歡然跟李風來揚長而去了。倚虹言時，聲淚慘然。繼娶汪，又死了；似又娶一繆氏，倚虹竟以癆病死矣。所貽三子，由包天笑、錢芥塵等分別扶養，直至三子各各成立。楊氏又嫌李風來不合意了，竟棄之而至北京，重為畢太夫人了。長子亦至孝順，至此，一龍全家又與她認表親了。直至去年舍妹來申，聞之雲丈第四子名瑞年者告之云：楊氏後又與大流氓黃金榮同居過，李風來自知勢不敵黃，故不得不讓擋了。現楊氏尚在，年八十矣，舍妹云：望之猶似五十餘人也。雲丈死而有知，更當痛惜矣。雲丈於抗戰時去港，解放初期始故世者。聞其後人早已扶柩回常熟安葬，狄南美乃遣之歸北方者。

附記畢倚虹事

倚虹文才至佳，但好作冶遊，更喜作小品文專記黃色新聞。當時三日刊《晶報》亦最歡迎此等作品，以求銷路。壬戌前後，倚虹尚居杭州，其比鄰為王克貞女士家，王為北京財長王克敏之胞妹，行七，嫁鎮海李某某（亦行七）為妻，生二子，一李祖某（已忘，似「永」字，即香港拍攝《清宮祕史》之老闆也）；二祖洵，上海第一號大胖子也。世稱王七小姐，李七太太，即此人也。當時江西省長汪瑞第三子名龍孫，小白臉也，為七小姐所俘，禁閉而作情人。於是倚虹作長篇小品文曰《湖上情俘記》，情文並茂，奇在王、汪二人在房中情話綿綿，甚至床笫之間竊竊私語，不三日，即詳實刊於《晶報》矣。倚虹稿費大增，《晶報》銷路日盛，王、汪二人大驚，不知如何，疑倚虹擅隔牆而聽者。如是近一年之久，始恍然，乃一家中老親信之女僕，每日在房門外竊聽後，鉅細不遺每晨至倚虹處作詳報者，倚虹月付十元作酬勞。當時作一女僕，哪有一月十元者，故對倚虹若是忠心服務，有巨資可得耳。事為王、汪所拆穿，女僕去了。《情俘記》亦告終了。六二年後，汪龍孫親告余者也。未知倚虹身受李風來之報，對此亦有所悔多此一舉否。

記彈詞藝人黃異庵

黃異庵，蘇州人，原名已忘。少即聰穎，當大世界初開門時，他即以十齡童之名，當眾揮毫作書，賣數角一件，頗負盛名。長大後娶名畫家江寒汀之妹為妻，（江妹）以黃貧困，即另嫁人了。抗戰第一年，黃因居於近上海之某縣小客棧中，積欠房金無所出，乃告房主人曰：「本人尚有小技，能唱蘇州灘簧及彈詞，請設法借一樂器，如二胡即唱蘇灘，如弦子則唱彈詞。」黃告余云：「殆命中應作彈詞藝人，所借得者乃一弦子也。」遂沿街賣唱，自編《三笑》，以噱頭多，竟顧客日眾，或幾分或一角，付房金綽綽有餘了。遂積五十元，拜一默默無名之藝人為師，買得正式說書人之資格，乃得在各地小碼頭為藝人了。他為藝人中唯一通文墨者，因知大名家朱蘭庵（寫小說，即名姚民哀之人也）以說《西廂記》馳名，死了，乃自編《西廂記》，絕不抄襲朱本，故名曰「異庵」，示異於朱蘭庵耳。

他初來申時，在城隍廟說《西廂》，張生游殿，與小和尚法聰瞎三話四，把明人所著滑稽之詩文等一一改頭換面，作為插科，聽者大悅。其時鬧一笑話，有某某一向規矩之人，忽常至夜十時後始歸家，其妻訊以作何事？云：「聽書。」問：「聽甚麼書？」云：「黃異庵之張生游殿也。」隔廿天，其妻又問：「聽甚麼？」仍云：「游殿也。」二人勃谿不已，其妻云：「游甚麼殿，分明胡說了。」某某次日偕其妻同往聽之，把這女人也絆住成為書迷了。由此異庵名大著，租界各大書場爭聘之為台柱了。

他性喜篆刻，曾託人擬執贄余門。（余）因見其屬於野放一路，乃轉介拜鄧糞翁為師了。後他紅得發紫，所到之處，照例客滿，昂首天外，不可一世了，但見余仍至親密，彼此嬉謔

黃異庵篆刻

不已。一日，他在滄洲後台（與前台只隔一層板）與余二人相互嬉謔，余云：「我如女性決不嫁許仙、梁山伯一類呆子，做男人只願娶《西廂》中紅娘。」他云：「對對，對對，如本人做女人，只願嫁法聰小和尚也。」時在後台之許多男女藝人哄然大笑，把前台正說書之藝人，以後台一片笑聲，聽眾吸引力注聽後台，竟呆在台上了。那時余為滄洲一霸，介紹名女人如呂美玉等特多，由九十幾聽客，造成滿座。異庵又大響檔，於是主人茶房頭頭等等，向余及黃要求少放噱頭，「幫幫忙、幫幫忙」不已而已。

黃以名太盛，為同行許多人所嫉妒，「文革」起後，遂被蘇州、上海二個評彈團合力陷之，先戴右帽，繼送青海勞改十年。釋放後准歸蘇州，但不准再作藝人了。此人既能自編自唱，當然亦勉強能做詩者。他與大可至熟（余所介者），曾以歸蘇後數詩求大可改削。大可獨賞識其七律，中二句云：「□□十年成小別，豈知萬里有歸人。」二句特佳，頗有含蓄之意云云。後又以借疏散人口為名把他遣送蘇北極北之一鄉中了。該地粒米無有，乃寫證書予之准仍回蘇居住，但戶口仍在蘇北也。幸寒汀妹所生女，四歲隨母嫁了一揚州人，僅自知原姓黃，在上海四十八路公共汽車做賣票員。卒由公安局之力，訪得異庵，父女重見，時時以款接濟異庵，苦度光陰，其晚景淒涼之極矣。去年來申探視女兒，猶來舍下閒談。近囑許蘭台向蘇友探其生活如何？竟無消息，殆窮困已逝世了邪？

此人為一絕頂聰明之人，憶去年（一九七六）天安門事件發生之時，他適來申閒談。某對之云：「大約可以定局矣。」他云：「先生，未也、未也。可以把五十年前舊戲館之比方言之，現在台上正在敲鑼打鼓開始鬧場也，跳加官口含假面具，即要出場了，甚麼『年年平安』『歲歲大慶』『加官進爵』『指日高昇』的牌子一張一張地先給觀客看看。後台正在扮戲呢，一出一出，尚待演出，最後大軸究是全武行，大開打呢，或花旦唱工戲，尚在不知之數也。反正『六國封相』『老旦做親』（舊時每演戲完畢後，例有一飾老旦者出場向觀客襝衽為禮，以示戲已告終了），終要有的，吾們是看不到了呀。」今日不幸已被他猜著一半了。某自認笨人而已。

附記蓋叫天笑話一則

北洋反動政府時內閣總理孫寶琦字慕韓，杭州人，死後葬於杭州，當時墓道、石碑、石牌樓等等，耗資數萬元之巨。解放後，後嗣式微，乃以墓石等悉數出售，受主為名武生蓋叫天，名張英傑，只以三四千買進。張伶乃悉照原樣營壽壙，石牌樓兩側，特請吳湖帆書七字聯句，每字大可二尺，以張最擅演《三岔口》《十字坡》二劇，故句曰：「蓋世英雄三岔口，豪傑某某十字坡。」將「蓋」「英傑」三字嵌入也。上橫額求梅蘭芳乞名家李釋堪宣倜法揮。李氏為書「武行者流」四大字。張伶意為李譽之似行者武松一流英雄，大喜之下，亟刊了安上，並攝全幕景小照，遍貽友好。一日，余至李氏處閒談，李笑謂余曰：「你試將『行』字圈聲讀之，乃銀行之『行』字了。」於是，武行者變作「武行」者流了。京劇跳老蟲、打斤斗者名「武行」也。李云：「他只配做一個武行角色而已。」後為張所知，大窘不已，亟毀之。洵可一笑之事也。

冒孝魯

冒孝魯（景璠），如皋老狂人鶴亭詩人之子也，為北京某大學專攻俄文之高材生，任顏惠慶駐蘇大使館一等祕書有年。解放後，任復旦大學外文教授時，余以鶴丈之介始與相識，覺其人之狂傲，有逾於老父。渠每讀鶴丈詩文後，必指摘之，連呼「不通不通」，老人亦只能默認而已。蓋其邃於國學，故敢如此也。凡有自命文人雅士者，以詩文就正者，至多讀三行，即云「好好」，擲還了（憶先外舅況公，昔年黃公渚孝紓、龍榆生沐勳嘗以詞求正，原封未動，外批「至佳」二字還之。故黃、龍二人提及況公時，必大詈不已。孝魯還讀三行，似比況公略謙邪）。湖帆平日以詞自炫，嘗親書小楷，付珂羅版影印（後附《和晏詞小令》一卷，乃倩女詞人周鍊霞代書而捉刀者），名曰《佞宋詞》，求孝魯為作序。孝魯以其老父至好也，故囑湖帆求鶴老撰之。鶴老大窘，事後謂余曰：「這詞，做周女徒孫都不夠格，真無從恭維之也。」湖帆又堅囑孝魯作跋，跋成，竟莫名其妙。余後問之，孝魯笑云：「他詞更莫名其妙呀。」

但在丙申、丁酉間，渠以許效庳之介求太極名家樂幻智奐之醫病，樂公以氣功治癒之。他們暢談虛字語助詞，樂云：「讀通《論語》，虛字也通了。」孝魯自此遂「樂老師樂老師」不已矣。後告余云：「斯人非徒以拳術鳴也。」觀此，則非對任何人都狂了。

孝魯好色之登徒子，亦懼內之大王，但只要避了河東獅，艷聞逸史，層出不窮。知余解人也，故一暇休息之日，必光降

陳巨來與友人合影（左一為冒孝魯）

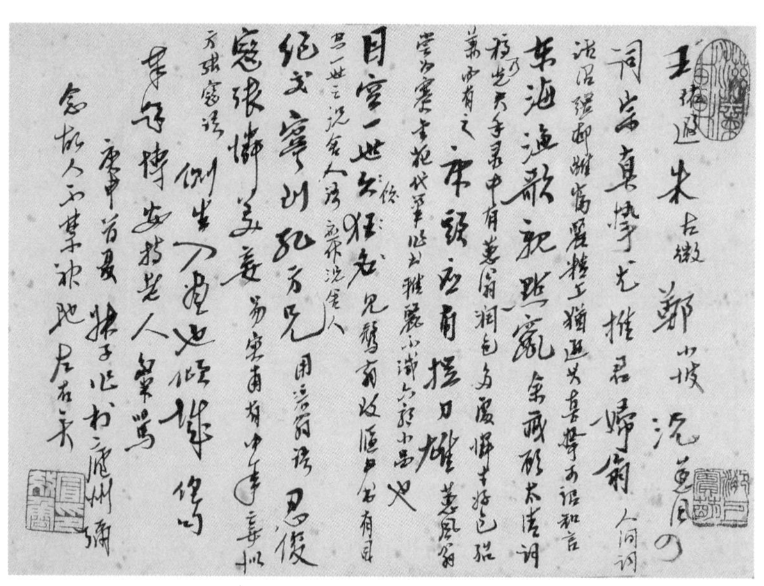

冒孝魯書法

寒齋，暢談過去為樂。渠與余有同一心得，非可以言語形容者，即不問初覯面之異性，如何嚴肅端莊，如「心有靈犀一點通」者，一握手即可明白了，如對方不屬意，則以嚴肅對之，庶免白眼相向了。他自俄回國時，嘗暢遊歐洲各國，以夫人不在，故艷事特多。不遑多贅，只述渠在法國時之一為例，即可概其餘了。孝魯云：初抵巴黎之日，在同一列車中邂逅一法國少婦，至娟媚，未交一語者。下車後，伊人手提一旅行包，在他或前或後，微露嬌不勝力之態。他按照外國規矩，趨前願為代拿，伊人表示感謝付之。乃一經手提之，立即發覺內只襯衫絲襪而已，輕極了。明白了，即向她詢問要否送至寓中？伊人遂即以寓所告之，並云：夫為某處某職，午飯不歸家的，明午如蒙光降，當備午餐恭候如何。孝魯允之，並送至門口，即彬彬有禮告退了。次日修飾整潔後赴會了，飯後遂成膩友那個那個了。

其時，余有某劇人（名聞南北大藝人也）委刻印章，以汽車迎余至其公寓中。時正七月，其禁臠亦大名坤角也，年可二十餘，窈窕多姿，與余詢問篆字不已。余迷之，次日特以許多作品示之。她僅著汗背心、短褲，竟半跪半側身，傍余沙發而詢一一，達半小時以上。余凝視其白皙皮膚，大約有癡狀，為此大名角所見了，竟當時把她隔開，操其鄉土語，喝進去了，並對余白眼相向。此伶，著名色中魔鬼，凡其班中坤角，無一倖免，聞後房達六人之多云。余以此事告之孝魯，孝魯云：「白眼相向，正魔鬼自知不敵於汝也，即使以耳光相向，你亦應有『皮膚雖痛也風流』呀。」說畢，吾二人大噱不已也。孝魯雖好色，但於朋友之妻以及女學生從不作一非禮之事，此殆釋家所謂上乘功夫邪？自其去皖後，即無音訊相通矣。其夫人余亦見及，固一大家閨秀也，殊和善，孝魯畏之如獅，乃自作孽耳。

沈劍知

沈劍知（覲安），八閩世家子，曾祖沈葆楨，祖及父不詳。他為福建馬尾海軍學校畢業生，抗戰前任江南造船所上校官，抗戰後退隱了，居富民路富民新村多年。妻故世後，他遂與其長嫂劉氏同居了，房中只一榻也。嫂為故北洋派偽海軍總長劉冠雄之女。劉胞侄亞文（南京戒煙局長）所親告余者，云：劉氏中人都不齒此人者也。他擅山水，自云學董香光有獨得之祕；又擅做詩，專學陳後山，為梁眾異、李拔可、釋堪昆仲所賞識，故狂到了目中無人矣。嘗有一詩，為某詩人所推崇，面譽之謂，神似放翁之作。他竟拍桌大罵，謂放翁哪裏及自己，詆此人為不懂詩云云。

汪偽時，上海中央儲備銀行副總裁錢大櫆之妻黃慕蘭（原大連妓，名黑牡丹，後當記之）正戒除嗜好，附庸風雅，聘陳師曾、陳半丁之得意女弟子江采南蘋授花卉，沈劍知授山水，入晚即以汽車迎江、沈二人至愚園路錢宅，供豐盛夜餐揮灑為樂了。向例，以生理上之關係，戒煙之後，性慾特旺，黃慕蘭未能免之。沈遂與之大肆非禮了，後黃又為一為之戒煙之醫曰蘇記之者所佔有，沈遂轉移方向追求江了。江與沈對門馬路之比鄰也，竟日夕不離左右。江丈夫死後，沈益肆無忌憚了，竟不准江接見任何一個親戚朋友了，使江大怒，竟與之絕。解放後，江考入博物館複製品工場工作，沈借謝稚柳大力亦進了博物館為幹部，二人偶爾在電梯中相遇時，都別轉了頭各不理睬了。江與余至熟之友也，偶談及沈時，輒嗤之以鼻也。然江至今所畫山水，幾與沈無差別，足見當時二人之密切也。

在「三反」「五反」時，謝稚柳犯了錯誤，成「十大老虎」之一（見報者），竟致五花大綁，綁上大舞台，宣判緩刑三年時，沈前據第二排座，頻頻起立拍手大呼以恥之（聞當時檢舉最力者，亦沈也）。此均尹石公當時在大舞台參加時所目睹之事，後以告余者，當不誣也。故尹老對沈為人，殊鄙視之。稚柳談及此人時，總大詈不已，應當也。沈對余治印，認為最佳，故為之所作不少，他貽畫亦多，惜均隨收隨棄矣。聞近來他告徐生云，抄家發還東西，陳印尚存一二，為幸事云云。此亦余之知己邪？

有一次，似在抗戰前，沈以所藏江西新城陳侍郎某某所書楹聯二事，出示於梁眾異，擬求售。陳某某（名偶忘，乃嘉道時著名寫董字之名家）為陳病翁之曾祖父也，梁因之請吳湖帆、吳用威董卿（與冒鶴亭郎舅至親，亦以摹董書得名）、陳病翁及沈等至家午飯，懸此二聯，求陳等審定真偽。陳云贋鼎，沈云真跡，爭之不已。沈忘卻了陳乃罵座專家，竟對陳云：「吾學董書畫多年，寧有看錯之理。」病翁拍桌詈之云：「這是吾曾祖書法，笈中尚藏多件嗣守，可以取來一比，寧有錯邪。你不認識吾上代之字真偽，猶吾不能辨尊曾祖沈文肅公之字也。」大狂人被老狂人所壓倒了。故沈每談及陳時，總有恨恨之意。但余曾以黃公渚、沈劍知之文字如何以叩病翁，病翁云：「均不壞，但以二人均自滿太甚，未肯更上一層樓了。」陳作一比喻曰：他二人都已在國際飯店十四樓吃了精美之食矣，亦已據高可望見人民公園全景矣。如能更上至廿四層，則黃浦江與全上海可以一一盡入胸中了云云。此言雖謔，似有真理也。

陳蒙庵

陳蒙庵，此人與前二公迥然不同矣。他殆一世中從無二色之正人君子也。其狂放自傲之態與二人略有不同，蓋狂而有癲狀，又口沒遮攔，說後尚不知已闖了禍。他在況大先生處信口幾句，害內子大病三四年之久，余與況大至今尚未釋嫌，均其一句胡言，而有此後果者也。前已記之，茲不贅。

茲憶在丙寅、丁卯間，余為之介紹與湖帆為友，湖帆以其況氏及門，頗善之。他一再囑書，無不允者。後又屢代商人求書，湖帆云：「富商之件，需叨光付潤。」他竟打了京片子說：「這，瞧您得起，給您寫的呀。」使吳大怒，乃與之絕交了。他除況公幾個知交如朱彊邨、馮君木、程子大寥寥數老外，其他至友易大庵、呂貞白為好友，袁伯夔、周梅泉、陳病翁等等，均不肯與蒙庵往來，都云：土膏店小主人，一身土頭土腦云（視為鄉曲之意也）。與趙叔雍二人，時時彼此奚落，余時時見之。但平心論之，文字似不在叔雍之下也，否則聖約翰亦不致聘之為文學教師也。而他能挈況大作助教，且為之每日準備課文，每與函及文，總曰某某教授兄，此則不負師門，余至今認為可嘉之事。第生平未至北方，與真正名士如溥氏諸昆仲，以及羅癭公、楊雲史、李釋堪等接觸，而一口北京話，即為甚是，以致於對袁伯夔、周梅泉、沈劍知等巨宦後裔談吐進退之間，大有票友登台演劇，不甚自然，反不如若龍榆生、盧冀野前之一口的江西、南京土音為落落大方。惜蒙庵見不及此，為可惜耳。

呂貞白

呂傳元（貞白，丁未生），江西九江人，父名鹿笙，以鹽起家，任過一度小官僚，與夏劍丞為親戚。少聰穎，讀書甚多，故由夏公為之譽揚。又以十發老人之介，與蒙庵為至親密之友好了，二人幾無日不以作文填詞為常課。當時（抗戰前一年）南京路新雅酒樓下午二時至五時有點心座，冒鶴亭、陳病樹、周梅泉、梁眾異及其他詩人必每日去小敘暢談，呂亦時時敬陪末座，他們亦頗青睞有加，以致效學了冒、陳、周三老狂人之形態，變本加厲，竟任何人不堪一顧了。呂因蒙庵關係，故與余亦至善。某日，余與楊虎之主任祕書江西南豐人趙某某亦一同至新雅小吃，為呂所見，過來招呼。余好意為二江西老表作介紹，趙君至客氣招待，時趙正手持一書翻以解悶，呂據奪而觀之，乃一清人普通筆記之類，呂以鄙視之目光謂之曰：「啊，你讀這種的書，也可以做司令部的祕書嗎？」趙大怒答之曰：「咄，你是哪裏鑽出來的小流氓，吾南豐趙氏，從來不知九江有姓呂的有讀書人的。」言畢拍桌大罵小流氓不已。呂知難以鬥楊氏部下，只能鼠竄而逃了，使余兩面做人難。呂走後，趙猶向余嘰咕不已也。自此以後，呂即不去新雅，蒙庵處亦總在白天去了，以余只夜訪耳。從此竟無會面之機會矣。後聞況大云，呂、陳也交惡絕交了。

初，湖帆每填詞，必請冒老改正，冒故後，又請中央偽大學教授汪旭初東潤色之，汪死後，乃與呂為友，成至好，亦為改詞也。歲甲午，湖帆始告余者，云：貞白每星期日上午必來。余以為老友也，某日上午特至吳宅，進房時猶見呂旁若無人，眉飛色舞而談，乃一見余到了，立即云：「吾頭暈，吾頭暈。要回家了，要回家了。」匆匆而去，湖帆認為此奇事，余已知他猶未忘新雅受辱之恥耳，亦未與湖帆言之。及六七年，始知他亦隔離中作牛鬼，乃汪偽時期某部大祕書也。呂寓延安路明德里，無子女，以懼內出名，始終不敢與任何女性為友云。但聞蒙庵昔年所告者，未知確否？

潘伯鷹

潘伯鷹，別號鳧公，皖之潛山縣人。抗戰前無人知之者，勝利後始來滬，任偽中央銀行祕書。始知渠在重慶時以鳧公筆名寫小說而成名者也，能詩，能仿《文選》作賦，嘗為稚柳作《寫竹賦》一篇，余曾見之，但未遑終篇，以用典過多也。又喜仿褚遂良之《伊闕佛龕碑》字體作書，因此得章行嚴與沈尹默之青睞，遂自命為第一流人物，狂放不羈矣。渠在重慶時所用印章僉為喬大壯所刻，來上海後，居然囑余連襟馮賓符（君木之次子）為介，光降寒舍，一見如故，暢談至久乃去。他與稚柳二人最為莫逆。名票張伯駒，收羅溥儀自長春出走後所遺失之古畫特多，如陸機墨跡《平復帖》、徽宗《寒鵲圖》等等。每得一件，必至申倩稚柳、伯鷹賞鑒，同時有吳某某、劉丕基（靖基之弟）亦廁其間，於是他們五人互相宴會，余無一次不作配饗者也。伯鷹最豪於談，而體力雄健，僅次於大千。他除卻章、沈、張大千、謝（書畫也）、張伯駒（收藏大家也）及余（刻印也）之外，以陳蒙庵為況門弟子，又與其夫人為同鄉，故亦甚知己，但從不請陳同席者。後余始知伯鷹嘗介蒙兄與稚柳為友，稚柳與談二次即惡其人，謂太萎而小派，聲明不欲再見之故也（大約又是一口京片子，稚柳吃勿消了）。除此之外，竟目中無人矣。故遂公認可列入「十大狂人」之中了。余認為他雖狂，豪爽為其優點也。他為人作書寫扇，總是作伯鷹為某某書，己名高高在前者，亦狂態耳。

他夫人亡後，一度追求一女畫家（悟空同宗妹子，亦名媛也），不遺餘力，在五六、五七年之間，不知鬧多少笑話，幾乎傳遍了書畫界，以致好事不成。後此女嫁與富人吳某某，伯鷹徒歎奈何而已（因此女有三個油瓶女兒，日需五六元營養品，開價每月須三百元家用不可，以致中斷者云云）。後又娶一位全家老小有五六口之多的年約四十之徐娘為妻了。時為五九年後之事，余已去淮南了，故未詳何以結合者。及六二秋，余回申後，乃稚柳告余者，並知他已任上海市府參事，兼上海中國書法篆刻研究會副主任（沈正主任），並已自北四川路遷居膠州路（萬國殯儀館正對門）。時沈玉還與潘已至熟，且為會員矣，余乃隨她同訪潘氏，直趨臥室，見他已橫臥床頭，云正從華東醫院回家未久也，仍豪談為樂。並介見其妻張夫人，貌亦楚楚，而風騷特甚。余領會潘得病所在矣，以一年老之翁，而當如虎之年之嬌妻，安得不病乎。時余詢以何時喬遷至此，他大笑云：「這是岳家呀，吾現在是做了豬八戒，入贅在高老莊呀。」時余正患腹水肝硬化，腹大如瓢，知他亦以肝炎轉腹水矣，故笑答之云：「吾與你都大腹如鼓，是吃了女兒國的水了嗎。」互相戲談為樂，後忽嚴肅地勸余云：「某某，吾們都患了這不治之症了，今日是高興，將來臨終時是痛苦萬狀的呀，望你學學吾，多臥少動，希苟延殘軀吧。」余笑謝謝而已。其後在稚柳處迭聞其屢進華東醫院不已。在六四年余又去華東視之，已神志頹然，告余曰：在此，雖號稱最高級醫院，但區區小官耳，不過初出道少年診病而已，而且清規戒律太多，急欲歸家了。自此以後，不能見客矣。至六五年，聞彌留達二個多月之久，死時全身漏黃水滿床笫，亦慘矣哉。後聞他與蒙庵也偶因談文不合，而絕交者。在余謫居淮南時，他出全力以捧高式熊達三年之久，所有篆刻會委件及友朋所囑，均一一介於高君者云云（他甲辰生者）。

許效庳

許效庳（德高），丙午年生。鎮江世家子也。祖汝棻，清進士，官福建官鐵局總辦，與鄭蘇戡為至交，嘗以蘇戡之介，至天津張園授溥儀書。後溥為滿洲國偽帝時，鄭為總理大臣兼教育大臣，許任副大臣代部了。父經農，清癸卯舉人，解放後任上海文史館館員，月六十五元者。效庳自幼至長，全為其祖父所親授文學者，性聰穎，最擅做詩，又為蘇戡所賞識，時予指正，許為佳子弟，故養成了他狂傲不羈之惡習了。

許在十餘歲時即入上海交通銀行為小行員，以詩文關係，為行中發行處長吳眉生庠（亦鎮江人，擅詩、詞、曲馳名者）所賞識，妻以侄女（江采女士乃眉翁之弟婦，效庳叔岳母也）。及抗戰後，其祖雖已故世，但日人竟以中日合辦「華興銀行」之經理一職任之了。所以淪陷八年中，他為最趾高氣揚之時也，汽車階級了。勝利之後乃一蹶不振矣，解放後，益窮困。子女四人，相繼入黨，一見面即以正義勸導重新學習做人，他竟置若罔聞，日至江采家閒談而已。余於其時始與相識者。及其父進文史館後，月給十元作零用，遂日至書場以聽書作消遣矣。是時余以戒除嗜好，亦無日不以書場為消遣，遂與他更知己了。余學集句，蓋得其指導為多也。是時據其自言，只陳病樹、汪旭初二老為其所崇拜之人，陳亦最與之知己者，若吳眉生、陳蒙庵，尚認為可取，沈劍知、潘伯鷹、呂貞白，則無一入其目中矣。他云：女子中二人為佳，一為陳小翠，評之曰惜詩中用成語過多一些；二為周鍊霞之小令、絕、律詩，有佳句可稱「女才子」云。故與周二人至親近，周亦徑呼效庳效庳不已（余所介紹二人為友者）。周語，略有江西腔，讀「效」作「小」，「庳」作「鄙」，故繆子彬一見他，即謔之云「小鄙」來了，他亦怡怡自得。余聽書只盯住滄洲書場一家，他聽書，專盯住一個女藝人名侯莉君者，侯至哪裏，他即在那裏，侯去外碼頭，他即休息了。他為侯一而再、再而三四贈詩不已，以為可得美人青睞了，可憐侯乃一目不識丁之人，常對之瞠目不知所謝了。此誠所謂單相思，發魘耳。故余嘗告病翁云：「效兄，狂之迂者也。」子彬云，他真是窮星未退，色星高照者矣。後其父逝世，生活益困，賴子彬十元五元接濟。余為介紹作一小序，潤五十元，他仍樂於此不疲也。一次，竟與余鬧翻了，事實可笑已極，他曾告蒙庵云：黃靜芬女藝人彈琵琶最佳，可屬其演奏一曲以供賞娛。蒙庵允之。事為余所知，正恨內子大病臥床均陳所闖之禍，故即告之黃女曰：「你不要彈，陳某不是老聽客也。」黃女亦平湖人也，當然不彈了。是日上台，即推手痛婉拒了。他至後台責黃失信，黃云：「某某說不要彈呀。」他大怒，竟屬不知何人畫了一手卷，曰某某某某圖，醜詆余霸佔黃女，蒙庵首為題詞，汪旭初、吳眉生、陳病翁均亦題了。他以示江采，求書引首，江力勸並為吾二人解勸，余云：「與蒙庵作戲耳。」許乃立即撕去其圖，言歸於好了。後子彬笑謂余云：陳病翁詩中譏諷其吃醋失敗，故不得不撕去了。

至五七年秋，他以鬱鬱患喉癌逝世了。在五月初，他生日，已自知不起矣，病翁特設宴寬慰之，次日作七律一首以謝，前六句已忘卻，後二句云：「赤腳層眾吾自願，眼前泥潦況縱橫。」絕筆也，衰退至不忍言矣。後其友陳文無名珂收其遺詩油印一冊貽人，病翁為作序，傷痛不已云。他嘗告余曰：「人都說吾狂，吾對散原、蘇戡、眾異、病樹諸公之詩，即自覺珠玉在前，低首甘拜下風者，其他名人都不是高手，故不敢贊同，吾何嘗狂邪。」此言或亦有理。

白蕉

白蕉，丁未生，字復翁，本姓何，松江人，聞其父為名醫，故蕉兄亦能知醫云。余與之相交最晚，解放後在平襟亞衡先生座中始相識，時平君以《書法大成》稿本求白為審定者。先是，余久知其為一狂而懶之名士，報刊上亦時見其文字，小品文似專學袁中郎一路者，及見之後，覺和藹可親，略無狂態也。

至五六年八月，中國畫院籌委會成立，他為十委員之一，兼祕書長，聞為文化局科室調充者云云。時二個委員，一劉海粟、二賀天健，均旁若無人，白反覺更和氣了，但余從不與之多談多話。及大鳴大放開始，白寫了一篇洋洋文章，論書法，竟認為中國無一人懂書法、擅寫字（隱隱以他自居為第一），最後一段云，反不如日本人有所得，「吾道其東乎」。遂被揪了出來，問以何故唸唸不忘日寇之用意所在？先已有劉海粟、張守成等，戴上右派帽子，最後召內兄、錢瘦鐵、陸儼少及余四人，勸自戴帽子，可以早脫云云。故吾四人同具名請自戴者也。初白與余二人同管資料室，後余至淮南，遂無消息了。及六二年余回院後，白已調去美校為教員或祕書矣，從此不相處一起了。至六六年後，又聞其與余等一樣作了「牛鬼」了。及去歲余回家後，始知白已逝世了。據徐生告余，當其鬥爭最烈時，白所持手杖上貼了大字報，不准取下，走路以示眾，白不堪日被批鬥，病亟之時猶如此，至某日回愚園路家中時，爬上樓頭，即倒地而死了。

白狂名至大，但余覺得，並不如外面所傳為甚也。只他對沈尹默云云，似太對沈老過分一些，使沈大大不懌。或者即據此一例可概其餘邪？白書學右軍固佳，晚年作隸書，尤非馬公愚、來楚生可及者也。

鄧糞翁

鄧糞翁（鈍鐵），上海人，以刻印著名，能小楷，亦作詩。陳蒙庵與之少同一業師，最不齒其人，云：先登報報喪，隔三天，又登報糞翁復活了。更名糞翁，即意欲使人引起注意也。

鄧生平只拜服一常熟趙古泥石，刻印一以為法，自刻一印曰「趙門走狗」。印譜曰《三長兩短齋印存》，自云：三長，詩、書、刻；兩短，不能琴、棋耳。在戊辰、庚午幾年，余以吳仲坰兄之介與之相識，登樓歡談，見臥室一額，曰「廁簡樓」。余問何典，曰：「馬桶豁帚也。」及叔師故世後，余治印生涯日盛，曾訂潤例，速件加十倍。他亦訂潤，速件草草者，減九倍。見余即若不相識矣。蓋同行嫉妒，每每如此也。惟有一事應記之如下：他嘗為某寺院寫「大雄寶殿」額，寺僧求署「鈍鐵」名，不允，仍以「糞翁」二字署之。勝利後，上海四明公所求畫家孔小瑜繪蔣光頭長衫坐石上小像一幅，上求糞翁題字，他題了仿伊墨卿體隸書四字曰「後來其蘇」，款署「散木敬題」。嗣後遂以散木為名了。聞其門人單孝天云，已患肝、胃、腸三癌並發而死於北京矣。他生平最知己友人，厥為白蕉與沈禹鍾二人而已，餘者都怕其狂而怪，不敢與之親近了。來楚生治印，似學鄧者，但比鄧為佳，字亦比鄧為雅也。

陳小蝶

陳小蝶（蘧），杭州人。其父即「天虛我生」，老蝶也，以無敵牌牙粉、家庭工業社起家，蓋暴發戶也。其父本自命為詞人文學家，小蝶亦頗擅之，但所作詩詞，湖帆以其出韻處一一圈出以示人者也。自其父死後，他大權獨攬，遂長袖善舞，大造房子，賣買地皮，以度其豪富生活了。一方面大畫闊筆山水花卉，與劉海粟、李祖韓等來往，又廁身於書畫家之中了。錢瘦鐵窮困時嘗住其家至久。陸小曼、翁瑞午，亦為其老友，時時過往者也。余即於小曼處與相識者，當時見其身穿純黑色服裝，毛革黑夾袍、黑絲絨帽、黑色帕、黑襪褲，當年只上海捕房中探員「包打聽」如此服飾，他乃效之，余殊鄙視之。

某日晚上，瑞午小曼家中，忽然「雲飛」「祥生」「黃色」「利利」以及幾個小汽車公司紛紛開至門外云：「叫的車子來了。」瑞午下去說未叫，竟要賠損失費云云。幸瑞午云：「要叫只一二輛即可，況吾們自己有車的，何必叫這麼多呀。」始一一去了。次日小蝶來笑問：「車子多吒？」瑞午始知其惡作劇也。在楊雲史詩集出版後，登報每部十元，小蝶知余與楊親戚也，囑借閱一下，余取以示之，隔三月後詢其可還否。他云：「這種狗屁詩，不通之極，早已撕作碎紙燒煙了（時他亦吸毒）。」余云，吾要賠十元了。他云：「這種東西可賣錢？放屁。你告訴楊，吾說的。」又一次他以電話約余觀楊小樓《夜奔》，余與之同進場，只二個位子，他夫妾二人坐了，對余云：「對不起忘了定三座，你去罷。」余大窘。時湖帆夫婦偕子三人同在，為吳夫人見了之後，即招手命其子讓余了（他們母子擠一起了）。此二事，足可證明此人不但狂，而直是一個妄人也。他只對湖帆、李祖韓二人不敢嬉弄，其他友人無不為其侮騙以為樂事者也。但有二人，為其身旁類於蔑片者（姑隱其名）：一、法院書記出身，受其熏陶，居然能畫甚佳之山水；二、亦小紈褲子，因久隨其旁，亦能寫寫短文評評書畫者，此異數也。

勝利前夕，上海書畫家，開展覽會之風大盛，他與李祖韓、秦子奇、徐邦達四人合股開「上海畫苑」於成都路靜安寺路口，專門出租取巨費，張大千三次展覽會均其處也。解放前，他即以投機失敗了，把所有工業社股票悉數讓給了當時頤中煙公司巨頭胡伯翔（後亦為畫院畫師，牛鬼了），他即攜妾去香港台灣了。在香港時聞曾為杜月笙祕書，寫了無恥的杜氏自傳一厚冊。至台灣後，又寫了一冊甚麼雜記，內有一則云：「知悉吳湖帆窮困得無以為生活，已返蘇州，在路上擺香煙攤，藉以苦度光陰。」他這種用心，騙稿費事小，污蔑中華人民共和國罪不容殺也。台灣解放後，此人無所逃此罪責矣（該書，有人寄與湖帆親見之者也）。

徐邦達

徐邦達（荃），浙江海寧人。父名堯臣，乃某國連納洋行（專收買中國蠶絲者）之買辦，一市儈也，暴發之後，附庸風雅，喜遍求當時名書畫家作品，以為樂事。邦達，其幼子也，故自小即以東塗西抹，學畫為樂。其表兄名孫元良，乃趙門弟子，余師弟也。故以孫之介，始認識之。時邦達只十二歲，一見余即探懷出名刺一紙，視之，「徐荃邦達」也。老三老四地與余連連稱「久仰久仰」，余為之竟瞠目不知所對了。余戲詢之曰:「尊名荃，與邦達，有何關係？」他云:「我要合黃荃（筌）

與董邦達為一人呀。」余云：「真乃雄心壯志，可嘉可嘉。」但只覺好笑不已耳。

他本無師自修者，十五歲時已居然甚佳矣（他用功是死印、硬摹，非任何人可及），十七歲時贈余一幀著色山水（園林景）《安持精舍圖》，至今尚存，昨檢《急就》殘片時，同時取出，今日重觀，較之現代自詡大畫家之徒，亦無多讓也。大約當年他不知從何處臨摹而成者也。孫元良死後，他即囑余先拜趙公為師，因見叔師非山水專家，故又囑余再介馮超然為師，馮門定例，每年需納三百元，三年為限，他一算，須九百元，乃中止。遂又託人拜了當時小名家李醉石為師。李以學麓台馳名，教授法最好，邦兄由此得了不少知識。後他常告余云：李氏雖無大名，但教畫第一好老師云云。後再拜吳湖帆為師，一、以自標榜；二、得湖帆指授辨別古畫方法。於是大大進步矣。叔師一再向他恭喜即此也。

自其父死後，他亦稍稍買古畫收藏，成一小小收藏家了。因此與南潯張蔥玉珩成為莫逆之交了。蔥玉好嫖，專游舞場（張夫人即名舞女也），邦達亦步亦趨，日與群雌為伍，有一麗者與同居有年，不知何故為湖帆另一學生孫某某所迎歸。據云：本來二人公有之物，邦達退股，由孫獨營了。吳門弟子無一不知之韻事。邦達面似一木魚，蒙庵與之亦熟，為之題雅號曰「木魚頭」。在抗戰後，他亦只二十餘歲小青年也，余每在吳家時時見之，他高踞沙發，口含大板煙斗，一面狂吸，一面談書畫，偶一談及賀天健、馮超然等教學生畫法時，即搖頭不已曰「貽誤後學、貽誤後學」（此四字他口頭禪也，無處不用及之）。他走後，湖帆輒笑謂余曰：「他正在做『後學』之年，而乃旁若無人，真狂，亦真幼稚，可笑可笑。」又，湖帆對任何物都愛惜，一紙之破角，亦必聚而藏之，云可作草稿用。邦達吃板煙不帶火柴，時時取吳火柴燃吸，一日，余吃香煙，即就吳榻煙燈上吸之。吳忽拍余肩而云：「某某，你好的！你看，吾用火柴之後，梗子終留在牙扦筒中，一再示意邦達可用之，燃後吸之。他，左一根，右一根，取火柴狂吸，未免浪費，只要是必須用的，哪怕送他一大包也可以的呀。」（因記邦達之狂，附述湖帆之儉）在汪逆六十生日時，湖帆自畫四畫，囑所有門人合作十二幅山水、花卉翎毛、博古，以取媚祝壽。邦達拒之，且到處揚言，不作漢奸、不附吳黨云云。師生關係乃中斷了。邦達之名更大著了。所以一解放，四九年秋，鄭振鐸為北京市文化（國家文物局）局長時，招張蔥玉任（副）處長，蔥玉以邦達為介一同進京了。那日，蔥玉請鄭晚餐，介見邦達，余亦在座，同座者尚有徐森玉、吳瀛。徐向鄭醜詆溥心畬（溥正擬應召進京，故迭以事中傷之），吳與余初見之友也，亦大詆馬叔平不止。邦達循循然，居然下屬態度矣。後鄭氏升副部長後，邦達遂升任故宮博物院副研究員了。

他見任何人都狂極，只見余一無狂態，因其子書城十三歲時即拜余為師，毫無報酬，而當時成為余學生中唯一佳才，故有此深交也。六二年余至北京時，途中見之，堅邀至其家中，泡茶請吃，異數也。後余屢得叔羊來書云：「吾時訪邦兄，他從不回訪，何故邪？」余告以狂人之態耳（他自知沈副委員長不會招待之，故樂得自高身價也）。但去冬叔兄來信云：邦兄六六年後，被遣送江西勞動數年之久，近已回京，變了一個謙謙之士了，亦來談談矣。此真黨和政府能教育一個狂人而做了新人，可喜之事也。

稚柳對之終不謂然，云：他云生平所欽佩者只一王麓台，太可笑云云。余知之，大約不忘李醉石之教導也。

湯臨澤

湯臨澤（安），浙江嘉興人。少時曾為藥店學徒，因羨慕秀水文後山、曹山彥、張子祥、潘雅聲諸名家之刻印作畫，故即棄其所業而從事刻印作畫矣。渠善臨摹名家印刻，精心研究，後得明文衡山犀角章二方，遂異想天開，專收破舊明代犀角杯等（因渠曾為藥店學徒，當年藥店所用犀角，均如此收購也），改製成停雲、三橋、文水道人、祝枝山、唐伯虎、沈石田等，凡能在珂羅版畫冊中見到者，無一不照樣刻成。其底之平之深，歎為觀止，而蟲蛀、裂紋，尤為逼真；印底所存舊跡朱泥，雖以水泡數日亦不脫也（此法，及假造宋元舊象牙印古色斑爛之方法，悉以授給余矣。說穿，至平常也）。所成幾達八十方，悉以售諸平湖藏刻畫印大家葛書徵（昌楹）。葛公自詡古緣獨深，嘗遍請丁輔之、高野侯、趙叔師、褚松窗等至其新聞路家中賞鑒，諸公無不讚美不止。時為壬戌、癸亥間也。余侍叔師同詣葛家，獲睹放在兩紅木大盤內，真是古色古香。葛君特點示十餘方外間從未見過的文衡山名號，葛云：此當年文氏後人珍藏在一錫匣之中埋於地中者，近有人連錫匣一併攜來，故為新發現之珍物云云。葛氏二年之中，前後所費已逾三千金矣。當時葛應丁、高之囑，以最佳羅紋紙，上繪紐式，下鈐原印，名曰《明人……印譜》（名已忘，大概如此也），售作二十元一部云，似六冊。後來甚麼仇十洲、金俊明、方孝孺，層出不窮，陸續到了葛氏書齋求售，紐亦粗糙不精了，遂啟葛氏之疑，拒而不收矣。湯見已拆穿作偽情況了，遂少作少賣了。

時余年十九，已與之相識矣，渠已近五秩矣。渠嘗招余至其家中自述其事，家在當時之拉都路（今永康路）興順里，兩宅一樓一底，一宅為其居家，一宅乃做假字畫之工場也。渠一時高興，偕至工場間一看，為一裱畫間，只一工友。天井牆壁上甚麼文天祥條幅、史可法對聯、祝枝山等等等等，幾十紙均雨打日曬，無一完整者矣。余呆了，問之曰：「破得如此，有何用處呀？」湯笑云：「要他破損不堪後，再取下修修補補，方能像真的了，可以騙人上當嘛。」又告余云：渠曾在嘉興張叔未後人處以二元買得清儀閣殘拓片一包，包的紙頭為一二尺之舊皮紙，尚是張翁親手所包者，於粘口處親自寫「嘉慶某年某月叔未封」九個字。寫包處，適在左下角，吾遂拆開將「封」字撕去，寫闊筆墨荷一幅，撕去角上，鈐一點點假廷濟印於上，賣給了姚虞琴，得價二百元也。姚君得後大喜，求吳缶老題字。缶老竟只認叔未親筆，以為作畫絕品超品也，遂為長題詩句於上。湯氏笑謂余曰：「這畫，吾做得還有一些露馬腳地方，因為這紙自嘉慶年摺至現在，摺痕無論如何去不掉了，如果細心研究，書畫哪有用包東西的摺法收藏，西洋鏡立即拆穿了。」次年姚老又以該畫出示於叔師，余適在旁一觀，果有摺痕也。當時余絕不說穿，竊笑而已。有一次，余隨湯同至城隍廟冷店中覓小玩意，見有一長方板舊牙章，上刻「子孫保之」白文淺刻四字，湯以四元買之。隔半年後，以原印出示，已變為「文天祥印」四字朱文了，深底，積朱至舊。湯謂余曰：「吾費力刻了，竟無人收買，仍以四元賣給你白相相罷。」余謂之曰：「何必急急，終有一天會有人買去的。」他認為對的。不久又來贈余胡盧小印犀角質者一方，曰：「此印本偽作『十洲』二字，因無人請教，故磨去改刻你名字相送了。」在敵偽時期龔懷希輯《瞻麓齋古印譜》成，余見後附有宋（唐）女道士「魚玄機」三字白文玉印（亦湯所作）、文天祥印牙章二方。余詢龔老以多少錢買得？龔云：二印一共為二百銀元，價至廉也云云。余為之竊笑不止。

丁丑、戊寅間，一日，湖帆忽謂余曰：「湯臨澤做假貨，今日吾始五體投地矣。」余詢其故，吳氏云：「去年湯來向吾借去明人陳（或程）鳴遠精製紫砂茶壺一個，說明要翻砂仿製的。隔了四個多月，把壺還吾了，同時以仿製者出示於吾，但一看是新壺耳，亦不以為意。昨天湯又來了，出仿製者見示，已一變為明人氣息矣。湯請再出示原壺對較尚有不足之處否，及吾取下一比，竟一般無二也，兩壺蓋交換蓋之，亦絲毫不爽。」湖帆云：「如不親自看到，兩蓋竟不能分別也。」湯笑云：「吳先生，你放心，壺底上吾已換了另一名家之名矣。」吳云：「作偽至此，歎觀止矣。」

後忽聞其得奇疾，雖在六月亦須蓋厚被，用四個「湯婆子」暖其週身，不可見風，一見風，即大顫不已云。約有十年之久。六三年病重，入第六人民醫院，不治身死了。屍身已放入太平間矣，半夜湯忽甦醒了，大呼「吾沒有死呀」。放出歸家，其病若失，遂照舊訪親覓友了。六四年余在掮客錢鏡塘家中又遇見了，一別近廿年，相見甚歡。余詢以當年葛氏所藏之十餘方文衡山印何故嶄新？湯云：以前所製犀角印，都以明人破犀角杯廉價得之，故做假易。後得一犀角，為一現代物，做假包漿殊不易，故只能窮想方法，做一錫匣子分三行，行四格，每印放入後，用錫合口，再加以化學塗之，埋入泥中。錫本易黑，上加藥物，一年多即變成古氣盎然了。再剪開作為新出土古物了。葛氏受了蒙騙，以一千元買去的。後來吾印章不做了，專收羅無款識的古金彝器，假添文字，文字完全在名器物上東集西湊，略減篆意，而用松香等等塗上刻以欺人的。容庚輯的《金文編》上即有許多字是吾改造而成的云云。錢鏡塘即取一商爵示之曰：「這件是你所添的銘文嗎？」湯云：「巧得很，是的。」錢云：「你提證據來。」湯云：「可當場拆穿給你們看看。」遂取一火柴點著了，湯云：只能離開二三分熏之於旁，如銘文上得熱氣，即發出松香味來，那即是偽添的了；如火太近，字即烊了。真銘文盡燒不妨的，云云。是年余已六十，湯八十餘矣。湯忽對余云：「你元朱文名望很大呀。」余曰：「哪有你的古拙像真呀！」湯竟云：「不妨不妨，吾來教教你。」余因其老了，故只能對之曰：「請教請教。」他竟說：「只要買一部王虛舟所寫篆文《四書》，用以仿寫刻之，即包你像了。」余曰：「吾六十了，這書也沒有，算了。」湯云：「吾代你買。」余云：「吾《四書》已久忘了，要尋字，太難了。」湯云：「那容易，只要買一部《十三經索引》，一查即得，吾也代你買。」余云：「太不敢當了，你如此高齡，千萬不必了。」他連說「不妨不妨」。余只能一笑而別了。隔只三天，錢鏡塘忽以電話至畫院，謂余曰：「湯老已將二書代你買到了，王虛舟篆文《論語》，四本，四元，《十三經索引》一冊，十元，一共十四元，吾已代你將款付與湯了，你來取書罷。」余無法，即去付款取書了。心有不甘，次日即去四馬路古籍書店，詢問此二書有否、價若干？服務工作人員謂余曰：「有二部，前五天已被湯臨澤買去了。」余問價若干，答云王石印四冊一元、《十三經索引》三元也。一轉手間十元賺去了。余念其老，無可奈何，只能一笑了之。回家後立即以王四冊給了學生、《十三經索引》給了左高矣。六七年湯真逝世矣。身後殊蕭條，所有遺物變賣殆盡，尚存破舊未製成品之牙章六方，無人收受，其學生陶冷月之子也，攜來求余以十元為求受主。余仍念其昔年之情，故即為介紹於龔仲龢十元收購矣。又據湖帆云：湯嘗以破舊宋紙回爐重造，製成竟與宋紙一般無二，惜只能製成尺頁大小而已。

周龍昌

周龍昌，僅知為杭州人。昔年在上海開設裱畫裝池店（店名亦失傳），以善補古畫出名者。民初上海寓公南潯富翁嘉業堂藏書家劉翰怡先生得惲南田花卉尺頁一冊，已蛀蝕不堪，召周詢之曰：「能潢治否？」周答：「需半年，保證整舊如新。」劉願由其開價，但須住在家中潢治。周因可得任其開價，故即住至劉宅，半年未出劉氏之門。及裱好呈於翰翁過目，翰翁大怒，謂周私自調包。周力辯無此事，全為用技術修補而成者。劉不問情況，即送周至當時巡捕房，嚴加審訊。及查明無事，已關了數天之久了。周受此大辱後，心灰意懶，竟將店閉歇了。時張大千方以專造偽石濤、八大、石谿、姜實節等等用以詒取當時滬上四大豪富之一程霖生（源銓）之巨款（程昔年所居，即今上海靜安區公安分局也）。程所藏石濤、石谿、八大四五百幅之多，大千偽筆居十之六七也。張氏昆仲知周已不開店了，遂以每月二百銀元聘之至家中，另租一宅，專由周氏為之裝裱，一年二三件而已。至抗戰後，攜之同去成都，專為修補舊畫，每月增為三百元了。據大千告余云：此人挖補功夫，已至神出鬼沒程度，任何破碎，任何人物、山石、亭子等等，均可搬東遷西，無絲毫破綻可尋也。嘗有一次有人以一手卷，絹本，元人五百羅漢白描像囑裱，裱好後即取去了。又隔二年，原主又在某古玩店見一十八羅漢像絹本小卷一件，畫者變為另一元人矣。原主睹此，頗似自己所藏五百尊者中之像，乃回家啟視己藏之卷，是否為人取偷臨摹的。首先發覺降龍、伏虎二尊失足了，乃從頭檢點，竟只存四百八十二像了。再仔細詳看，又一無痕跡可尋，絹又一無損傷之形，遂發奮以巨值購進此十八尊小卷，所織之絹又經緯分明，一無剪補之形。明知一分為二，已不能合二為一了。為之徒喚奈何而已。

勝利第二年，周氏隨大千回滬了。余在李宅曾與晤面。余見其年已六十餘，一誠篤老人也。其時余方以湖帆己卯所畫九方扇面臨董玄宰墨筆山水一頁示之，為亡三弟之款。余意欲求大千反面亦畫幾筆，以出售貼補寡弟媳。大千一見大賞，謂可混作董畫，允作立幅一幀對調（後此畫以百元售去）。次日大千以扇示之周氏，二人相商如何挖補。大千云：「這亭子似太擠。」周云：「可以搬至左上角也。」余在旁親見此事也。後余與周漸熟了，問其羅漢卷子事。周笑云：「這是四十歲以前的事了，現在目光不好了，不能再做了。」余問之：「紙頭可拼拼補補，絹一絲絲的，如何做法？」周云：「絹反比紙易做。因紙質各各不同，要找完全相同的，方可補修；絹，元明大都相同，挖補不易看出來的。」余又問曰：「絹，一絲一絲織起來，太不易了罷。」周云：「只要心細，纖維對正，織成原樣即可了。」余問：「用何工具？」周云：「一竹絲簽，一極薄象牙片子即可了。」余問：「有徒弟否？」曰：「無也。」余問：「是祕不肯傳人否？」周歎了一口氣說：「吾這工夫，太細，太瑣屑，太慢。如這羅漢卷，吾做了半年以上，先交原主，後再修補十八尊又近半年，只賣了五百元，計算起來，每月一百元也不到，哪個願學呀。」此雖絕技，故終無傳人。今其人想已亡矣，亦一奇人也。

鄭竹友

鄭竹友（錡），廣東人，出身未詳，僅知其為一能畫之掮客而已。據人云，他與揚州畫家許徵白（昭）二人合作造假古畫以為生活者。五五年時，鄭嘗奉當時英商匯豐銀行華總經理李廣劍之命，囑余刻印，因之相識。鄭氏於造假畫事，殊不諱言，據其自云：創作非其所能，只要有一真本，渠可臨摹，一絲不走樣的。據其告余云：原與劉定之為老搭檔，劉裱畫，凡有需修補者，必鄭為之。後二人成死對頭，為金錢也。鄭云：五三年劉定之以三百元收得石濤山水一幅，原有長題三百餘字，惜被火燒去幾二百字。幸該畫未損時曾有有正書局珂羅版印本，劉求鄭代補這文字，許以出賣後除去本錢，所賺以四成贈鄭。鄭為補好後，劉出售，只付以三百元，云僅賺七百元云。後一年被鄭查到買主謂以一千八百元收進者，鄭知只得二成。又，劉定之嘗接得文徵明尺頁，囑裱生意，內有一頁為紅墨水所染污，劉愈漂愈壞，竟不成畫了，亦鄭即取原尺頁素白對頁一紙，為之複製一頁，天衣無縫。劉亦只給少許之款。有此二事，鄭與劉遂絕交了。鄭本為上海市文史館館員，六二年余回申後，始知已由北京故宮博物院聘之至北京故宮專司修補古畫工作矣，月薪近二百元云。此人與湯、周相較，技似稍次，而收獲勝於前二人也。

補記二人

上述湯、周、鄭三人技術後，又憶及二事，用補述如下：

二裱工均屬於揚州派，據劉定之（定之為蘇北句容人，但其技術屬蘇州派）告余云：蘇、揚二派，迴然不同。蘇州派擅精裝，紙、絹畫雖數百年不損也，但漂洗灰暗紙絹，及修補割裂等技均遠遜於揚幫。揚幫能一經漬治，潔白如新，但不及百年，畫面或如粉屑，或均爛損不堪矣。故湖帆自藏之書畫，均劉定之所裱，如得元、明、清名家破損灰黑色之畫將以出售得巨價者，必交一馬老五（名未知）者裝裱之。

馬老五，揚州老裱工也，丙寅、丁卯間開裝池店，名「聚星齋」，設在今銅仁路慈厚南里沿馬路，時杭州高野侯丈居處即在慈厚南里七二六號，出弄口即馬店也。高所藏五百本畫梅及數百楹聯，均馬一人所裱者。丙寅余介湖帆與高丈相識後，高即以馬老五推薦於湖帆矣。似戊辰年，湖帆以廉價購得明書法家詹景鳳一丈長、二尺四五寸高，橫捲一幅，字作大草書，大者每字幾五寸。湖帆招馬氏出示之，詢能否割裂改製成四尺條幅，四幅、六幅，均不拘的。馬云：可以代製，但價需一百五十元云。湖帆允之。隔了數月，居然改成條幅（幾幅已忘）。是日余適在吳宅，目睹每條雖向日光映之，亦無痕跡可得也。湖帆遂將全文誦讀一過，忽笑謂馬氏云：「馬老闆，你出了爛污哉。」隨指第二幅第一行末一個「宀」與第二行第一字「元」字，告之云，這是一個「完」字呀，被你腰斬了。馬云：「這『宀』與上一字一筆連下來的，與『元』字離開三分之多，吾不識草書，故有此錯誤，一准重做可也。」說畢即取去了。後半年余詢湖帆，這「完」字已完成否，吳云：已轉入第二行，連著的一筆，亦一無破綻是剪斷者云云。後高丈被匪所綁，即回杭州後，馬亦關店了，大約回鄉矣。

胡某，亦一揚州老裱工也，設「清祕閣」裝池於威海衛路，成都路石門路之間，時已在抗戰時期矣。先君常以書畫囑裱，成為友人，取費至廉矣。老人生二子，長子（名已忘）傳其技，老人死後，仍為店主。次子名若思，為張善孖、大千昆仲弟子也，今尚在畫院中為畫師，畫甚佳，但品行至不堪，張門逆徒也。抗戰時，嘗偽造大千畫數十件，在滬開張大千「遺作」展覽會，皇皇登廣告，被大千所見，遂亦登報，曰「小子鳴鼓而攻之」。其兄與余亦至熟，嘗見店門上寫一牌，收購宋、元、明、清死者喜神。盡破，破得只剩下半身亦要的，當時所收幾達一二千張。余問何用？胡云：「吾收到舊畫，需要修修補補者，即取出喜神，各代紙張選一同型者補之也。」喜神，人家祖宗神像也，無人所要的，故幾角也可買進了。又，渠告余云：灰黑古畫，必須向浴室大湯洗剩之肥皂水，買來後，將畫浸入，歷若干日（幾天他守祕了）取出，重漂之，即灰暗全去了。又，修補古畫時，將同型舊紙，最注意將紋路對準，以鋒利刀作不規則劃之，如是破者去，整者絲毫不爽填補進去了，不規則，錯亂人目光，不及注意耳。其人早死，店亦關了。以浴水漂畫，據云，人身油污，亦正利用之也。是非余所知矣。

記同行嫉妒之種種笑話

袁伯夔（思亮）為清廣東巡撫兩江總督袁海觀之長子，為陳伯嚴（三立）散原老人之得意及門，以古文鳴於南北者。冒鶴亭（廣生）為如皋冒辟疆之後人，甲午舉人（似與袁為同年），亦以詩詞鳴於世者。二公本為至好友人，在己巳庚午間，吳門曲家吳瞿安（梅）來申，為銀行鉅子王伯元以每月四百元聘為西席之後，吳湖帆夫婦二人同拜瞿安為師，努力學詞。先是吳湖帆與老人、馮君木丈已相識，均為余所介紹者，湖帆為朱、馮二丈各畫長卷填詞圖以呈（湖帆以未及晉謁先外舅況公為憾事），至拜瞿老後，遂宣稱凡屬詞人，均繪圖以贈。於是，夏劍丞、冒鶴亭、程子大（頌萬）等等，無不人各一圖了。冒鶴亭以昔年顧鶴逸之預言，謂湖帆三十年後當為山水畫之巨頭，故對湖帆譽之不去口，並以吳所作之圖，出示於伯夔丈。伯老後見湖帆時，以尊長自居，而責以奈何不獻一圖云云。湖帆大怒，竟謂之曰：「爾父做過廣東巡撫，吾祖亦做過；爾父兩江總督，吾祖河督，均尚書銜也。爾父『戈什哈』出身，不通文墨之行伍出身者，兩兩相較，爾尚不及我了。」二人大不歡而散。伯老在鶴丈處大罵湖帆目中無人。鶴老竟左袒吳而譏袁自大，於是二人竟互相拍桌大罵。伯老回家後，寫古文一篇致書與冒公絕交，而冒公以至幽默之語記於日記曰：「伯夔有書來，絕交。此妄人也，聽之。」當時見此日記者，大為傳誦一時云。可笑也。（此戊寅年事也）

吳眉生（庠），鎮江人，久為上海交通銀行總行之文書主任。擅詩、詞、曲子，藏書亦富，雖知者不多，但內行群許為文人也。與冒鶴老為文字交者多年。在解放初，眉老至模範村冒家暢談文學，據云：二人談至《尚書》某一句時，冒云應作如此解釋，吳否定之，謂應如何解釋方妥云云。二人各執一辭，以致又拍桌大罵而散了。次年，有某君喪偶（似陳文無），在樂園殯儀館，特包東西兩大廳以招待來賓，事先囑余主管東廳，注意冒老來時，引入東廳；又囑許效庳（德高，眉老侄婿，病樹翁最賞識其詩，「十大狂人」之一也）主西廳，專招待吳眉老，恐二人相見，又互詆也。是日吳來為第一名，冒來已傍晚，最後弔客也。以一句《尚書》而終身不見，亦大可笑也。

賀翁，無錫人，早年時聞嘗從同鄉名畫家吳觀岱學畫（賀否認也），己丑之後，即來滬鬻畫自給，乃一三流士耳。後與錢瘦鐵相知，同鄉也。由錢四處推轂，得認識徐志摩夫婦，乃稍稍露頭角。居處畫桌，亦僅木板二塊而已。及徐乘飛機遇難後，翁瑞午請賀每隔一日至小曼家授山水畫，月俸五十元為酬。二年有餘，小曼能畫矣，賀之栽培也。同時賀弄口有一米店，買米送米，常由一小學徒名楊石朗者任之。賀見其聰明，遂義務教畫，並代之改潤後，在滬上大新公司開一展覽會，署曰：賀某門人楊石朗畫展。賣了二千元以上，賀取六成，以四成給楊也。後一月，陸小曼與翁瑞午二人亦同開畫展於大新公司（翁父為舉人，任廣西知府，擅畫桂林山水者，故瑞午亦能畫也），得款約三千元，畫展畢後，賀來，云：「楊石朗吾取六成的，你只要給我四成可以了。」時余那晚亦正在小曼處，瑞午謂之曰：「賀先生，楊石朗是你一手所教，未取分文者，應得分之。小曼，二年多了每月五十元給你酬勞的。況且翁、陸二人同開的，哪能可以索扣頭邪？」於是二人拔拳大鬥了，余頭幾為所擊中，小曼大哭，賀臨去云：「好好，認得你們了，吾從此不來了。」（後畫院成立那天賀為委員，小曼為畫師，余親見小曼向之道歉，賀猶悻悻不懌。）當時吳湖帆方喪夫人，大收門人，並開吳氏同門畫展，名望大著。乃楊石朗竟不通過賀氏，而拜吳門了，而且獨開一展覽會，署曰：吳湖帆門人楊某某云。賀氏大怒，先將楊大罵逐出，一見朋友即痛罵湖帆搶其徒弟云云，大有不共戴天之仇。當時書畫界無人不知者。事後湖帆常以一笑告人云：「吾學生如陸抑非，陳迦庵之門人也；徐邦達，趙門弟子也……」舉了無數，收了楊生不足奇也云云。勝利後，吳門弟子朱梅村與徐某某，慕大千人物畫（因湖帆生平不寫一人物，即山水中，亦不添一小小之人者），故求余介於大千專學人物，大千允之，並定期拜師矣。湖帆竟致余一信，認為太多事云云。大千睹其信，即取消此事，並笑笑云：「他也步賀某後塵邪？」戊子年四月初一日，大千五十生日，在豐澤樓大宴賓客，湖帆於先一日赴醫院開鼻癌住院了。此亦同行嫉妒之一也。

沈君，為閩中世家（沈葆禎兩江、兩廣督撫曾孫也），能詩善畫，「十大狂人」之一也，與李拔可、李釋堪、梁眾異均至友。畢業於閩海軍學校，曾任江南造船所之校級軍官。抗戰後，即以文人資格出現矣。其妻早故，即與其嫂劉氏（海軍總長之女也）同居於富民路富民新村至久。汪偽時，上海儲備銀行偽副總裁為錢大櫆，妻黃慕蘭，本為大連名娼也，自嫁錢後，一帆風順，而至副總裁太太了。錢氏附庸風雅，聘女畫家江南蘋授花卉，沈劍知授山水。沈初與黃交善，後黃與西醫蘇記之善，沈遂與江莫逆了。江居富民路古柏公寓，與沈居對面弄堂也。時江已寡居，沈乃朝夕授江作山水了。江氏家多親友，沈竟一概不准上樓，且事事干涉江之自由。解放以後，二人同入博物館工作，江忍無可忍，將之揮逐出門。二人至博物館，偶有同登電梯之時，二人均背向而立了。聞陳文無云：「沈作詩以陳後山第二自許，嘗有某君讀其詩後，恭維之曰：『神似陸放翁，佳作也。』沈勃然大怒曰：『放翁是甚麼東西，吾豈能仿之邪！』」只此一語，其狂妄可見矣。但最近徐芝雲妹告余云：沈現居北四川路矣，上月沈告徐云，自己退休了，解放了，可發還東西了，吾（沈自稱）只注意陳某某昔年為刻的印有無遺失，幸而尚存云云。此則又為余之知己邪，一笑。沈在解放後得謝稚柳一人之力，得入文管會為高級幹部。及「三反」「五反」時，謝犯錯誤，沈一一羅織其罪，大加揭發。最後，謝在人民大舞台宣判了，五花大綁，緩刑二年。沈踞坐前二排，向之大拍手不已。尹石公是日亦在，坐於最後一排者，故謝每談及沈時，輒大罵不已了。沈詩如何，余門外漢，不知也，畫平平而已。

梅浣華，祖籍蘇北泰州人也。其祖梅巧玲，為清慈禧太后最賞識之名旦也。以作象姑時，曾援濟某省一舉人落泊京師，借銀陸續三千餘兩之多，後此舉人死於京中，巧玲當眾焚去借據，並出資送柩回鄉，一時傳為盛舉。子二，大鎖為譚鑫培操胡琴者；二鎖，蘭芳父也，早死。蘭芳七八歲即入科班學藝，十三即登台演劇，時為清末矣，李釋堪（宣倜）方自日本士官學校三期畢業生歸國（李根源、程潛、孫傳芳，均同班生也），即任為三品御前侍衛矣，少年文學家，而為軍人，故後敍為「文威將軍」耳。李氏富家也，日以徵歌聽戲為常課矣。與士官一期生馮耿光、許伯英同事捧梅為樂（後稱「北方梅黨三巨頭」云）。蘭芳十五歲時，患白喉甚劇，而每日猶須演戲養家，為釋翁所知，即責其祖母（巧玲已死）曰：「小孩病至此，奈何還要強之登台邪？」梅老太謂李曰：「三爺，吾們全家靠他一天賺八吊錢為生活呀，一天不唱，即沒有生活了。」釋翁云：「那末，你們每天到吾家中取八吊錢，速送孩子進醫院治療，病癒為止。」隔四十日始再登台。釋翁所費三百餘吊錢，蘭芳終生不忘也。此事釋翁從不告人，民初張某某在北京某雜誌上曾記其事，謂蘭芳自云者云云。至解放後，余偶於故紙堆中發現此文，以詢釋老（時釋老作漢奸後，妻死，子去國外，改名蔬畦，居建國路一小公寓中，窮困幾無以為生，賴蘭芳月助二百元，並命全體女生，如言慧珠、李玉茹等等，拜為寄女，以慰其暮年寂寞之境云。蘭芳每來申，必日邀老人至其家中晚餐）。當時釋老聞余言後，為之泣下曰：「某某我今日靠一伶人為生活，顏面丟盡矣。這事，你既知道了，可以明白蘭芳尚知報恩也。」至六一年，釋老病重，彌留矣。蘭芳至床前慰之曰：「三爺，你放心，身後之事，我一人當之了。」至李逝世後，自殯至葬骨灰，悉蘭芳一人任之也。不二月蘭芳也死矣，苟梅先死二月，則李屍臭矣。梅生前，凡演劇下裝回家前，必向同演一台之人，不問跑龍套、末等配角，必一一拱手道勞之，但其場面管事等，無一不目空一切，尤以其岳母自稱「梅老太太」，妻福芝芳更盛氣淩人云，蘭芳無奈也。幸早死，但死後亦與齊白石同其命運，牛鬼矣。

程硯秋，滿族人，據云乃清大學士英和之後人。少孤窮，其家鬻之與榮蝶仙（花旦）為養子，習花旦，初出台，尚名艷秋，唱前三出之乏角也。以嗓好，力自上進，遂稍稍露頭角矣。時北京詩人羅癭公亦以捧角有名於世，睹程彬彬然，美丰姿，乃大捧之，既為之贖身，更為之介紹於王瑤卿、梅蘭芳之門，初為梅之配角，後遂列為「四大名旦」之第二名矣。所生二三男子，悉託當時李石曾攜至外國留學云，故後人無一唱戲者也。享大名後，羅翁逝世了。殯葬後事，亦程氏一人任之焉。故亦頗為人們所稱許。但其名盛之後，以學程派者與梅派相並，遂對梅氏貌合神離矣。蘭芳尚能容忍之，而梅之部下，大起反感了，二人嫌隙日深了。在勝利後，滬上黃金劇院請梅蘭芳、馬連良二人合作，皇后劇院請程與楊寶森合作，師徒唱對台戲了，當時黃金票價最高者為二元四角（或為二百四十，亦忘了），皇后定價則二元為最高。乃程氏竟提出抗議云，最高須與黃金劇院同價，如不能，則減為一元二角，亦可也。使皇后主人走投無路了，最後為之再四，以二元二角一票，程氏強允了。是時梅劇團出特刊一厚冊，隨票附贈，內容多梅氏劇照，在外國演出者亦有，內一幀梅氏昔年演《上元夫人》之劇照，梅飾上元夫人居中，下跪四宮娥：姚玉芙、王蕙芳、魏蓮芳、程硯秋四人所飾也，梅部下用以辱之也。程閱到後，即見梅氏云：「老師，吾現在已演了多年頭牌了，奈何尚以此照片醜吾邪？」梅聞之連連道歉云：吾不知也，遂以所印五千冊，悉付程氏攜去始已。但尚存四十冊，梅之副總幹事郭仲易特贈予一冊為笑云。此為當時無人不知之笑話也。當時梅每夕滿座，而程只上七成座，自此以後，二家幾同水火矣。又後二年，上海有一戲迷徐慕耘者，在北京路當時湖社開一戲劇掌故展覽會，凡古董劇照、陳舊戲單等等，無一不有，內有數戲單，悉為民初北京各劇院者，有一紙程硯秋唱第三出《六月雪》，梅唱《嫦娥奔月》，三字大大，且橫列也（劇界中人有一切口，曰：名字橫臥，頭牌也；坐的，品副牌也；立的，某某某三四等角色也）。時余觀之，梅氏適來與余並肩而觀。余詢之曰：「此戲單時，程氏已為你門人否？」梅曰：「方拜吾未久也。」又云：「他是我學生，無可否認的。」余又問之，何日可演出邪？梅似至誠懇答云：「尚未一定也。」至次日各報大字已登了，特請梅大王不日登台了。故余深信伶一例，無真話告人也。後在湖帆家又見面了，梅有一特點，不忘故人之恩者，每見必站立而恭詢況公後人情況善否，余告以甚好，始坐下談天。余嘗藉故提及況公，則又必垂手侍立，而連稱「是，是」了。梅其時方登台演劇，詢余曰：「曾蒙寵臨觀劇否？」余謂之曰：「梅先生，你的戲劇，吾哪能買到票子邪？」梅云：「不妨不妨，只要找郭仲易，可以有佳座的。」後余友汪女士請客六人，只得第十四排，求余設法換前座。余姑從後台找郭氏，郭氏大搭架子云：「十四排還不好嗎？」余云：「梅先生說的，要好位子可以找你邪。」郭即至梅之扮戲房中請示後，不五分鐘，即以四排換得了。梅尚能不失信用也。歲甲子，況公喪偶，寂寂寡歡，以樓下租與朱姓暫住。朱，馮君木門人也，況、馮、陳結姻，均由此耳。時程氏第一次來滬登台，由袁伯夔及嗣子帥南，率程氏至況府拜謁，程氏衣至樸素，帥南油頭粉面，三人去後，樓下朱夫人詢況公云：方才這三個唱戲的，一個是花旦，指帥南；一個是小生，指程；一個是唱判官的大花面呀，指袁老。況公大笑，謂像極了。蓋袁老背寬肩高，赤鼻頭，絕似劇中之鍾馗也，故友人遂背後戲呼之為「火判」云。袁與梅泉二人均捧程大將也。

記幾個紈褲荒唐子

巨室大僚，無一不貪贓枉法，尤以清末為甚。余生也晚，光緒以前，甚少見聞，在清末至民初，尚有所聞，因記如下：

朱象甫

朱之榛（竹石）以雙目失明，未能陛見，故數十年中，十四任江蘇臬司，兼牙厘局總辦（即總稅務局局長），蘇州人無人不知「朱瞎子」也。初任臬司時，陸春江尚為上海知縣，及九任之後，陸已升江蘇巡撫矣。朱為平湖人（先君原配朱氏先母，其侄女也）。及其故世時，積財約近一百萬而已，視盛（宣懷）、袁（樹勳）雖不如，但其獨生一子名景邁，字象甫，少年時之荒唐，盛、袁二家之諸子均奉為馬首是瞻也。

象公，余亦舅父尊之。聞其十七八歲時，即狂嫖爛賭，為其父所知，每日凌晨即令之侍側，不准亂說亂動。清末凡二流子，必仿象姑裝束，穿淺色馬甲，打胖辮子。朱翁目不能視，但每夕八時臨睡前，必呼之側立，一摸其辮子，仍腦後打緊不松，始准其回房。哪知渠回房後，立即重打胖辮子，穿馬甲，招同盛家三、四、五、六四人，袁家三、四、五三人，一共八個不肖子，大嫖大賭不已。天明始各歸窠也。至朱翁死後，他益狂玩了，豪賭無人不知，嫌鈔票、銀子不便，竟乃在商務印書館印好田單，空格處可填幾畝幾畝，以為博資。不三年即將平湖良田八千餘畝輸光了（解放後仍健在。土改時，以民國三年即寸土無存了，不作大地主了，他還認為大好事云）。窮後，至北京，殊潦倒不堪，幸與梁眾異相熟，梁作大漢奸後，任以祕書兼會計主任，因知其雖窮，二三萬元尚不在眼中也。

梁亦善用其長耶？他雖出身巨家，但至勢利，先君對之甚平平。余與之好詢過去掌故，渠談至清末妓院事，尤為眉飛色舞。余只聞其豪賭，詒之現身說法，一日談至忘形時，余詢之曰：「娘舅，有人說你曾經一夜輸過十九萬元，有嗎？」他大怒，謂余曰：「啥人說的，放屁！吾最多一夜只輸過八萬銀子。」余戲問之曰：「王克敏，著名賭棍也，比你如何？」他云：「叔魯至多五萬進出，吾比他狠得多了。」言時尚自鳴得意不已。他住華山路幸福村，先君故世後，猶時時至余處談清代故事，時已八十矣。有一次，其婿之兄榮廣亮謂余云：你的舅太爺，真是個老色鬼呀！八路公共汽車女售票員念其老年人了，每見他上車，總為之排座位，不得，即以她座位讓之，八十二老人還要摸摸她大腿，被車上人所罵云云。中風後家中請了特別護士，老人稍一清醒，即要求香香面孔。在死後萬國殯儀館中，該護士亦在，竟說老神經病云云。

袁家子弟

袁樹勳（海觀），以曾任上海海關道，又兩江總督，故富與盛氏同。聞為曾國藩馬弁出身，戈什哈，扶大轎者也。以軍功，累升至總督。子六人，長即伯夔也（據云伯老早年亦至荒唐，生花柳病，而割治成閹人云）；次早死，遺一子南，為承繼者；三、四、五三人均不成材之不肖子也。海觀至貪污，退隱後在上海居住了。當其為江蘇大僚時，在家中（上海、蘇州均有）開一大地窖，凡積銀元萬數以上後，即五十元一包，平列地窖中，習以為常。這三個不肖子，常合作啟窖偷銀元，每次二三十包，以作浪游之資。袁翁每次放進銀元時，總覺缺了一大角不見了，後知為不肖子所偷者，遂以三副腳鐐，鎖住三人，以謂太平了。孰料三人每至深夜，即命心腹僕人自窗背負而出，仍與朱、盛各同類大嫖大賭也。當時滬人認為奇聞。後三人互商云，偷幾十包，老人一看即拆穿了，不如偷它一層，倒有一萬以上，既可盡用，又可以欺老人云。果然，後老人啟視此窖，均平坦無缺，以謂兒子歸正了，乃撤去腳鐐了。哪知一層全去了邪！老人死後，各房分拆，只伯夔獨富，三、四均死了。民國十六七年時，老五已窮迫了，仍與朱象老時時聚會，余嘗偶一見之。

袁氏六子，名思彥，字仲頤，亦一標準紈褲子也。年與余相若。早年已與譚延闓之女譚淑訂婚。當年新世界初開時，二樓北方曲藝場中，聘一京音大鼓女藝人名劉翠仙，年輕貌美，捧之者眾。伯夔、仲頤及袁宅諸清客等每場必到，分坐兩邊，劉女唱一段，必大喝彩不已，於是報上副刊中常引「兩岸猿聲啼不住」以嘲之。其時余偶至其間，總見伯老手捧水煙袋，仲頤黑袍黑手帕（當年流氓都如此裝扮也），目空一切，以為大樂云。不二年，仲頤即先娶劉女為妾矣。後與譚淑結婚，結婚不久又愛上了其時共舞台之名女伶「文艷親王」張文艷了。張居南京路之大慶里，同時滬上染料大商人薛老二雄於財，亦愛之，於是袁、薛二人成情敵了。一日仲頤方出大慶里口，登汽車時，為薛之刺客一槍，橫袁腹而穿了六個洞洞。袁耗了萬餘金，為當時滬上名醫牛惠霖治癒。治癒之後，仲頤一怒又將張女娶為三夫人了。當時一妻二妾，同住今四明之弄內有過街樓之一宅中。譚淑至賢淑，從無勃谿之聲也。仲頤喜購古書畫彝器，與蔣穀孫為金蘭至好，是時余始與之為友，始覺仲頤雖喜流氓打扮，而其人殊恂恂也。余時已居富民路矣，故時時至四明長談，總在張妾房中者。後以乃岳行政院偽院長，故得任青島膠海關監督。每回申必邀余同作遨遊，仍黑袍如故，一無官氣，還如一普通紈褲子也。解放後，猶見之，據告余云，劉、張二妾均死，不久當偕夫人同去香港云云。遂無音訊矣。今如在，六七十餘老翁矣。

盛氏後人

茲述盛氏。盛氏之事至繁，分記如下：

盛宣懷字杏生，常州人，非科舉出身，以能員受李鴻章之識，拔從天津海關道，漸升為郵傳部度支部尚書，晉封宮保，故人稱為「盛宮保」云。清末，漢冶萍煤，滬寧、滬杭甬鐵路，均為盛一手創辦者，又招商局等等，無不大肆貪污，故其積資之富，江南第一也。因與袁項城不睦，故以清遺老終。民國五年死後，大出喪，自靜安寺路成都路口大洋房出來，往東經過南京路至外灘，再轉至北站，以花車運柩至常州安葬也。當時南京路，租界也，大出喪，創舉也，觀者萬人空巷。余汪氏舅母當時預包西藏路南京路口之西菜館沿陽台一室以觀，先母偕余同去，時余只十歲。只見兩個高可三四丈之開路神開道，繼以和尚道士數百名，中西哀樂齊備，後以白紙做成之「雪柳」數百株在前，獨龍扛抬棺材，扛夫六十四人之多，據云均自北京招來者。這一批扛夫，清時專抬皇帝出巡時御輿，抬皇后進天安門結婚，帝后死後又扛寢宮者，須步伐一致，練習時，須上置一碗水，水無半點側漏始可云云。民國五年，此輩尚存，故盛氏招之南來，以示闊綽云云。當時舊社會之奴視勞動人民，洵可殺也。

盛氏姬妾之多，不勝枚舉，最著名者，為繼室大夫人莊氏，劉、刁、柳三妾耳。盛生子七人，女八人，分開排行者，男一、二、三、五、六、七均庶出，女一、二、三、四、五、六、八亦庶出，只四子恩頤，字澤丞，七女愛頤，字瑾如，乃正室莊夫人所生也。女兒只七小姐名聞遐邇，其餘不記了。男子，長、次，似早死，三、四、五、六、七，五弟兄無一而非嫖賭大敗類也。五、七，二人名尤著，五娶吳門彭狀元之孫女為妻，七升頤，娶山東呂海寰尚書之女。五夫人、七夫人，因與人不端，當時為大東旅館捉姦，遍登於各大報之黃色新聞也。四子澤丞妻，乃清山東巡撫、民國內閣總理孫寶琦（慕韓）之女，為盛氏最貞潔之賢妻也。澤丞掛名為英國為學生，在英時亦亂搞男女關係者，後歸正，乃任漢冶萍煤公司與招商局二處之總經理，董事長乃李國傑（偉侯，亦龍之胞伯父也）。當此時也，宋子文方從美回國，以姊宋藹齡之介入漢冶萍總公司為英文祕書。藹齡嘗受聘於盛氏，教授七小姐瑾如讀英文，故與其弟子文相識。時慶齡已為孫夫人，子文又翩翩書記，故遂與瑾如至密至好了，且論嫁娶矣。時莊夫人尚在，猶疑未決，某日澤丞與偉侯正相對於辦公室中，子文持公文入，批後退出。澤丞謂偉老曰：「這宋子文與吾妹至好，吾母尚在考慮下嫁於他否，你認為如何？」偉侯遽云：「你們盛府上，難道竟與一個終日在馬路上拿了口筒高呼鴉片吃勿得、香煙吃勿得的一個傳教徒之子結婚嗎？太不合身份了。」澤丞認為對極了，遂稟其母，與子文絕矣。當日子文在總理室外親聽偉侯此言的，既失高門不得為東床，又失幾百萬元之妻財，故對李氏恨之入骨，乃貴為行政院長，適李正任全國招商局總經理，宋遂深文周納，說李賣國之莫須有罪名而下之於獄，三年之久。後段祺瑞南下，蔣光頭，段門人也，光頭詢段：「老師有甚麼要求否？」段云：「吾受李鴻章恩太大了，今聞其孫，猶居獄中，總想求你網開一面，向宋子文說個情罷。」光頭當時即以一個電話，三日李即恢復自由了。段死後，偉老挽以一聯，今只記得上聯末一句矣，云：「寬雪覆盆恩未報。」其感之甚矣。

茲再回溯前者，當盛老死後，家財均分拆了，只莊夫人獨多鑽、翠、珍飾，以及現鈔（後知亦不過共值三百萬而已）；澤丞雖親生之子，以太敗產荒唐，老夫人云，須死後與妹瑾如平分云云。澤丞多不動產，變賣不易，遂挖空心思，用種種手法，以激動其母，其母一氣身亡。生前將所有一切悉貽七小姐一人所有了。老太太氣死後，澤丞向七小姐分遺物了，七小姐謂之云：母親沒有交下甚麼云云。於是盛氏兄妹爭產訟事發生了，雙方所請律師均第一流法家也，涉訟達五六年之久，尚無勝負，雙方律師費各耗十萬以上了。至北伐那年，雙方經親友調解，七小姐只給二十萬不到與其兄而已。在涉訟時，七小姐以所有一切珍寶財物，均轉移託其母之內侄孫莊鑄九保管，及事平後，七小姐向莊侄取物件，乃莊鑄九竟一一點示之，未缺也，云：「取當時收據來，即可還你，如沒有，對不起，不還了。如你允許一條件，亦可全還的。」七小姐無可奈何，問何條件。莊云：「你吾結婚呀。」七小姐無奈，一則因年歲相當，二則因莊美丰姿，遂以表姑下嫁表侄矣。於是買大洋房於愚園路，大度其豪華生活了。其時盛家小一輩者，遂絕跡莊宅了，因表兄變了姑丈，太怪也。（以上均為澤丞親家舒修泰，昔為萍鄉煤礦礦長者所告余者）

在五八年冬，余至淮南，路過蚌埠時，余大病。有一青年，不知姓名，熱心服侍，幾同護士。余至淮南，他留蚌埠矣。只據人云，此青年乃盛杏生外孫耳。至六三年，平襟亞七十生日，在「潔而精」大宴客，事先平翁告余云，少待一桌女客，五花八門，各各出身不同，有大家閨秀，有青樓大名家、楊虎夫人「清水花老六」，有李祖薰中國夫人「窯變」（即妓而為正式夫人之切口），有沈玉還館員等等。他人上去相陪，應付不了，你去招待罷。余欣然允之。入席後，睹對面坐一高胖方面之老太太，端坐似鶴立雞群，見余後，即詢曰：「你是陳先生呀，何時從安徽回上海的呀。」余唯唯而已。她云：「在前幾年，時常聽書於東華書場時，吾與先夫同去，常常見你與魏太太呂美玉在一起，你不認得我們也。你在蚌埠時，有一人服侍你的，即吾兒子莊元端呀。」余云：「有的，你如何知道的。」她云：「元端早摘帽回過家中，說起過的呀。」是時余始識伊為大名鼎鼎之七小姐了。又憶及其大侄女為亦龍之孀母，故不便說明，只好連連道感謝而已。她又云：「吾現在已是無產階級了，住在五原路口小汽間內了，你如不嫌鄙陋，可以請來談談。」余好奇，至第三日訪問了，只見小汽間中，一床，一桌，一小圓桌，一沙發（柚木漆真金，已舊了）。其人之大方、誠懇、率直，更一無窮了卑鄙自慚之態。余為之肅然而敬也。六三至六五年，余時去作閒談。她雖窮，仍對於盛莊二族小輩，每去必留飯，無吝色也。以下為她的瑣瑣屑屑談過去軼事矣（只於莊鑄九迫婚不談）。

某日無人時，她站在桌旁笑謂余云：「吾一世未嘗搭身份架子，現在吾是『目空一切』了，因為自搬進這小間後，甚麼都空了呀。」其言時至從容，達觀之至也。她云，吾父為官一世，置產上海愚園，後分家時賣去的（今愚園路即是因此而起也，園址何在，無人能確指矣）；蘇州留園，分給老四的；大洋房住宅即在靜安寺路成都路口（即現成都路口人民銀行，與東口前滄洲書場一氣的），後因老父大出喪，吾家要排場走南京路，當年英國總領事來提條件云，南成都路與北成都路，被盛大洋房所隔住，只要能開中間一條路通南北，則南京路准許大出喪了。吾母允之，但亦提一條件，須俟自己死後，即可開馬路云云。英方信任准了。後母夫人過世，即將中間房子讓出的，東口者原為愚齋藏書樓，不住家中人也，先售出，大宅至弟兄妹妹分家時售出者云云。又云：其父至民國後，即中風了，每日偃臥床上，惟與她及妹二人，伴之打撲克牌九為消遣，平日衣服多補了又補穿之，至大除夕始換新大皮馬褂，穿至正月十五上元節後，又高呼，太太，把皮衣藏好。吾母告之曰，老爺，你七十多歲了，新馬褂有廿四五箱之多，穿穿罷。老父必云，不捨得的不捨得的。余戲問她云：「那末，你老太爺平日有嗜好否？」她笑云：「金元寶、銀元寶、鈔票是他唯一嗜好呀。」余又問：「你老太太呢？」她云，母親也是一個一錢不落虛空地的人，平日親友告貸，至親如胞弟內侄等，凡借貸，至多一百元也，只有和尚可以騙她金銀。在兩路局成立後，母親聽信和尚之言，在常州、上海等大廟中連打羅天大醮，放焰口，云以超度沿鐵路兩旁被掘去墳墓死者白骨成堆之慘狀，用以超度，早升天界，以為父親消災延壽。那年打醮至半年之久，耗銀無數，母親一無吝惜云云。又云，其父喪元配後，有二如夫人，一劉氏，一刁氏，互爭扶正，二人均寵妾也，均適有娠，老人乃云，哪個生男子，即扶正，如二人同生男，則先者為正。後二人均生女兒，故另娶吾母莊夫人為正室者。後父親故世，安葬常州，姬妾同葬者達七八人之多，吾母不願同葬一處，故另覓地蘇州獨葬，自立昭穆云。又告余云，在解放後，伊侄毓某自常州回申，火車中聽二個匠人在互談，一云，你在常州做啥？一人云，奉當地政府令，掘盛杏生墳墓，以為必有大量金寶殉葬的，哪知棺開後，屍尚爛，只兩手各執一小小元寶，希奇的是，和尚打扮，一大包清朝服裝，放在死人腳後，現在這衣服已經賣與上海百樂門劇院，正在做《張文祥刺馬》越劇，這套死人衣服著在做曾國藩演員身上呀。毓某即告其父澤丞了，全家均信為真事，因老人臨死時遺言，清朝亡了，不必穿清服了，民國又無做過甚麼，也不必穿甚麼，以僧衣入殮可也，故只以清服包好一同殉葬的。後全家均至百樂門觀劇，果然不謬也。瑾如女士歎歎云，這大概是老父生前掘棺太多，故他亦受此報應邪？並云，由此看來母親葬地無恙，豈有先見邪？（此當時話耳，今恐亦成農民之地矣。）

她嘗為余談家常，云當年與莊鑄九結婚後，宋子文為財長了，總恨澤丞不止，竟藉故將澤丞之不動產全部作為逆產充公。澤丞無奈，泣求瑾如至南京找藹齡姊妹幫助發還，她只能去寧代求。居然發還了。遂兄妹如初了。莊鑄九自結婚後，從未做事，以早年曾拜青幫老頭子為師，至五八年遂以歷史反革命而掃地出門。其子元端少不曉事，亂發牢騷，而成「右派」勞教了。鑄九未死時，中風多年，境況之窮，一無所有。乃天不絕人，忽接澤丞丫環所生之子名毓度者，自日本寄來人民幣三百元接濟之。她云，澤丞死於蘇州留園之門房間中，時留園已歸公家，給以陋室，還是照顧也。當年澤丞在英留學時，與一英女搞關係，生一女兒，澤丞遺棄了。英女後嫁一金礦主人，主人無子女，只澤丞一女耳。主人死後，英女母女二人成為大富之家了。英女臨死前，告其女云，爾中國盛某某親生女兒也，可往尋父親了。其女在六七年至香港託人訪父，知已死了，曉得有一子（即毓度）在港窮困不堪，相招一談，居然認兄妹了。英女問毓度學歷，知其為日本帝國大學畢業後，問以可以去日本找出路否？毓度云，可以從事商業開大飯店，以中國菜作生涯，但乏資耳。這英女當時給以英鎊十萬元，囑作資本，以後並可陸續接濟云云。於是毓度至東京建中國皇宮式大廈，開飯店名「留園」（曾有攝影寄瑾如家，美輪美奐也），大發了。毓度念生後莊夫人即出母留子，以毓度令七姑母撫育成人者，故有年年接濟，七姑太太得以生活無憂耳。七小姐云，澤丞如晚年不死，老封君了。

她又告一笑話云：清末，其胞母舅莊某某為漢口招商局分局長，拍姊夫馬屁，置一大宅，並搞一漢口名妓，恭請老姊夫享受。吾父大樂，藉故去漢口進新宅了。哪知母親已密派一小廝為偵察員了。那時尚迷信，選吉日入宅，小廝即密報於太太矣。母親立即囑招商局備大輪，所有貨物全部提出（可減輕輪船份量），所有商人損失一萬餘元全歸太太付之，連夜至漢口。是日正午，正進宅大吉日也，忽報太太到了。母親一到後，第一逐妓女回家，第二督父親即日回滬，第三撤胞弟分局長職，降為船買辦了。後來吳趼人著《二十年目睹之怪現狀》小說中有一回目云「亂烘烘連夜到漢口」，即指此事，一無誇張云云。後其舅父，終盛老一生，未能稍升了。

記所見的幾個名票友

演劇唱戲，雖不登於大雅之堂，但為一至不易之藝術也。憶余三歲時，先君在福州所居對門，為一劇院，專演京劇。其時余每夜聽音樂之聲，必由保姆負至劇院中看紅面孔、白面孔，不知所云，始肯背回家中安睡。日復一日，遂成觀劇之嗜好。至上海後，每月必堅求父母看戲二次，始肯讀書了。故余一生，任何吃喝，都可隨便，自三十後，凡北京名伶來申，若楊小樓、小翠花（近代公認為潑旦之王）二人來時，幾無夕不觀，雖售票二三元一張之巨，勿惜也。綜余一生，耗於觀劇之費，為最多者也。故余於戲劇，雖不能哼一句，然此中三昧，內行亦認為余識者也。

演戲，同一劇，同一場面，試舉一例，梅蘭芳任演何劇，均落落大方，程硯秋則演悲劇有餘，其他即遠遜梅氏矣；楊小樓演大將，威風凜凜，演《安天會》，孫悟空是一齊天大聖也，餘子演來，趙雲、馬超、高沖，均裨將，齊天大聖乃一猴兒矣；小翠花啞嗓，貌醜，故不克列入為五大名旦，然演閻婆惜，逼迫宋江寫休書，兇相十足，演《馬思遠》趙玉謀殺親夫，台下觀者，為之戰慄（此劇為北京實事，時裝上台，乃光緒年路三寶所自編自演者，據老戲迷九十二老人錢沖甫告余云，路三寶對之猶有不如，故當時余連觀至十四次之多也），然演《紅鸞禧》金玉奴棒打薄情郎之時，則寸寸柔腸，似怨似憐，演《得意緣》閨房教夫打標時，又兒女之態情愛可親矣（此劇荀慧生亦以擅演著名），但演小旦，為春香、紅娘等，則非其所長矣。所謂能者固無所不能，亦不確也。淨角以金少山、郝壽臣取二人為最佳，演《法門寺》劉瑾、《連環套》竇爾敦、《長亭》李七，二人無分伯仲也，但金能靠把戲，可與梅蘭芳合演飾霸王，郝不能矣。郝擅演曹操，金生平不飾曹操與司馬懿者。向例，淨角無頭牌者，金勝利後以頭牌出演了，郝一氣，從此蓄須不再登台了。坤伶只一孟小冬（梅蘭芳曾娶為妾）以余叔岩女弟子，經余力捧，成為超過馬連良、譚富英之名角，但能戲不足十出，故嫁杜月笙後，即不復登台矣，聞又嫁人居美國矣。

上選述內行演劇，已優劣互見矣，則欲求諸票友，而能稱全才者，真太難矣。數十年以來，舊劇票友能頭頭是道，一無羊氣（京劇中人切口，謂外行也），京劇界名角，亦一致公認者，只得四人為頭等。

紅豆館主

宗室溥侗號西園，演戲時稱「紅豆館主」，內行尊之為「侗五爺」，清成親王之後人也。據聞為慈禧后所惡，故在家日以串戲為樂，亦無遠志也。光緒中年，京中名角，生如譚鑫培、武生如俞菊生（小楊之師也）、旦如梅巧玲、淨如黃潤甫、武旦如想九霄、丑如羅壽山、小生如王楞仙，均第一流名角也，紅豆館主一一羅致府中，學習生、旦、淨、丑，積十年之久。生能唱《空城計》《賣馬》等；旦能唱《金山寺》白素貞；淨能演《革髮代首》之曹操，此劇馬踏青苗時，做工之繁重，內行多略而不演者；小生能演《群英會》之周瑜。又拜當時北方崑劇名家趙 × 宓（似堯宓）學崑曲，故內行所為文武崑亂一腳踢了。而且上台後，竟似科班出身，一無羊氣也。余在抗戰前丙子年五月，前清北洋大臣直督陳夔龍（小石）八十生日大演堂會戲二日中，第一日館主（年已七十餘矣，在申窮困，以教戲為生矣）演《失街亭》《空城計》《斬馬謖》，做工之佳，可謂至矣，但嗓已啞了，不以唱取長了。第二日演二劇，彈詞、崑劇，演李龜年天寶之後窮途落魄，手抱琵琶賣唱度日之景況，此殆與館主有所感自己之身世，已如白髮龜年矣，故唱至手揮琵琶，高歌悲切，全座台下客人為之所吸引，無一有笑容者也。壓軸演《戰皖城》，曹孟德馬踏青苗時，又大氣磅礴，初似乎強扭馬韁步伐種種走法，後扭不住了，一任馬狂奔，又表現無力制止之狀，滿台大奔，最奇其時大蟒袍後面兩衣角直向上翹成一正方形，不知以何技巧，使陰勁，而致此奇觀也。時台後名角如程硯秋、尚小雲、錢寶森（名武淨，今北京浩亮之父也）、王福山（名丑）均並列凝神而觀也。是劇荀慧生飾鄒氏，思春後，與曹操調情時，館主雖演至動心，但仍不失丞相身份也。余生平只獲觀此館主晚年三劇，一般俗伶均不能望其項背，何況普通票友邪。又，嘗聞沈京似君云，民初時，北京有某會館，每逢星期六晚間有北方名票十餘人，粉墨登台演劇，溥西園與袁寒雲二人為主角，大軸壓軸，二人相互而演者，售票至一元之巨，座常滿也。其時館主生、旦、丑、淨，無一不演云。

徐淩雲

南方名票徐淩雲，浙西大富翁也。當年康腦脫路（今康定路）之徐園，即其產也。淩雲少即嗜崑曲，清末蘇滬之名崑劇演員，如丁蘭蓀之旦（梅蘭芳所有崑劇，均丁氏一人所授者），陸壽卿之文丑等等，無一不請至家中，認真學習，多年之久。故徐老對於崑劇，亦生、旦、丑，無一不能矣（但京劇不能也），俞振飛曾拜之為師。能演之劇，如老生王允，小花面張三郎，《風箏誤》中之醜小姐，無不刻畫入微。崑劇傳字輩伶人，群尊為老夫子，故世稱之謂「北溥南徐」云。以上三劇，余均獲觀多次，尤以飾男、女二丑為最佳，其演張三郎「借茶」時，對閻惜姣，百般調笑，牽動面皮，只右面一半，所謂「賊骨牽牽」，但不涉於淫褻，至難也（下台後，徐告余云：此劇俗伶演者，牽面皮時，都兩面全動，不可以的。吊膀子，只對對方一人也，兩面全牽，被人穿破了，哪能可以。但牽一面須苦練的云云）。演醜小姐角色，照例開臉為灘眼皮、歪嘴、小鼻頭、灰臉，出台時以金扇障面，側身而出，盛裝麗服，緩步輕勻，婀娜柔軟，走步又純為「黃魚片」（此崑劇小旦走路之第一要學之技巧，俗名「黃魚片」云，切口也）。以一七十老翁，猶能絕似十七八之好女子，非苦功練習，何能臻此。及扇取下後，其容令人作三日嘔，遂醜態百出矣。據其自云：少年時善飾武大郎專矮步云。其次子子權亦擅長付文丑；三子韶九，演官生，勝於俞振飛也（官生，小生戴紗帽，如王十朋等。振飛巾生也，戴頭巾，如張生、柳夢梅、陳季常等），今為南京劇校之教師矣。淩翁死於六七年，患腸癌也。

袁寒雲

袁寒雲在京時，拜趙堯宓為師，專演崑劇，小生為多，偶亦演《回營》之伯（文丑）。渠唱崑曲，字正腔圓，一板一眼，從無差失，但學京劇，連二句搖板亦黃腔走板，故只能三出文丑戲：《群英會》之蔣干、《審頭刺湯》之湯勤、《瓊林宴》之樵夫，均無唱句者也（蔣干有二句搖板，被袁氏杜改說白了）。演樵夫，余只存劇照，蔣干、湯勤，數數觀之。其演蔣干也，過江登岸時整巾、灑袖，固似一文質彬彬之書生，周瑜同學，風度應如此也；及步入周帳後，周瑜率之觀囤糧所在，問以如何，則極口恭維，而神氣稍稍侷促；一直至吃酒談家常時，蔣干是時，身、眼、手，隨時變化了；直至偷書遁回時，身段之繁複，較之老伶工蕭長華、馬富祿，高明不可以道里計矣。肖等究為俗伶，未能體會蔣干為周瑜同學，文人身份也。後據袁氏告余云：飾方巾丑必須二足微屈，走八字步，灑水袖，須自後而上，再向內而下，成一扇子形，均當時老伶工克秀山所授者云云。後又連觀其二次《審頭》之湯勤，一與王玉蓉女伶合演，一與歐陽予倩合演，似不及飾蔣干矣。因湯勤為裱畫匠出身，小人得志之態，非袁氏所能體會者矣。與予倩合演之

袁克文飾演《群英會》

日，雪艷娘刺湯時，以袁氏一把抓住向下一推，竟無意傷及其股，袁氏大笑云，從此不做湯勤了。其演崑劇，余所見者均小生也，如《折柳》、如《八陽》。《八陽》為建文君偕程濟逃去雲南，途中情景也，袁氏演來，能將一帝王之尊，倉皇就道之慘狀，一一表現無遺。聞渠在項城稱帝前，袁克定必欲置之死地，袁當時倉皇奔赴揚州，拜張某某為青幫老師之情況，或亦使其演此劇時稍稍有所感觸邪？

在此，余憶及一事，插述如下：在壬戌年，袁居白克路之侯在里時，每逢星期六晚上，必召一上海崑劇中最著名笛師名趙阿四者為之吹笛吊嗓，余星六亦必去閒談，與趙氏至熟，那時趙氏還叫余「小弟弟」，他云：「你要崑曲否，吾義務教你如何？」余時好奇，竟允之，要求教授文丑，《狗洞》《小丑借靴》等劇。趙云：「勿來三。」余問何故，趙云：「你人小，面尖，不配唱丑角，丑角必須方面孔，上台方登樣，吾教你唱《遊園》中的春香罷，你身材面孔，均頭等的。」余云：「春香丫頭呀，不做不做。」後趙每見面必強余試唱，余堅不允飾丫頭角色。後趙向袁氏透露真情了，說張狀元季直有一學生，名袁安圃，唱五旦（即正旦）出名，尤以《遊園驚夢》之杜麗娘，為俞粟廬（名宗海，振飛之父，蘇州大曲家）老先生所稱賞，可惜重要配角春香，久久不得其人，不是嫌高，就是年齡不合格，安圃十九歲，富家之子，託訪一個年齡相當，身材相當，面孔好看之小朋友學習六旦（即花旦丫頭角色），教好後，所有學費、衣飾、行頭，將來上台客串耗用，全歸袁家一人包辦的。余聞之後，更不屑學了。丙寅年余在超然家，笑問安圃（時已為馮弟子）有此事否？安兄云：對的，因為始終未遇此機會，故《遊園》不能唱了云云。今日回思如當時學了這崑曲，則必定鍥而不捨，今日非印人矣，或早為振飛之配角，現為戲校幹部矣。一笑。

張伯駒

張伯駒，河南人，其父張鳳台，為項城袁兄，民初曾任河南督軍兼省長，大富之家也。父死後，伯駒即來滬，為金城銀行之理事長。生平嗜好，收藏宋元名跡，及唱戲而已。聞抗戰之前，一直居北京，專拜余叔岩為師，學余派各劇，對余氏大約供養逾於常人，故能劇至多，一舉手，一投足，無不神似余氏，但拙於嗓，登台串戲，第三排座客，只能見其張口，聲音如蚊子也，故友人均戲呼之為「無聲電影」也。余叔岩嘗謂張氏云：「張爺，你如果有一條好嗓子，吾不肯以全部身段毫無保留教你了。」余於伯駒，從未知其名也。在抗戰前一年，余於蒙庵案頭偶翻閱，得見當時戲劇雜誌中有張伯駒在某巨公家中唱堂會，串《失·空·斬》之諸葛亮劇照，為之配角者，楊小樓之馬謖，余叔岩之王平，王鳳卿之趙雲，蕭長華、慈瑞泉之二老軍，全套照片均在，始注意其人矣。至勝利後，余以稚柳之介始與相識，誠實君子也，一無自大之態。每隔二月必自北平攜幾件宋元名跡，如宋徽宗、趙子昂之畫，蔡京之字，更有晉陸機之《平復帖》墨跡等等，均溥儀離長春時所遺失之件也。來必設宴請稚柳、伯鷹、劉丕基及余等暢敍歡談。其時余詢以演《空城計》時何人飾司馬懿。伯駒云：「郝壽臣不會，金少山不在，故亦一票友矣。」余問：「這一場戲花了多少錢？」張云：「楊、余、王各二千元，二老軍每人一千元，二琴童為富連成學生，一千元，場面一千五百元，共耗一萬元以上也。」至解放後，不來申了。後知亦「右派」了。摘帽後，以所藏悉捐獻政府，得任東北文管會博物館之副首長也。前年又回北京了，章士釗追悼會中又見其名已為中央文史館館員矣。

茲再追述丙子陳宅盛大堂會事，是年伯駒亦串演二戲。第一夕演全部《瓊林宴》，自「問樵」（特約王福山為配樵夫）至「出箱」，一氣呼成。書房一場，錢寶森飾煞神，加耍獠牙，身段至繁，伯駒毫不費力，出箱亦用鯉魚打鋌而滾出的，內行亦不敢輕於嘗試者也。第二夕演《打漁殺家》，尚小雲飾女兒蕭桂英。開舟一段，二人配合好像在船中搖蕩不停之狀也，內行中楊寶森頭牌也，竟無此像真動作也。演劇之不易，於此可見矣。以上四人，得享盛名，非幸致也。

俞振飛

俞振飛，為蘇州崑劇研究家俞粟廬子。粟廬一生以崑曲唱工名，對振飛以唱曲讀書並重，故振飛初亦以票友聞名。少時曾與謝繩祖、翁瑞午三人合串《斷橋》，俞飾許仙，謝白氏，翁小青，三人身材相等，為梅蘭芳所見，在其《舞台回憶錄》（即《舞台生活四十年》）中讚不絕口之佳劇云。後振飛去北京拜老伶工程繼仙為師，遂下海而為伶人矣。今日崑劇小生中振飛確第一流人才也。北方伶人有一習慣，凡演配角者，如遇主角同場演出時，必須少賣力討台下彩聲。振飛初為程硯秋配

陳巨來與俞振飛

角，演《玉堂春》之王金龍，做工得彩聲過於程氏，程氏一至後台即謂之曰：「今日你是主角邪？」振飛只能辭班了。梅蘭芳晚年演《販馬記》，辭去振飛之趙寵，倩姜妙香為配，亦自知做工已不敵振飛也。（此梅祕書許姬傳為余言者也。）

潤例、診金之種種怪現狀

在過去舊社會中，幾乎都是以發財為宗旨、金錢為目的，貪官污吏、商賈、流氓之種種各式之無恥行為，已為人們所共知之事，可不贅了，茲只略談過去書畫家與名醫之唯利是圖之瑣瑣屑屑者。

書畫家，本雅人雅事也，但其間種種怪現狀，寫出來至可笑矣。大凡書畫家，所訂潤例，必有點品加倍一條。吳待秋之書畫潤例，為最繁複，著色須加二成，畫五色梅花須加倍，每加一寸即須加價；吳湖帆，潤例畫四幅屏幅，即須加倍，青綠加倍，金碧再加倍；馮超然亦有加倍、再加倍之例；叔師（趙叔孺）畫一匹馬若干，四匹加倍，八駿圖再加倍，寫字行、隸、篆，隨人指定者。以上四位，所謂加倍，即一元變二元，再加倍者，變三元了。惟獨二位老太史公，高振霄、沈衛，所訂例看似至廉。先談高例，舉一例言之，寫一扇面只三元，金箋倍之，註明跨行行書、跨行楷書，加一倍（六元），單行正楷，再加倍（十二元），雙行小字再倍（廿四元），作篆、或隸，再倍，四十八元了，篆隸並書，又倍（九十六元），正、草、隸、篆合錦（一百九十二元），如為金箋扇，則最高價為三百八十四元之多。以加翻如打麻將牌之辦法也。

沈淇泉老人，則書件以字數多少為計數，平時一扇，只寫七律一首或三首七絕，價三元，每加若干字加一倍，逾此再倍，再倍再倍，倍到最高雙行小楷亦需二百元以上矣。在敵偽時期有友人宋某某（宋春舫之侄）喜集郵票，分中外兩集，知余與沈老親戚也，以一封面求書「集郵集」三字，每字只一寸左右也。其時余常至巨鹿路采壽里沈老樓上長談，穿房入戶，至熟也。那天，余持宋託件，求之。沈老云：吾自己不會計算的，即呼八小姐與余講價錢了。八小姐手持算盤，問余曰：「寫甚麼？」余云：「一紙封面。」她取潤例一看云：「十二元。」余云：「可以。」又問云：「是否要寫楷書？」余云：「好的。」她云：「加倍（二十四元）。」余云：「可以可以。」又問：「要雙款嗎？」余云：「要的。」「加倍（四十八元）」，又問：「要加年月日否？」余云：「加也好。」「加倍（九十六元）。」其時余已取出十張十元付之。她又問云：「幾時來取？」余云：「最好十天、半個月以內。」她說：「限期加倍。」區區三個中楷，一加再加，變成一百九十二元了。余大不高興，謂她云：「宋先生只交一百元給吾代求的，現在近二百元了，明天吾當陪宋先生自己來付款可也。」言畢，在她手中搶了鈔票即回家了，從此以後，再不去沈老家中矣。

另一紙，宋氏囑寫好小篆的名家書之，余平時對姬傳之四叔父許松如先生之小篆最服膺，其篆在虛舟、北江之間，比鐵線粗，比玉葤細。次日專誠代求。松老一見，大歡迎，余出示後，他一查潤例，竟漏例封面一條。余云：由先生酌定可也。他想了半時之久，謂余曰：「寫在外國進口貨封面上，不甚容易掌握，三字須照堂匾計算，每字四十元如何？」余無奈允之，遂取出一張百元，一張五十元之儲備票付之。及找回，只六元了。余云：「尚少廿四元也。」松老連連云：「二成磨墨費，也算進了。」余云：「宋先生不囑箋紙店代求，即為可省墨費也。」他又云：「這是我這裏規矩，童叟無欺的。」余即要求開一收條，交與宋先生，他居然在自己名刺上寫得清清楚楚：潤一百廿元，外加墨費廿四元，共一百四十四元云云。向例書畫家收潤出據，南北均認為奇恥大辱，他竟為了廿四元出立筆據，余交宋君，宋君即付余作紀念。但松老寫既快，又認真，宋及余均滿意也。又回憶余第一次由姬傳介紹登門進謁時，他下樓後，即拜揖相迎，未及多言，即在抽屜中，四處亂找，找到了一紙潤例，立即攤在余面前曰：這是兄弟的潤例，請你看看。其時余始恍然，他怕余去揩油也。余云：「今天湖帆先生要吾寫一橫簽『仇十洲白描觀音像』八個字，描字《說文》所無，應以何字代之？」他立即取雷浚《說文通檢》（此書至難查，以四書字作先後者），他一轉念即檢得了，說去手旁即可云云。他家中掛牌為中醫，生涯清淡之至，出診為五元六角（六角車費也），過橋加倍。江采女士嘗請其至家出診，據云，一登樓，即云：「五塊六角、五塊六角。」鈔票惠現，始視脈診病也。故凡朋友知者，遂為取一雅號曰「五塊六」云云。他能詩，據陳病老云，頗有佳作，不易得也云云。今已死久矣。

丁濟萬，武進醫生世家也。祖丁甘仁，為慈禧、光緒之御醫，故聲名之大，遠邁孟河費、蘇州曹、青浦何諸大名家矣。丁翁以濟萬早孤，與己同日生辰，故臨死時，以白克路珊家園仁和里之大住宅傳之，故凡鄉人或不詳所以然者，有病只認珊家園丁醫生，不問祖孫也，故濟萬生涯之盛，冠於全滬。每日門診總在三百號左右，就診者往往候至五六小時之久尚未看到，於是拔號者加倍（二元），拔號者多至百餘人了，又訂例拔拔號（四元），出診十五元，拔號加倍。每日晚飯後出診二三十家，故其每日收入達千元左右，而娛樂赴宴等等，均無暇矣，日以吸煙提精神而已。渠嘗自云：「財雖多，身體一無自由了。」余與之，原不相識，有病去診，以久候為苦事。丁之妹，與程博壽同學，丁以程氏大官也，故盡力接近，博壽知余亦丁家病人之一，特為介紹，遂成好友矣。後去就診時，丁一見余在候診室，即囑學生用紅袋袋將診金還余了。丁氏一日招余晚飯，謂余云：他拔拔號每天亦至少三四十人，囑余嗣後至其診室，不必打招呼，只要立在病家椅後，他們一起立，你即刻坐下來，吾即可診脈了。後余每到即看，並無需分文矣。某日，余微咳而已，又去揩油了，時上午十時，余進仁和里弄內，丁正乘汽車出視急診（五十元）。丁見余，即問是來看病否？余云：「小病也，等你回府中飯時看，不妨事的。」丁云：「今天四個急診之多，你久候不好的。」言時立即回車返宅，為余診了，再出門也。又一次，余去時，其學生云：「老師有病，在樓上休息。」余上樓，問病，丁又謂余云：「替你看看，不妨的。」（向例，他當時為中醫學校校長，凡應屆畢業生，必至其診室，列坐於一長桌兩旁，選一佳才生代為開方，二快手者，分別抄錄，再給諸生各自抄錄，作學習與實習也。孟河派醫生，凡做老師者，不親開方，必侍一得意學生代寫，老師作脈案與說藥名，必朗聲而說，有同唱曲子，上海曾有好事者，無病亦掛一號坐而聽其唱藥方者，洵無奇不有也。）是時余以為只二人了，他當自開藥方了，而他仍令夫人招一學生上樓，仍朗朗然大唱不已。余與之為友近六七年，竟未獲睹其一張親筆藥方也。後抗戰之時他被匪綁票了，耗了卅萬元始回家。回家之後，從前門至診室三道大鐵門，病人五個一放進去，形同探監。余那時每次去，總先訪其妻或妹，由後門領至診室了。出診，非大店號出具保單不看了。他當時出診，分二批學生，看甲姓時，一批學生先至乙姓家候之。至乙姓後，甲家學生已先至丙姓而待了。可謂繁極矣。後聞去香港了（勝利後即去的）。據傳聞，他嘗逢一奇異之出診，說明須住病診視，日奉千金為酬。丁氏猶以為至多蘇杭一帶而已，不得已允之，哪知被請入小火輪中，供應特佳，舟中四面遮住，不令見外景。一日後抵達了，進一大宅，機槍密佈，侍衛均兵卒也。病者為一老翁，已垂危矣。丁氏驚惶之餘，不得不悉心診治。二十天後，老翁愈了，大設宴款待之，奉以三萬金，並告之：此處太湖也，回上海後，幸勿宣洩於人云云。蓋巨匪頭頭也。丁氏一嚇，故不久即遁去香港為醫了，亦生活至佳，月入仍有二三萬元之巨（其時有一先至港之醫生名陳存仁，本上海之江湖醫生，無甚生意，以早至港，竟名大著，月入至五萬元，比丁超過了）。丁至港後，其夫人大做投機買賣，以目光不准，致大蝕，走了逆風，在六一年竟蝕了若干萬，破產以償，尚少七十餘萬港幣。丁氏一急，遂患癌而死了。此余聞之其弟濟華生時告餘者，不誣也。

丁之胞叔仲英（甘仁次子），當年以生涯遠不及濟萬，一憤而至美為中醫，竟為美人所歡迎，大發其財。前數月，濟華之夫人（亦女名醫，名殷郁文）來為余診脈時，告余云，其翁今已八十二歲，尚健康居紐約為名醫云云。上海現名醫丁濟南、濟民，均仲英之子也。濟華其長子，已死。濟萬無後人為醫者矣。

上記丁醫生之事後，又憶及當年滬上幾個名醫軼事，記之如下：

一、在清末民初之時，上海有二大名醫：一為針灸黃石屏，據云為一老僧所祕傳，稱「神針」，不論癱瘓以及疑難怪症，一經針治，即能平復如恆。當年張季直（謇）中狀元前即患陽痿，經黃針治二三次，即生了張孝若。後並強佔余冰臣（覺）之妻沈壽女士（沈刺繡稱「神針」，貌美才高），死後，張竟葬之於南通，余冰臣寫冤單四處分寄，當年無人不知之醜事也。黃氏由此大名聞於江浙矣。二為推拿名家丁鳳山，揚州人（至今丁氏一派，北京上海之著名者，均其子孫與門人也）。翁瑞午十五歲尚未發育，乃拜丁氏為師，先練易筋經等等，乃成為後來搞腐化之醜名遠揚之人也。據翁告余云：丁鳳山之功力，能在一石大米（一百餘斤）之麻袋外以二大指（丁派推拿，專重二大指功）作推拿，米袋中心之米，均成粉屑矣。所有學生，均須苦練此功，始告畢業。翁自云，僅能使袋內二寸左右，成粉狀，且不多。但翁嘗以推拿為業，程霖生等等大富翁均翁之主顧也。與陸小曼成膩友而同居，亦以推拿始也。翁又云：丁師易筋經已至神化之境，嘗以廿塊大磚疊起，丁一手按住，詢學生們，要哪一塊碎？有的說，要第幾塊與第幾塊碎；有的說，要第二至十九全碎，只准每塊一分為兩……翁求丁在第十九塊碎作粉屑狀。丁氏只須手用勁一拖，無一爽者云云。丁氏有一特長，凡患白喉症者，不論群醫束手，已無望者，經丁推拿（需二小時），推畢，必命廚房煮麵三兩，命病人當場吃之，其病若失矣。黃石屏以一針治病稱於時，但治白喉無能為力矣。二家相互自吹，成為參商矣。但二家均無拔號拔拔號之惡習也。據黃之友人云：以奉和尚命，不准傳人，故無學生云。但在民國二十年左右，上海大光明影院之西某里中（里名已忘，似同福里）有一方慎庵，針灸醫生，懸牌為黃氏門人云。庚辰年己三弟未死時，曾多次請方出診來舍治病，未見效，因此據其自云曾有某病人，患嚴重胃病，經其一針，立即從口嘔出大胃蟲一條，其病立愈。故以此胃蟲用藥水浸於大瓶中，以供眾覽云。見者都云，該蟲，實一小蛇也，長達一尺以上，口中如何吐出，大家認為奇事。

書至此，余又憶及一笑話矣。在六四年時，余時時至稚柳家作長談，去時必見一位女醫生為稚公打金針。余與她，從不招呼也。一日，她方針後休息坐下，稚公忽問余曰：方慎庵醫生與湖帆老友，你熟否？余竟答之云：「啥人認得，他家中有一廣告，瓶中浸一蛇，說是從病人口中針後吐出胃蟲，一尺多長能吐得出嗎，滑頭江湖醫生也。」余說畢，這位女醫生立起來去了。她去後，稚公方告余云：「這位鄔女士，即方醫生夫人也（時方已死矣）。」余大恨，謂稚公云：「吾說至一事時，你即應『豁一鎇子』示意，吾可收住了，為何使她不懌而去呀。」稚云：「她本為方氏女學生，強迫從之者，不願人為之介紹身份也，故不妨的。」然余總覺稚不以目示意，不應該也。後數日，南京劇團名須生王某某女士，為天津名票夏山樓主韓慎先之得意門人，來申試唱二日，以稚與韓為至友，故拜客贈以八票（一日四座），稚遂以二座請余及鄔女士同觀。幸余先覺，詢以如何坐法，稚云：「鄔與你比眉也。」余遂與稚公夫人陳佩秋對易一座，隔開二座也。又半月，余至中醫門診部就醫（在青海路），從常德路乘廿路電車，至西摩路時，鄔女士上車了，適比肩而立，她笑笑點頭，與余談話了。她說：「你往何處去？」余云：「至第五門診部看病。」問她：「你去哪裏？」她云：「回家去。」余不考慮，竟問她：「你府上住哪裏？」她竟對余嫣然一笑云：「你曉得的，吾仍住在同福里呀。」她這一句，分明譏余也。幸其時青海路站頭已到，余竟逃了下車了。余生平為女人所窘，第一次也。後告稚公，云：「都是你害我也。」（當時如有缶老之處世之道，何至如此耶。）

又：民初上海有女科大名醫陳小寶，無人不知。小寶死後，遺二子，長盤根，次大年，亦繼其業，為滬上二權威，同居巨鹿路一大宅中，兄弟二人，各踞東西二廳，各自為診，掛號處各派一人為招待員，凡有病家就診者，這二人一個說：「東廳是哥哥呀。」一個云：「西廳弟弟本領比哥哥好呀。」各顯神通，以拉客人。二昆仲均大胖子，至和好云（面子也）。盤根只見一面，不熟，大年與余時時在其外甥婿張鏡人（衛生局中醫處長，為申江大名醫張驤雲之後）家中吃飯，一日同出門外，大年忽謂余云：「某某兄，吾真榮幸姓陳也。」余茫然，詢以何故？他說：「你姓陳，吾也姓陳，與你五百年前同一家，多少光榮啊。」余一笑而已，後以告鏡人，鏡人云：「他就是這樣脾氣，見了女病人，那一套馬屁功夫，女病人小病會變無病也。」他如此，純為招來生意，目的鈔票耳，從無不端醜事發生也。前數年昆仲「掃地出門」，同住棚戶中，今又活絡矣，聞不做醫生了。大年女兒為六院牙科主任，盤根女兒為北站醫院女科醫生，堂房姊妹不相往返云云。

又：清末民初有一專看夾陰傷寒大名醫，即鏡人上代，住城內，名張驤雲，乃一聾子，上海無人不知張聾鬌（驤雲之名反不著）。此老至民國後，猶拖辮子，出診坐清朝轎子，招搖過市。入夜，轎前懸一燈籠，曰某某堂張。此人醫德之佳，第一矣。入民國後，門診仍只八十個銅板，出診一二元而已，苟遇醫家窮困，則醫藥悉歸其負擔矣。如為夾陰傷寒者，必痛詆之，甚且打病人屁股了。西醫，開刀醫生，往往三千四千一次，不談了。記一小者，尤彭熙，德國皮膚科博士也，初設門診於白克路。他以拳術（形意拳）聞名，余曾向其學習二年餘，友而兼師者也。醫術極高，但喜拖延病人，往往看二三十次始愈者（門診初次三元覆診二元）。上海交通銀行巨頭周叔廉，女兒被開水傷足，腐爛了。周請尤出診，每次十五元。看五次，仍未癒。周云：「尤醫生，包給你診治可否？」尤曰：「可，三百元。」周付後，二次即收口了。於是周逢人必詆之了。某次，余介堂房侄女去求診面癬，余告以侄女也。他診後未開方，招余至後房詢云：「究屬何人？」余云：「侄女呀。」尤云：「何以一口南京話。」余云：「她祖母、母親均南京人，她長於南京的。」尤點點頭即回座開方了。侄女臨行問之云：「何日覆診？」尤云：「某某面子，下次不必來了，這藥一塗就好。」果然三天即愈了。他對陌生人唯利是圖，對熟人尚能見功效也。

周瘦鵑

周瘦鵑，名國賢，生於光緒乙未年（一八九五）。吳門小說家，當時所稱「鴛鴦蝴蝶派」者是也。五十年前曾任老《申報》副刊「自由談」主編、《半月》雜誌主編。又有一小型雜誌曰《紫蘭花片》（《紫羅蘭》），月出一冊，所有小品文，均其一人所撰者。此人曾得奇疾，自髮至毛，遍體不生，頭上製一假髮套之，鼻架特製大圓眼鏡遮及眉毛。五十年之前，壬戌（一九二二）時，余即與之邂逅於當時白克路（今鳳陽路）侯在里袁寒雲先生座中，相處至洽。據袁先生云，他齋名紫羅蘭庵，有一段失戀傷心史存在：他少時嘗與一女士談戀愛，有白首偕老之盟，女西文名紫羅蘭，亦姓周，為雙方家長所不允，因舊俗同姓不婚也，是以不諧矣，故他遂取此花名為庵，並製一小錦袋，以周女所寫情書裝入，冬夏春秋，總掛在內衣中，以作紀念云。此情書，袁先生曾拜讀過者，故不虛也。

在四九年以前，余與之時時晤面，見必暢談甚歡。解放後，他歸吳門，以種花為樂，即與余不相見矣。後聞人云，他嘗晉覲偉大領袖毛主席於首都，領袖賜以高級香煙一支，他吃了半支，半支以錦匣珍藏之，凡有友人往訪者，輒以之出示，詡詡然自得不已云。

歲甲辰（一九六四），他年七十，與鄭逸梅、陶冷月二公同庚，朱大可、平襟亞等等發起在酒館中公祝三位同慶。事先大可、其石昆仲告余，余因與三公均為多年老友矣，故告大可，亦請加入。已定期通知過了，乃其石忽來告余云，周老因事滯蘇，未能來申了，故公祝取消了云云。余亦深信之。至次年乙巳，余至冷月家閒談，睹一攝影，三老同慶之圖，朱、平諸人均在內也。據冷月告余云，去年周來滬，索閱公祝人名單，見有你名在內，遂云：右字輩，淮南歸來之人，如與同席，是褻瀆了他的身份了。堅決云，如有某某，他必立即退出云云。故不得已囑其石誆騙你了云云。當時余云：「這不怪他的。」一笑而已。至六八年，據陸澹翁告余云，這次運動中，周因坦白不徹底，竟投井自盡了。余為之歎息不已。半支香煙，不知亦一同攜之赴九泉否也？

范煙橋

范煙橋，亦吳門人也。作小品文，常投稿各報刊中，與余亦老友也。他在解放前後每自蘇州來申，必至湖帆家作長談，每見余，總熱絡異常。及解放後，榮任了蘇州市文化局長。又為其長子娶婦，余內弟況小宋之女兒也。至是，余與之為姻親矣。歲癸巳（一九五三），蘇滬文藝界人在上海大廈設宴公祝平襟亞、陸澹安二人七十生日，余與范氏均在，維分坐二席。余因與之既老友，又姻親，故特趨前問好。哪裏知道，此人突然呆若泥塑之老爺（像一個小廟中土地老爺耳），對余置之不理。余大窘而退。據人云，他自從榮任局長後，對普通朋友，一概疏遠了。又聞余舅嫂小宋之妻云，自范為局長後，亦絕跡不至況宅矣。六八年，又據小宋夫人云，范親家老爺亦死得不明不白矣（時局長一職，亦已換人之後云）。此又一勢利人之下場也，可歎可歎。

放翁後人

放翁後人，亦吳門人也，有文學名，嘗任抗戰前之正始中學教師。亦曾訂潤例，賣古文，曾為彈詞藝人朱耀祥、趙稼秋編張恨水小說《啼笑因緣》，為女藝人范雪君編秦瘦鷗小說《秋海棠》，名聞蘇滬者也。他為人至和藹可親，藏小說書至富。六八年以前，余時於平、朱二公家見之，作長談。今歲余歸家後，猶時時念之不已。

今夏忽聞其至親某生來告余云，他有女兒，在美帝聯合國大會中任女職員，平常角色也。自美帝樹了白旗來與我國訪問後，中國人在美者，陸續回國探親，其女亦於去歲來申望老父了。老人大樂，遂不令任何親戚與之接近。去年六月，老人八十生日，所有親戚紛紛以壽禮賀之，老人只與父女兒孫團聚，所有內親一概不招待了，蓋仿賈元春歸省大觀園，無職外男，不得入見耳。其女在聯合國之上司頭頭子，乃劉海粟之子劉虬（劉虎）。劉虬曾託她攜藥物交劉老。海粟擬設宴慰勞之，因聽到其父視之為元春歸省事後，親戚都沒有了，劉公時正在午飯，大怒拍桌，將箸亦擊落於地，遂告她，撤消請客了。某生告余後，余笑為之曰，美帝不是皇帝，她亦不是賈元春回家歸省，乃賈探春遠嫁海疆耳。老人今已八十有一矣，大小便已改道從腹通過而出矣。胡竟反常至此，視女兒如元妃，視親戚如外人，殆亦勢利之一種邪？

李祖韓

李祖韓（左庵），寧波鎮海人，為民初聞人李雲書、李微五（編者按：李徵五）之侄也，為解放前上海化學工藝社之大股東。左庵雖為巨商，但能畫，與妹秋君，俱以書畫家姿態周旋於諸大名家之後者。勝利後張大千三次來申，均住其家。左庵兄妹每日必以豐盛之席宴之，並為之廣作介紹。在當時，余幾無日不去，去必至深夜始歸家。故與之無話不談矣。又時時見方介堪、支慈庵（刻竹名家，亦能治印）、江寒汀、吳子深等等來訪大千，左庵對諸人，態度至傲慢。諸人行後，左庵總謂大千曰：他們來無非想照你牌頭也，所以我囑傭人茶亦不必給他吃的了。大千及余均笑之，云：「你太『猶太』了。」

大千方作畫，左庵告余云:「某某，我告訴你，我少年時，是在某洋行為職員，老闆，猶太人也，嘗以做生意如何可賺鈔票之祕訣相授過的。所謂『猶太』，如果一錢不落虛空地，那是小氣鬼，是蠢人，必須放准眼光，見有可以供我利用之人，不妨給以小恩小惠，甚至終年供給，一旦可以在其身上利用，即可撈回大財了，這方是真『猶太』也。我昔年在中國營業公司作買辦時，嘗用二人，一翁瑞午，一李亦龍，月送五十兩。二年之後，公司與平漢鐵路交易一買賣，久久不決。知局長何競武，與徐志摩為異母之弟，遂託翁瑞午求徐及小曼夫婦二人，一言即定，公司賺了二百餘萬元之多。這不是我的『猶太』三昧嗎？」余與大千為之大噱。

又，左庵嘗戲索大千草草繪扇面一百二十頁，云以送人者，大千一走，即每扇以五十元出售，大千吃住，全撈回有餘了，是亦「猶太」也。一笑。

李烈鈞與華夫人

李烈鈞，字協和，江西人，為清末日本士官軍校第三期畢業生。當清末時，中國派遣各省身高力壯者赴日士官學校，學習軍事，第一期只三人：馮耿克紉薇、吳錫永仲賢、許葆英伯明（此人回國後最不得意，後派在保定軍官學校任教官，蔣光頭為其學生也）。第二期、三期同時畢業，故統稱為「三期學生」（李宣倜釋戡亦第三期生，一回國即任慈禧御前侍衛，後與馮、許二人同為北方捧梅蘭芳大將，稱「三元老」云云）。李烈鈞、程潛、李根源、孫傳芳、孫道仁（福建第一任都督）均為赫赫有名人物，內尚有一福建人龔某，亦三期生也，與李烈鈞有管鮑之交，最稱莫逆。民國初李任江西都督，即招龔自閩至贛任副官長之職。未及三個月，龔請假回福州與華二小姐結婚了。華為無錫明代相國華洪山後裔（《三笑》小說華太師確有，此無錫大族也），美而艷（她胞姊為余第六姑母之長媳，表兄徐詩瘦之妻也）。

龔副官長結婚後，特攜夫婦二人攝影一幀出示李觀之。李督登徒子也，一觀伊人之小照，為之目眩神移，當時不動聲色，對龔更寵任之，甚麼機要文件，悉付龔保存。又三月李溫語謂龔曰：「爾新婚不久，即返南昌，現在派你至福州與孫都督祕商要事，准假三個月何如？」龔大喜過望，欣然返閩去見孫督了。哪知孫督一見之後，立即將龔拘押入獄，不三日，即皇皇佈告宣示云：據密報，龔某某自贛至上海後，即以機要文件出賣給袁政府，證據確實，應立即就地正法，槍斃了。消息傳至李烈鈞處後，李大哭不已，特電龔夫人云：「尊夫為人誣告決無此事，現在事已如此，當每月津貼你五百元，以慰幽靈，請令兄來南昌，委以優職可也。」於是其兄華苕臣自閩至贛，榮任副官處處長了。李每月五百元即由其兄代匯給龔夫人了。至李卸任贛督後，謂其兄云：「現在本人已卸任了，每月五百元無從支付矣。準備本人先行出私囊二萬元，一次付給令妹，一俟東山再起，仍按月再送。但希望令妹親自來申（時李已居申矣）當面付之如何？」其兄哪有不允之理，即去福州偕龔夫人一同來申了。時伊只廿一二歲，即住余姑母徐宅中（在西門林蔭路）。其時先母常至六姑母家中，龔夫人亦跟了其姊呼先母為十一舅母者。時余只九歲，亦見過她。先母一見龔夫人，即云：「生平所見美女，華二小姐為第一。」後每有談及她時，總是稱美不已。余之大表兄，最封建，閩人風俗，凡是寡婦，例不得塗脂抹粉者，而其小姨雪花膏滿面孔，衣服入時，一無孀居之狀，余表兄對之，從不與之談談說說，視之蔑如焉。

在李烈鈞第一次見二小姐時，有其兄華苕臣在旁，李一面孔孔老二道學姿態，除盡力安慰外，並設盛宴招待之，小心恭順之至。華氏兄妹感動不已。距次日即召華兄與之云：「令妹如此青春，難道一世作孀婦嗎？又無子嗣，現在已民國了，盡可擇人再醮。望向令妹探詢意見，如願再嫁，本人當為物色一位高級長官嫁之如何？」苕臣即告二小姐，她意動了。及苕臣往告李氏後，李即單刀直入，告華云：「本人看她可憐，願納之，決不以妾禮相待，另買洋房居之。所有傭人一律稱令妹為『華太太』可也。」於是龔夫人一變而成李家的華太太了，後生子女多人。

在福建孫道仁卸任後，告後任督軍李厚基云：「龔某某一無罪證，純為李協和來密電囑如此宣佈罪狀所槍決的。今聞娶了其妻作妾，真人格喪盡了。」其時李厚基之軍法處長兼道尹為余第十二姑丈名朱景星聚五，以函洩之於徐氏姑丈家中了。其姊夫徐詩瘦得知，至余家中一一告於先父先君了，他並勒令夫人從此不准姊妹相見了云云。其後，事過了十多年，李烈鈞大夫人死了。凡徐宅有喜慶大事，必送厚儀具款「姻愚侄」，且來躬賀。余姑丈及諸子均以戚禮迎之。惟獨詩瘦表兄一人，見李來即避去了。

後李、華居屋在今思南路（近建國路）一條大弄內，共四宅三樓大廈，第一家即李宅，二家不詳，第三家程潛，第四家梅蘭芳。在抗戰前三年，程公方閒居無事，日以求人刻印為玩好，余以冷月之介與之相認識。先時程尚以每字三元作酬，余有一性習，凡為熟人，而談得投機者，概不收潤。程公每次見余一人時，必另出三五牌自吸煙相享（冷月同在則美麗牌了）。六月炎夏，余告辭時，程必特著夏布長衫恭送至大門口，仍遵古舊禮貌。故余後即不收潤了（暇當寫文詳記知己之感）。某日程告余云：「李協和有一杭世駿舊藏大雞血石一方，以三千買得者，普通人看都不准。」余云：「李夫人家中叫華太太，老伯（後作了部下，始改稱之為總長也）見過否？」程歎了一口氣云：「不但常見，並且詳知其歷史也。」余即問之：「當年是否乃龔夫人？」程大奇，詢余曰：「這祕密事，你何以知之？」余告之曰：「華太太之胞姊吾的表嫂徐氏夫人呀。」程云：「那麼你已盡知之矣，可不談了。協和此事，喪盡天良與人格的事也。」抗戰那年元旦，余突接上一日程來電，囑至南京其家有事云云。元旦余至程宅，程出示舊雞血一寸方、二寸長一對，紅木匣子刊乾隆御藏（偽也），石尚佳，價三千元之巨。

余詢之何處購得。云為榮寶齋出售者。余實告之市價至多千元而已。其時李協和適至程宅賀年，程即以此二石示之，並為余作了介紹，詢之云：「比杭大宗一石孰優孰劣？」李冷篤篤回之曰：「論質地，我的好，但只成單，不及你成對名貴呀。」程云：「吾們三人同趨你府中，由陳某某一評如何？」李云：「石在上海呀。」李為人沉默寡言，一望而知為一大員風度，但其時年雖未滿六十，已有氣喘老態矣。程對之，忽而嬉謔，忽而嘲笑，竟仍如少年同學時一樣。李惟微笑應之，有答亦甚幽默也。勝利時即死了。

在一九六四年夏日，余至秦廷棫醫生家中，觀賞其所藏歷代陶俑（秦之高祖即無錫秦祖永逸芬，祖及父即前三馬路藝苑真賞社主人），正談話之間，忽見一三輪車載二人來，一為老婦，一為卅餘歲男客，母子也。秦醫生「姨母姨母」叫不絕口。這位老太太年約七十餘，滿頭白髮，全似銀絲，而面容尚似四五十人，既端莊，又和藹。余一觀即知她年少時為一位絕色佳人也。聽她滿口福建土音之北京話，余詢之曰：「老太太，你福州人嗎？」她云：「不是的，我無錫人也。」余云：「為何福州口音邪？」她自我介紹云：「我姓華，因為已五代住福州，所以有閩音也。」時秦醫鄭重介紹云：「這是我們姨媽李老太太呀。」余恍然明白必李協和夫人矣，進一步詢之云：「徐詩瘦與你有親戚關係否？」她云：「是我妹夫。先生，何以詢之？」余云：「在民國二年你曾住徐宅，你姊，我姑母長媳也，我在九歲時常跟先母至徐宅，見過你多次也。你叫十一舅母者，即先母也。」她又說：「那麼先生姓陳邪？你老太爺十一舅舅，也見過的了。」余與她談有二小時之久，她並告余已不住思南路了，新居地址也告了我，我回身即忘了。這老夫人，如此高年仍可想像其當年之美，無怪李協和之忍心作此慘事也。前二月秦醫奉父清曾命來取印章，余詢之李夫人仍如舊日風度否？秦云：「她尚在，八十四歲了，上次入浴，不幸跌了一跤，現已腰折背躬，無復人形矣。」余囑轉詢起居，並告之云，其姊徐氏尚存，居北京，生活苦極云云。

記程潛與楊虎

程潛

程潛，字頌雲，湖南醴陵人，清末之秀才。以屢赴闈場，未中舉人，其家為小資產階級，故遂在家設一私塾，授徒為生，一無進取之心。時清末各省本命選取身材高偉，相貌堂堂者，派至日本士官學校讀書，程氏正中其選，醴陵知縣以其名列入，他百般拒絕，未准其願。最後派人強捉之，程逃入後園門背後，被來人一把辮子硬拖而去。不得已淒然赴日了，與李烈鈞、李根源（李根源雲南人，與程氏相同，當時逃避床下，亦一把辮子拖出者）、李宣倜、孫傳芳等，均為同班第三期畢業生。他畢業回國後，知雲貴總督李經羲（文忠胞侄）為一守舊頑固分子，他特挽了一條假辮子晉覲叩頭為儀，總督大喜，謂其不忘本，立即俾以雲南講武堂總辦三品之職了（此其親口告於文案趙寶芝者，趙後為楊虎之中校祕書，告於余者）。回國後並不得意，乃投孫中山部下干革命了。

當其在士官讀書時，對同學中孫傳芳最鄙視，蓋孫出身乃鄂督軍王占元之舅爺也（即王妾之弟，小妾之弟俗稱舅爺，譏其字似舅非舅耳）。孫為人至陰鷙，常至日教師處讒之，致程常為教師所訓飭，於是程伙臂大力壯，在同一臥室中，時時以老拳痛擊孫不已了。二人積嫌至深，同學無不知之。及蔣匪北伐時，四個集團軍：一、譚延闓，二、程氏，三、何應欽，

四、李宗仁。程氏知孫當時正為蘇、浙、皖、贛、閩五省聯軍總司令，特自願領軍自粵湘鄂直趨江西，打南京，孫當時民力正強，程在江西屢敗，他屢敗屢戰。本將孫氏逐出金陵，第一個晉南京，即在挹江門城樓上易長衫攝了一影，作為報了數十年之積仇了（程氏生平最惡攝影以留作紀念云云）。因此他遂得選任為偽國府第一任主席了。後讓位於譚延闓，他調任湖南兼湖北二省主席了。那時李宗仁任武漢三鎮軍總司令，與程二人對蔣匪均有不屑服從之表現。蔣先以密電囑程取李而兼之，程置之不理，蔣又密電李，囑將程藉故消滅之，許李兼兩湖主席之職。李為所紿，遂於漢口設宴請程，程到後，李即宣佈蔣祕令，擬槍決之。程命不該絕，適蔣囑圈李之祕密電在皮包中，遂即出示於李云：「看看，這是甚麼邪？」乃大罵「蔣李二人均非人類」了。李閱後，趨前緊握程手云：「你放心，有本人一日在此，當以生命保君安全。」以令已宣佈，不得不將程軟禁於司令部花園中了。於是，不久李即偕同白崇禧返廣西獨霸一方了。程一以譚延闓及湘中諸上將之力，二蔣亦自知理屈，況程已下野了，遂給以一筆津貼，准回申休息，一方面仍給以中央委員會及國府委員之空銜每月二千元。程遂以數萬元於今思南路買了一大洋房居之，作上海寓公了（每年只至南京開會一次）。

他住宅在一大弄內，共四幢，一、李烈鈞，三、程宅，四、梅蘭芳家，緊鄰也。程從不至梅宅訪問的，只在弄中，彼此相見，點點頭笑笑而已。程自下野至乙亥年整整七年，七年中，日以臨《石門頌》，及遍購各種石章（惜究為武人，所藏均新石，受掮客之當耳），為王福庵、鄧糞翁、陳半丁、齊白石等等無一不求遍了。時余為卅一歲，以從不作宣傳，雖有潤，高於王鄧之價，故刻印之名遠遠落於他們之後了（那時王鄧每字為二元，趙師一字五元，余為三元，指明元朱倍之）。其時余與陶冷月為至友，陶印全出余手，未取分文，陶正室夫人為湘人，其連襟李某為程之得力助手，時任湖南財政廳長，所以程因李關係與冷月至莫逆。乙亥六月，陶特介余至程府為之治印，他對余似有夙緣，見面即和藹可親，當時囑刻二印，一名，一字，六個字，贈十八元，余當然收了。及告辭時，他特按照舊儀節，穿了夏布長衫，親送至大門口始回云。他生於壬年，長余廿三歲，冷月與余回至途中云：與程六七年交誼，從未見過頌公對人如此謙恭云云。於是余對之亦恭敬尊之曰「老伯」了。其後時時以印委刻，均照三元一字付潤者，每次去，必與冷月一同登門者也。至十月，又刻成二印，至冷月處擬請之同往，以冷月已他出，余思已至熟之人了，遂獨自去交件了。程大欣喜，以交件神速也，遂又出示印囑刻，稍待，又收回四方，云：「下次再由你來取刻如何？」余云：「一同帶回可仍早日交件的呀。」他笑笑對余云：「本月每月只一千二百元俸給，八百元乃囑用二個祕書之月俸也，不幸大小女善揮霍，僅汽車的汽油需耗一二百元。子二女七，全家開支太大之故，祕書也不用了，所以待下月，南京寄款來後，始能匀出錢來送你潤資耳。」余云：「老伯，你早說時，我願不取分文報酬了。」他大受感動，遂即云：「那末，一言為定，不客氣了，擬請你多刻幾方了。」余笑允之。他竟盡出所有之印，連王福庵、鄧糞翁諸印在內，囑磨去重刻。一數之下，天啊，七十四方之多。余既允之在前，反悔亦無及矣，只對之云：

「恐兩個月之後，可交件了。請以紙包好後，我當至弄口叫一人力車來，方可攜回舍下也。」程云：「當用包袱裹之後，命汽車送你回府，各印存你處，慢慢再寫文字求奏刀可也。」說畢即又在房中取了自吸三五牌香煙相享了。余臨行時，他云：嗣後隨時來，不必與冷月同來，談話反受拘束了云云。遂命司機代為攜下，仍恭送如儀。及余回家（時余方與上海警察局蔡局長翻了臉辭職賦閒在家，靠刻印作家用也），先母見攜了大批石章，以謂程一向付潤者，大喜過望，及余稟告白刻原委後，被先母臭罵一頓，謂老小二人均混蛋矣。那天他一取即以七十四方相屬，亦出余意料之外也。隔了約半月，程又以汽車接余至其家云：「本人近承介石又顧念舊交，欲以內政部長一席相屬，為本人拒絕了。他現以全國禁煙督辦一職，屬至漢口暫攝，以俟相當軍職見任，故勉允之，後天即將去漢口了。各印印文當以圖告可也。」余次日無意告了冷月，冷月冷笑云：「你不應甩了我去單獨見之，白刻七十四印，頌公黑了如此久之人，還想東山再起嗎？真夢想了。」哪知在兩個月不到，報上刊登了，蔣匪自兼的參謀長辭職後，繼任者程潛矣。余尚不以為意。冷月得風氣之先，立即攜了平日家中所存自畫山水五十餘幅徑至南京，求程為之捧場推銷，程遂介紹陶在湖南同鄉會會址開了一個展覽會，並食宿全由同鄉會優待供給之。又上自汪逆（偽行政院長）及各院長、部長，湖南籍高級軍人如唐生智等等專誠代之推銷，賣了三千四百餘元之多。冷月回申後，只告余崇拜者紛紛，故尚滿意，絕不提程之力。至次年丙子二月，程回申後，先命汽車司機送一包申報紙所包厚厚見方一大包，上未註明鈔票及數目，另附一面云：「去歲蒙如此慨允賜刻，衷心感謝，未嘗忘之。茲奉上微儀若干，自知尚未及全部潤資之數，歉仄之至，望哂納。聊表寸心耳。」余約計一摸，大約為五百元，至此余應坦白述之於此了，誠心拍馬奉承之矣。余即詢問司機云：「總長在家否？」他云：「在家，是命車來迎接的呀。」於是余持了這包鈔票，原封不動，見面照例作賀後，遂原件還之，云：「我既允盡義務矣，會如領此，是乃食前言了，萬萬不收，請原諒。」這時他最掌權得寵之如夫人三太太，名周劼華（除長女博壽為正室所出外，其他六個子女全周所出者），適走過會客室，程遂呼之與余相見，並告云：「陳先生太硬漢了。」即命周將原包攜走，婦人小器世之常情，她竟對余大表好感，堅留晚飯了。時不過下午四時，程開始詢余家世了，我遂詳告之，直言無隱，全家十餘口全由我一人負擔，一向靠邵力子介紹工作，本人牛性鯁直，去歲因小事得罪了警察局蔡局長，他無端減我廿元工資，鬧翻了，不辭而別，迄今未有工作云云。程云：「本人與國府古文官長應芬及交長朱家驊均至交，你願再做工作，則任一處當為介紹。」時王福庵正辭去文官處印鑄局技師之職，知尚無後任之人，余點名擬求此職，程一口應允云：「明日回京，即代介紹不誤。」後五天自京來函云：已說妥，望速繕一履歷片來，代交之，即可發表了云云。余寫好寄出後，那知隔半月程又來申，以車接余去面告云：「古老頭子一見你履歷只卅二歲，此人喜老不喜小，只允發表一技佐名義，月薪一百八十元，你同意否？」余云：「其他機關一百八十元均可就，惟獨印鑄局，非技正不就也。」程乃云：「聞你與蔡局長因小故翻臉，此人已見過二次了，本人明日當專為你請吳市長、蔡局長二人回來晚飯，你也來，本人當求吳氏與之解釋誤會，升你為正式祕書如何？」余云：「俗語說『好馬不吃回頭草』，不必了。但是，我有一第四胞弟，不甚通文字者，曾求市長介於前局長文公處任督察處稽查員五年之久，辦事是誠懇的。去年蔡氏繼任後，下令裁去五十餘科員辦事員等等，四舍弟亦失業了。能否求老伯代介紹再回警局，升為督察員如何？」程云：「此人每月必至南京述職一次，當面諭之可也。」嗣又告我云：「下月吳市長所兼淞滬警備司令一職將奉命辭去，繼其任者為楊嘯天虎，當力薦你去任一祕書如何？」余欣然謝之再回了。隔旬日居然來信了，附介紹四舍弟之函亦交下了。余素知這蔡某某為蔣匪副官出身，所謂小人得志，對一般下屬動輒罵、打、踢，四舍弟去見他時，必受其辱。故預授四舍弟準備好回答之語，果然一見面即罵了，云：「你做稽查員也不稱職，故撤職的，現還想升督察員嗎？你與程總長甚麼關係？」四舍弟告以不認識的。他益大怒云：「這信哪裏搞來的？」答之云：「家兄搞來的。」他問：「你兄何人？」答以陳某某呀。他暴跳如雷了：「督察員休想，委一辦事員罷。」四舍弟云：「請一函告程總長，總長同意即可了。」回家後，我又將此情告於程氏，並云：「此人獨怕楊永太（蔣行營祕書長）、姚味辛琮（南京警察總督，蔡得任上海局長姚之力），獨得一人函促，必成矣。」隔四日附了姚之一函來了，函面仍照例寫面呈蔡某某。背面程親筆批了核桃大八個字云：「不必面交派人送去。」姚函內容只聊聊四行云：「陳君為總長親信，以親老，不克遠離，故介紹之，請速遵辦。」該函由我加封寄與一曹姓祕書云：「奉總長親筆批示不必面交，故由我寄上，請蔡局長自行覆之。」次日督察員發表了，但二個月不批薪資若干，在三十元勢不可能，四十元又不願耳。後程又見蔡某某了，笑詢之，所介紹陳某某尚好否？他云：「好的好的。」程云：「那請薪給從豐些。」此人回申後，抑住了怒火，批了六十元一月了。初，程氏當日允介四弟後，他夜車回京時，我曾偕之在頭等車箱中覲謁之，程大加讚賞，次日即由京來信云：令弟儀表俊偉，他日可介之入軍校求深造云云。這信已繳呈於畫院了。

茲再述我進楊幕之後事如下：在丙子四月楊氏任司令後，程立即寫了一函云：「承面允所介紹陳君，囑其謁左右，乞任以祕書為幸。」余去謁之日，乃一王祕書（此人一字不識，乃當年孫中山之馬弁也，時楊為孫副官，王適為楊之所屬，故俾一祕書名義耳，專司招待來賓、代見等雜務者，人至誠篤。此人凡是孫總理部下之人，上自匪頭，下及何應欽、程氏等等，他均超前要握手為禮，人莫不優恕之也）帶引晉見者。楊一見，第一句即問：「尊處湖南哪裏人？」余告以乃浙江人。楊即默然片刻，云：稍遲半月即可報名云云。余退出房門，親耳聽楊指嘟嘟桌面云：「是一小把戲嘛。」王告以云：「卅二歲了。」楊云：「你聽他，假的。」隔半月勉強發表了，但寫茲委任某某某為本部祕書，上並無「令少校」字樣。列差後，正式祕書室中只趙南豐及一江祕書二人，王及余無辦公室，隨意零坐而已，及發表工資只八十元。一日，副官處一中校科長，雲南陳某某，此人專司人事科者，至祕書室與趙南豐云：「一個陳某某是甚麼東西，安插在哪一部門為妥？」時余正坐對面沙發上閱報，即以報紙與陳某某隔開了，偷眼看趙氏回答，趙當時以手亂指云：「他乃程總長至友呀。」乃三日後司令部職員錄印就了，將余名列入參謀處為第一名上尉書記了。我取了這份東西，當夜即乘夜車至南京，面呈程氏，他看後，大怒云：「嘯天太失信用了，向例司令為中將，只有俸給二百四十元，公費為一千元，本人與之云：『當向何部長力助批加為三千元，但須委一少校祕書為條件。』他竟如此失信，你放心，回申去仍不動聲色，本人自有辦法。」第三天，又親筆聊聊六行（下款只程某啟三個字）內容云：「近見尊部職員錄陳某某列為書記之職，似太不稱，望速改正名義，為少校祕書，薪水公費一列可仍舊，三月之後，准由本部呈請調京，為便於呈請耳。決不食言。」楊接得該函後，只能囑趙南豐另繕委任一紙了。事有湊巧，那位實缺少校祕書名江慶余，乃奉化人，久任蔣匪之上校祕書多年（至親關係），蔣匪平生最惡部下賭博之徒，這江君正患此病，屢戒不改，致觸匪頭之怒。在楊氏奉命做司令時，匪頭親諭之云：「把這江某帶去任以少校之職，降二級以罰，俟一年後，再令之回京可也。」故楊不得不愧對程氏了。這位江君與趙南豐二人互相輕視，江拙於文字，趙每有難題目，表面上推之主稿，江勉力擬成後，趙加以改得體無完膚，仍屬江自行謄清用之，所以辱之者每如此類。江與余至洽，對余云：「簡直奴視本人如司書矣。」故決意辭職，再求頭頭收錄，願降為上尉亦心甘也。一日，他寫好辭職書後，交於余手云：「明日不來了，後天請你交給收發處代遞為要。」江不別而行。趙因與余同有夜遊神，至舞場之癖，遂力勸楊正式以補了空缺。乃三月之期到了，程調任之令亦到了，又由趙向楊氏云：一、挽留之亦對程恭敬；二、可能有甚麼事求程，可由陳某某作橋樑云云。於是呈交懇切挽留了。其時程長女博壽之新婿鄭爾康適滬江大學畢業，正無處找工作，余遂曰願仍留申，以參謀本部祕書讓之了。博壽大喜過望，遂將當年李宗仁誤受蔣令之事，詳細告於余者，否則何能知此內幕邪？程亦認為余知趣，故又加委空銜咨議一職，月支夫馬費八十元了。其時余司令部之薪本為一百卅五元，遂不知何人揩用了十五元矣。又，聞那時杜月笙販土，對司令部警察局高級職員各有數百元一月津貼，我這一筆，後始知為楊氏代笑納了。故任實缺後，那副官長趙某某為湘人，一直求余介見程氏，楊氏又自知揩油理虧，乃批准一專用汽車由趙陳合用了。此趙靠我之福也，余每月發薪後必暗給司機者五元，趙分文不出，司機對他非應用之時，微服私游等等，都向余一一作了匯報耳。司令部主任、科員等等均奉楊氏令非學跳舞不可，因為某次招待外賓席上，蘇聯領事夫人主動請楊一同跳舞，楊一不懂外語，二不會舞，遂使蘇聯女士向人云：「楊司令看不起人了。」故他帶頭大學而特學了，余亦被迫學舞之矣。一抗戰，迄今未光顧舞場一次矣。余之學舞，乃友向舞女所學，俗稱拖車也。

茲再談冷月得罪程公之如下：當程初任總長時，即力捧冷月之畫，賣了三千餘元，已如前述，當時余茫然不知此中詳情。丙子十月，冷月忽向余云：「近來頌公未知何故，去信從不一覆，似有不愉之意？請你代為一詢，萬一開罪之處，請兄便通便通。如何？」余因其原介紹人也，豈有不允之理，次日星六，即又夜車至南京市，向程申述冷月之意，哪知程聽了我之言後，竟大怒云：「此人太下流，本人深悔多年視之為人了。」余即問原因，程云：「他一來，本人四面吹噓，賣了三千四百餘，買主大部為湖南同鄉，他住宿飲食均同鄉會供給，臨他回上海時，同鄉會託本人代求畫山水四尺橫幅一件。請你想想，本人這點面子，應同意否？」余云：「那當然應遵辦的了。」程云：「當日即匆匆塗成松樹一棵，那還罷了。孰料他題了『陶冷月畫』之單款一小條，將原求之宣紙左下角撕去一條，將另外質地之一條粘上了交件矣。這分明表示不認這畫為其所作，是可忍否？」余只云：「難道如此嗎？」程更大怒云：「你不信這話嗎？可立即與你同去同鄉會看這一幅畫。」說畢高呼備車，余云：「總長所說當然不假，不必回去看了，待我回申當婉規導之可也。」程云：「不必，盡可將本人之言告之可也。」次日，余即將程氏之語，婉轉告之，僅云：「撕去下款，另粘一條，為程公至不願意之事。」冷月承認有此事，但云：「攜去之畫，可值萬金以上。為他亂做好人，只賣去一大半，四千也不到，反而更要添一橫幅，湖南軍人，也配賞鑒我的畫否？」說畢，竟大遷怒於程公謂不識好歹云云。余默然而返了。隔二旬後，冷月以請吃晚飯為由，招余至其樓上，他下樓一小時以上不來理睬，在案頭有意把程之祕書長潘某某之信全攤於上，余無意閱之，內容竟云：「得來信知悉一一。總座對兄本無惡感，陳某某力能勸導，反加其怒。是中了陳之離間矣。」余聞後，只做未見此信，次日當然要函程氏聲辯一一了。程回信云：「任他說甚麼，本人明白。下次如再來函談此人，連你一併絕交了。」在這時期中，我與冷月本每逢星期五，二人必同偕尤彭熙醫生家中同學形意拳「站樁」練氣功，一日尤醫生告我云：「冷月每次總必詬詆你搶了他司令部祕書一職，大有不共戴天之仇，你以後改為星六來吧。」余云：「你醫務如此忙，我讓他一人學吧。與你尤先生暫小別罷。」遂與冷月不相見了。

程公一共命余作印達二百方以上，每星期必有一二函，均屬刻印文語也，二年之間積函一百封左右，在六六年余全部呈於畫院了。六八年特為余及唐雲二人，開一反革命證件展覽，將參謀本部之信封全行陳列，但其親筆函一通未展出，因展出了均可證明為北京程副委員長之囑刻印之函耳，反無罪了。當時余在司令部近二年，楊虎辦公室中只進去五六次，後一位老書記掌收發者，向參謀長面呈云：「軍委會最密件，似應由陳某某主管，他程總長親信之人，可保無虞？」此參謀長為歐陽惜白駒，老資格軍人也，批准了。余遂專司此事了。一月之中至多二三件，余原封不動，親呈歐陽氏，即總算為有了任務矣。餘下時間，不是為程刻印，即與那位河南人老書記（此人自北伐成功起，即隨白崇禧入司令部任上尉書記，直至上海淪陷後，始又去江西依熊式輝者）談司令部歷任司令之故事作消遣而已。又，憶及程公對余云：「你熬一熬，二年一升，八年後，憑本人之力，必升至同少將階級，再轉文職，保證得一行政督察專員，至民政廳長後，那時與本人無涉了。」故余那時做官夢甚甜也，哪知敵偽時期，正屬八年，上海偽保甲長勒逼居民代日寇作站崗任務，如為漢奸薦任以上，可免此任務。余那時早已以刻印為生了。不得已，再求梁逆眾異監察院中委一空名義，用以免去站崗之辱，蒙梁給一監察院專員之虛職官證一件。嗟夫！八年作了專員了，乃一紙空文，且漢奸也。亦命也夫，亦命也夫！

程生平最喜硬漢，他當年正廳上只懸一大幅吳佩孚《墨竹》長題者，余詢何故懸此北洋派軍人之畫，他云：「吳子玉硬漢也。石曾一再請其南下，任以與馮玉祥、閻錫山同樣副委員長之職，他只回信聊聊數字云：『敗軍之將無顏忝竊此高位矣。』故深崇拜之。」他平日對文人最謙恭，嘗囑余陪同訪叔師，側身半坐形同門生見教師也。自勝利後，迄其逝世為止，一、余因做過漢奸，二、省了冷月再嫉妒，故未與通一訊。憶及他於上海淪陷之前，十一月中，命軍需處長憲坤匯三百廿元至舍云：「奉總座命預發四個月公費。」他對余之厚，於此可見了矣。在六四年其第三女兒為北京美院學生，一日她至妹羊家中訪沈老，妹羊無意談及余名，她歎了一口氣云：「他已忘我了，我亦不復記起矣。」此余負心之罪，自知深矣。又，及解放後，余又重至尤醫生處與其女兒作伴練氣功了。尤云：「冷月之妻，於抗戰一起，即與冷月離異，率子女去湘中母家，冷月孤獨無依，尤宅特供給一亭子間，三餐全免費供養，六年之久，做了一件負心反誣之事，為本人所逐出了。至今思之，昔日惡醜詆你種種，均正表現其胡說也。」

在六五年冷月以函介其子為浤求余授以刻印，余不取分文欣然應命，乃與之又和洽為初了。一日，他又謂余云：「本人生平從不提拔一個人，只對兄是向程頌雲盡力提挈，所以使你今日有此地位也。」余笑謝不已，後以告大可，大可認為太未免可惜了。程公亦犯有好色之疾，談及美人名娼，即眉飛色舞。他之為起義軍人，乃由當年林伯渠一人勸駕之力，蓋林為舉人，程之姨表或姑表弟耳。聞他至北京後，竟將三太太周劼華遣散，介入上海為文史館員，而另娶一廣東少婦為夫人矣。周氏不得已來上海依其子程博洪（美國留學生，任復旦大學教授，今亦六十餘之人）。龐左玉與周氏相識，以上語，均周告於左玉者也。後又聞湘人云，程自至重慶後，忽努力做詩，全為五古，全為學王湘綺筆調，印成一冊，遍贈友好，惜余未之見也。今北京國防委員會委員劉斐，字為章，此人擅書、學魯公，頗佳，昔與余至熟，乃程公唯一得意幕僚也。程終日臨摹《石門頌》，即作一便條，亦以隸書書之，與李印泉根源之字，如同一轍，平心論之，武人之習氣，全現於筆底矣，平平耳。

楊虎字嘯天，安徽寧國縣人，出身行伍，故除自簽一名「楊虎」二字外，余均不能了。今年如尚在，已八十九歲了。他早歲即為孫中山之衛隊，故亦確確實實之老國民黨員也。在民初二三年間，上海外白渡橋被刺客暗殺之上海滬軍使鄭汝成者，據云開槍者即楊氏也。他體格魁偉，相貌堂堂，故孫總理即俾以副官之職，終日不離左右。在當年孫任廣東大元帥時，陳炯明叛變，孫由楊背負之，倉皇從槍林彈雨之中逃至肇和（編者按：永豐）軍艦上，生命賴以保全。時程潛為陸軍部長，後蔣匪為黃埔軍校長，孫均一一重託對楊加以另眼優視之。故蔣匪北伐時，即任楊為警備隊隊長，匪頭至南京後，又任楊為上海警備隊司令，又任陳群為上海軍政執法處處長，二人大權在握，遂狼狽為奸，亂捉富人，誣以通亂等罪。陳群敲詐勒索，滿足了即釋放了，剩餘無甚油水之人，即向警備隊一送，十之三四，楊仍可搾些油水，不得者即槍決了事，那時上海有「羊虎成群」之諺即指此二人也。陳以閩人，小器之至，對蔣不能多多孝敬，遂被擯出，後開設上海正始中學作校長，再投梁、汪，任部長、省長，一勝利，即服青砒自殺了。楊氏自此以後即一帆風順，既當選為偽中央委員，又得陸軍中將。他正室早死，在粵已先娶二名娼，一、四川人田湘君，二、廣東名妓名「仙女」（後嫁大特務戴雨農笠為妻了，據聞楊親自禪位與戴者云云）；後又連娶上海三名妓，一、牌名「清水花」蔡竹君，二、著名小阿媛綽號「小老虎」，名未詳，最得寵者，三、名亦未詳，以余觀之，最風韻動人，但楊對之平平耳。五妾一律平等稱「太太」，彼此一無爭風吃醋，蓋楊至「慷慨」，從不干涉她們行動，能各得其樂也。當楊在犯案後，袁項城嚴令逮捕，他逃至南京一小鐘錶店鄒姓家中，這鄒老慧眼識英雄，掩藏於家至久。故楊得意之後，即始終攜其子名鄒均字練和，任以軍需主任，此人比余矮多多，故以「鄒矮子」出名。據楊之隨身副官私告人云，鄒與田湘君有密交，楊知而不問。她們五人時時一同至各大舞場，後面跟之者均楊之部下海員公會中「四金剛」，既祕書又徒弟也。司令部中主任、祕書等等，均可奉陪共跳者，只余與趙南豐二人無此大膽也。憶及有一日，有人贈楊氏以巨章一對，玻璃翠也，楊囑余代篆名號各一，當時那位清水花正在辦公室中，體態苗條、美極，她當了楊氏與余大談，至膩至熱，余窘不可言，而楊竟笑容可掬，毫無怒狀，只此一遭，後不復見了。及五五年余與平襟亞正拼雙檔，日至書場與女藝人為友自怡，一日有一醜婦見了平翁稱妹夫，叫余陳先生，余茫然不識何人？平云：「楊太太呀。」仍茫然，平又云：「清水花呀，與平大婦沈悲珠為拜姐妹者也。」至是，余詢以楊先生何在？平安否？她云：「老頭子，沒良心，自勝利回來後，五個人全遣散了，又娶了一個人回北京了，此女人乃一特務，被捕後，累及老頭子亦永遠幽閉在陸軍醫院中矣。」這位太太昔日風韻全無，發胖為一母豬，但談吐一如往日，口沒遮掩，十三點也。那時她已居於五原路華樹一汽車間中，據其自云，靠女兒自港每月匯二百元作生活而已。茲再述楊氏事，他娶了這「小老虎」後，連生二子，一、三歲，二、只數月即殞，時楊正任上海保安處處長，乃攜「小老虎」二人同去杭州遣悶。隔半月回申了，下火車時，副官向之報告云：「三歲小官官又死了。」楊妾當場暈倒，楊亦垂頭痛哭不止，他自我懺悔了，云：「大約北伐勝利後，槍決人太多之報了。」所以任警備司令後，決不妄殺一人，即使為共產黨人，他亦設法放之（故解放後可至北京得一政務委員之空銜耳）。二年中只限於軍委法令凡販白粉者槍決，故只批此一令耳。他為青幫通字輩，與杜月笙是狼狽為奸做勒索等等。二人每日必見，終在杜宅。又與黃金榮二人各廣收門人。丁丑春日，黃楊二人大集門徒賓客於漕河涇黃氏花園中，演堂會戲等，凡黃楊二人之有面子徒弟無一不請到，司令部中主任、祕書全到，余亦叨陪一座，與黃氏素未一面，蒙楊親為介紹，黃於鴉片榻上立起，一手持煙槍，一手與余握手，一口浦東話，未脫鄉氣，但包打聽之氣盡除了，至客氣，即屬余坐於楊之旁。久之開席了，黃講話了，簡單，僅云：「各個學生徒孫等聽好，阿拉老哉，死脫之後請你們全體一例『過堂』轉拜楊司令為學生徒孫，不得違反為要。」於是四周全拍手歡呼云：「曉得哉。」此真乃「江湖義氣」之禪位矣。及勝利後，楊設一「興中學會」於延安中路銅仁路正對面之大弄中，名為俱樂部，實即幫會與特務機關耳，解放上一年北方溥心畬、齊白石二人南下，即下榻「興中學會」中，余始去見求楊介紹與二公相識者也。楊以背孫總理至肇和軍艦有功，故既有肇和軍艦總理蒙難之紀念日，又設一肇和中學，楊任校長，更以海員公會頭頭自居（這公會與學校均戴笠命楊作特務之機關也，司令部有人云乃機關，胡說也）。又有一大笑話，可表現楊之忠厚與容忍。事實如下：自抗戰軍興，楊未攜一婦回去，五人各找對象為樂。這「小老虎」與司令部少校副官汪鵬同居了。汪後任大漢奸，勝利後捕入囹圄了。「小老虎」居然老了面皮求楊救之，左膩右膩，楊居然力保汪出獄了。於是狗男女二人雙雙至南昌路楊宅，跪下不敢仰頭。楊拍桌大罵汪上辱師娘之罪，又罵「小老虎」幾句後，即云：「你們從此做了夫婦吧，去去去。」即算了。二人叩頭不已而去。此事趙南豐親在旁目睹之事，認為大哥不已之事。趙本名寶藏，以做過汪偽江西教育廳長多年，勝利後更名壽吾，楊仍包庇在家作私人祕書，亦厚道之處也。他與上海名某越劇伶人及某電影名人皆有苟且。後聞汪鵬於解放後仍鎮壓了。楊之死生，人傳不一，有人云仍在幽居中云。

記太極形意八卦三個內家拳事

中國拳術自古以來分為兩大派：少林寺和尚所留傳者，名曰「長拳」（相傳以達摩祖師為始祖云），屬於恃力取勝，純為硬功，總稱之曰外家拳；太極相傳云始祖為張三豐，因觀鷹蛇相鬥而發明者？形意則久傳為宋人周侗所始創？八卦乃清代同光之間某親王府閹人、專司護衛之太監名董海川者所開始，僅云得自一老僧所授，未能述及源流也。

茲先記形意拳，余所學習過情況如下。

在抗戰前二三年間，上海來一北方形意名家曰王向齋，據其自云：乃清同光間最著名形意權威郭雲深之得意及門云云。其時上海一留德皮膚科博士名尤彭熙者，為一拳迷，凡聞名家必往求教，尤至王宅一談後，聽王把自己吹得神乎其技，謂雖遇千斤大力士，亦可一彈指之間將之擊倒云云。尤不信，特去約了當時上海四大富豪之一的吳溥新（這三字或同音耳，乃貝潤生之婿），帶了一白俄保鏢（此人重二百斤以上，有八百斤氣力之勇士也）同至王宅比武了。其時王特將定製的一沙發，沙發四腳都有五寸見方，移至靠窗口向內。王向外立了後，命白俄盡全身之力向之猛撲，該俄人撲及其胸時，王氏只以雙手中指向上一彈，俄人跌入沙發上，沙發斷了三個腳，全間玻璃全震碎了。尤氏此時，似《水滸》上九紋龍向王進跪下叩頭了。王氏乃一老江湖，知尤為當時上海大名醫，於是獅子大開口：（一）代搬巨屋至大通路；（二）向北方接家族八口來申；（三）此後全家生活須尤一人負擔，如允許當以郭雲深老師處所得者盡以相傳可也云云。尤氏當時有兩個門診所，診一次須三元，他每月有三千元收入之人，以謂王氏所開條件，每月至多四百元足矣，故一口即允之了。學形意者，開始即為「站樁」先練氣功，然後教以十二形（如虎形、龍形、蛇形等等）。開始半年之間，尤大進步，半年後，王即賣關子了，漸以託買貴昂之物，以作傳授祕訣為條件了。尤仍照辦，已增至一千以上矣。王又好賭，好嫖，呼朋喝友，至妓院大嫖大賭，贏了錢是他的，輸了錢，不問五百一千，即云：彭熙，開一支票付某先生。二年以後，月非三千以上，不足以填其慾望矣（尤氏後來所告余者）。尤每月至多三千收入，而盡付之還不敷，故不得已去向王氏云：「老師，三千元一個月，實在無力負擔，以後每月規定一千二百元如何？」王氏大怒，說尤忘恩，將尤一掌，受了內傷。尤遂雇了兩個白俄保鏢，各持一槍，向王云：「一個人持槍，你當作兒戲，不中用的，現在你奪了甲槍，乙即發槍，你有分身法否？」說畢，即從此分文不給，師徒反目了。只三月，王即無所依靠，全家返鄉而去了。據聞解放後，曾在京任解放軍部隊武術教師，患梅毒不治亡故矣。

茲再說余與王、尤二氏之關係。當王氏居大通路時，形意大王之名幾無人不知，余以少年體弱，（一）頗思見見其人，（二）學些拳術以增強身體。時先君老友曾本章字燕甫曾任江西省長，年已七十八歲，亦從王學「站樁」，健步如飛（王恃之作宣傳不取分文者），遂率余往見之。王詢知為曾老友之子，必富家子矣，當時大表歡迎，並立即祕傳「站樁」之法，並云：「所謂形意，站乃形也；頭如絲懸，手如浮在水面上，雙足意在空中，此乃意也。」一月有餘大見功效，後被他發覺乃一窮官之子，無油水可撈，遂云：「照此練下去，隔三年再當進一步地教授可也。」其時尤醫生無日不去，遂與余至熟絡成為友人了。在王薌羽歸北方後，不知何人把陶冷月介紹給尤學「站樁」，尤知陶是時正囑余一再刻印，至好也，遂囑陶至余處偕同學習（在尤黃河路門診所中）。尤告以上之事後云：「王先生教的是初步功夫，本人准一繼續教下去可也。」當時規定每星期五下午五時後二人同去求其指點糾正一次。至抗戰前一年餘以程潛之介任楊虎祕書後，冷月對程負恩，為程所不齒，冷翁囑余代之負荊請罪，程云：他負恩太甚，不再理了。因此陶認為余未出力，竟在尤處大肆污蔑。一日，尤告余云：「冷月大有與你不共戴天之仇似的，嗣後你改星六下午來可也。」余告之曰：「尤醫生，本人並不想做一拳術家，暫與你告別了罷。」不久「九一八」軍興，余墮落了，直至解放初期，上海尤醫生之拳名，與一太極大家樂奐之（震旦大學教授，後以授拳為生活者）各負盛名。據人云：各能以「空勁」打人云云；更有人云：尤能手指向掛鐘拔時刻，一紙在地，他可以空勁指住，任何人揭不起等等神話（後知全是屁話也）。因此引起了我一個學生王 ×× 好奇，願拜之為師，乞余為介紹，余親書尤氏，徵其意見，承他次日即來舍，問余曰：「這王 ×× 幾歲了？」余云：「廿一歲呀。」尤云：「與你相別了十多年了。本人所教學生甚多甚多。凡青年者別的本領平平，惟獨搞男女關係『拿工錢』的本領差不多都會了。本人為佛教徒，造孽多了。所以你介紹的王 ×× 絕對不敢領教了。你如願繼續學下去，本人可以仍盡義務全心全意相授也。」時余正在戒嗜好，體弱不堪，告以實況後，尤云：「明天你再來，准可恢復健康。」次日余去了，尤乃授余以雙手向上向外之式，告余云：此最難之功夫，回去堅持站七分鐘，如吃勿消兩腿可少直云云。哪知余回家一試，二分鐘不到，人幾昏厥了。余硬挺七分鐘，後一星期再去告以情況，尤云：「甚好甚好，嗣後能堅持至一分一分地加上去即更好了。」余究以稍有根底，故一月後即能站十分鐘以上了。尤始終未改樣子，及一年後，余可立而不動逾一小時以上了。

在這一段時間中，尤告余云：「十年前自你與陶分別後，抗戰一起，陶夫婦反目了，其婦湘人也，攜了幾個子女，全去湖南娘家了，陶煢然一身，本人遂在此門診樓上亭子間招之居住，不但不取分文，且供膳食，義務教之練氣功，六年之久。那時西藥日漲不已，本人為了業務上之關係，因進針藥一批，需五千元，缺少八百元，因知冷月由程潛在抗戰前為之開一展覽會賣了三千數百元之巨，手中八百元，或尚可以拿得出的，當時即向冷月商借了。只隔五六天，即賣去一部分針藥，將款加了利息還陶了。哪知陶逢人即說：尤醫生招去住在他家，全靠他的資金，囤積發了財的呀。我（尤自稱）聽後，已不甚滿意了，有一夕，本人至樓上取東西，目睹五柳先生正與一婢女在亂搞男女關係，本人不由不大怒，立時將這二人立時驅逐出門了。所以本人後來始明白，他說你在程潛那裏不幫他說好話，完全胡說八道也。」尤氏所教之氣功，純為形意拳之氣功，與和尚打坐不同（但最後仍須經營這一關）。他教拳亦與王向齋有一些相同習氣，總是要留一手祕密的。

憶余練至一年半之後，覺呼吸順了，能長而細了。尤某日鄭重其事告我云：「你可立至近二小時之久，根基有了，再隔二星期，可以正式教你進一步功夫了。本人屆時如忘卻，你可提醒一聲為要。」至是日他房中子女全在，他對我云：「今後站立時，屁股再稍稍往裏縮一點為要。」我問他上二星期所囑言語還有否？他云：「就是這個呀。」是日他云：「本人去新聞路宿舍，你可搭一段車子，少待同行可也。」余允之。及車至原西摩路路口時，尤放余下車時，余一足方著地，尤在耳邊輕輕謂余曰：「自今夕起，你『站樁』時將『肚臍眼』放鬆後呼吸，此乃真祕訣了。方才所說騙你的，防兒女們亂告人也。」余回家後試之，果然更舒暢了。至一年十個月後余可堅持立二小時半之久了，尤忽而拍桌子一下云：「你『站樁』如此之久，奇跡也。」余驚詢何故，他云：「照例只須站半小時呀。」余云：「那麼，白費功夫了。」尤云：「我特試試你的毅力呀，自今天起每天減五分鐘，至半小時即可了。」後余又問之：「尤醫生，你說『氣通丹田』，我何日可成功呀？」他云：「尚早尚早，你已四十九歲人了，至少四年後，冷月五年半始通氣的。在通氣前必須『上吐氣，下放屁』。」余笑告之云：「最近我站時放屁不止。」尤云：「何不早說？」余笑云：「連放屁也要報告，真變了笑談『放屁』了。」尤當時即以手向余小腹一按，只覺一股氣直達臍下，尤云：「你一向『花花太歲』之名，無人不知，今日始知你確未犯女色，反則不能二年未滿即通氣了。」余戲告之云：「我體弱，再犯女色，等於自殺了，非不好色也，乃不敢耳。」尤忘乎所以，竟將房中術，採補諸法，盡行傳授無遺了。尤又云：「現在氣已通了，可以正式練拳了。」內家拳第一須沉住氣，對敵人，故非先從氣功不可云云。至次年元旦，余始正式向之叩頭稱老師了。至其如夫人家中正式學拳，那知碰著了西泠印社賣印泥老闆吳振平，亦尤學生也，因余一向捧張魯庵印泥，與我恨極了，遂向尤妾萬般罵我（因尤教學生，凡初學者，均其妾代勞，其妾亦精太極與形意二者之人也，乃一唱武旦賣解女出身者也）。其妾因尤與之分房數年，遂與一曹姓學生有苟且，因此原故，尤把曹逐出門牆了。當時尤妾向尤提出要求，願意盡力一手教我練拳，但須把曹重列門牆為條件。尤未允，告其妾云：「陳不再准其來了。」所以只六天，尤私囑余重至黃河路診所，將上述之事，一一詳告於余云：「為了擋曹，只能犧牲你了。你於拳無緣，我以『密宗』拉摩練氣法傳給你了罷。」於是站而練氣變成坐而呼吸了，又把行、止、坐、臥均可練氣之法一一全授給余了。余之一再急病，九死一生，或全出尤氏之賜也。事隔幾一年，尤氏忽又來舍對我云：「女兒家珍（或同音）自聖約翰畢業後，日與周信芳之女周易等東遊西蕩，教以練拳，又云一人無伴，不感興趣。她平日與你最談得攏，望你每天五時後即來，拌住她，本人教你二人同時學可也。」余去後果然她專心與余同學推手了。因此原故，尤之三個兒子亦一同學習了。尤氏三子，均以盜竊家中物出賣為浪費胡搞不肖也。當時尤門診的一位掛號者姓方，與余為同鄉人，私下告余云：「他們三個將來被尤醫生發覺後，將要賴至你身上，那時有口難辯了。趁早不要來了。」余遂託故不去了。其後他大、次二子均被遣送勞改與勞教了。其時尤對余是不滿意的，余亦私心覺得對他抱歉的。尤為密宗信徒，他為西藏諾那活佛之再傳弟子，其師乃一女性，名唐 ××，他特在新閘路某里租一屋供養之。唐居二樓，尤住樓下，人言紛紛，尤置若罔聞。反右鬥爭時，尤已任本市第一醫院皮膚科主任，戴了帽子，他奮而先投水自殺，救出後，嘔出一符咒，更鬥得重了，又吞了三瓶安眠藥之多，以氣功至於高高等，竟不能自殺而死，但成半身癱瘓，至一年以後，乃自以氣功而恢復健康了，聞今已退休，住廣慈醫院對面金谷村中，與其妾住一樓面為生活云云。

以下再記太極大名家樂奐之幻智之事。

樂奐之，別號幻智，河南固始人，出身不詳。據其自云：在家八歲時，即由其父請形意拳教師授以武術，自中學畢業後即來上海入復旦中文系（時系主任乃應成一也），畢業後即至震旦大學任講師，其間因佩服一普通太極名家名董英傑者，即拜之為師專攻太極了。太極最著名者為同光間之楊露禪，號稱楊派，但董英傑第一老師名李香遠為另一派太極，後再拜露禪幼子楊澗甫為師，故李派、楊派，董氏一人兼而有之。據樂老師告人云：李派比楊派難得多，出手亦兇得多云云。樂氏亦一人身兼二派，他亦密宗信徒，以密宗法門創立了以空勁打人，能於五步之外把人打倒，在抗戰時即曾以此法，將尤彭熙擊倒在地。於是尤氏又盡心向之學習了。所謂空勁，余曾目睹，凡屬他們學生，確乎可以打得倒的，對一未學拳之普通人，即一無效力了，故在可信可疑之間耳。尤氏最喜以空勁自吹，但余求其一試，總推託云：你無功夫到家，一擊即要受傷云云。樂氏從不侈談空勁，但學生莫想一人可近其身。尤與樂，本為同志（同學密宗之同志），因二人共爭拜唐 ×× 為師，尤富樂貧，尤遂勝利了，一日二人同席，樂出其不意，以空勁將尤肺部一擊，尤回家即吐血不止（由此觀之，又為確事了）。尤擅鐵沙手，隔二月與樂閒談時，突將樂胸一抓，樂亦傷爛近三月之久，由當時上海傷科佟忠義醫愈者。尤與樂從此成死敵矣。尤當年與余談及樂時，總是說：樂太極中國第一手，但品行不佳云云。樂後談至尤時，必嗤之以鼻云：尤乃董世祚（董英傑後至香港賣藝去了。臨行時，特以最後一得意學生名董世祚囑樂特別為之完成任務，故目前以董為太極大名家了。此人與余同年，以金鐘罩絕藝出名。此人最謙虛，從不以技自炫）手中敗將也云云。

初余於勝利前後，時至小曼家中，常睹賀天健（小曼學畫之師）一再吹捧說：上海新來一大俠名樂奐之，能以空勁擊人於十步之外，與劍客無異云云。小曼詢以何以知之，賀云：樂與錢瘦鐵同住一屋，樂居樓上的，因常去瘦鐵家中閒談，所以時時目睹其神技也。後瘦鐵也至小曼處說樂公不但大俠，而且擅以氣功為人治病，有為神仙一樣，某日珊珊（鐵妻，小曼家中的丫頭也）懷孕已八個月，突然將腰部跌傷，勢將流產了，經樂氏只以一手輕輕按之，片刻即安然無事了云云。小曼多病之人也，遂由鐵之介，偕之登門求治，據小曼云，比吃藥靈得多多。因此，余對樂氏大名有了深刻印象。

至解放後，左高一同學復旦同班生沈 ×× 為一弱不禁風之士也，經應成一之介拜了樂為師，亦居然能出手擊人了。同時應成一亦向樂學習，二人互稱老師，互相叩頭（樂為封建頭腦，凡學生，非向之叩頭不可）。上海申新九廠老闆吳崑生，特在今汾陽路老宅中，另開一大廳，專請其至家中傳授其子吳中一，月資高至二百元，樂從此遂辭去震旦教師而在茂名南路一大花園洋房中專以一心教徒為生活了。每星期自一至六，每夕至一家專授一人，余今只憶及三家了，星五夕至吳宅，星四至女伶童芝苓家，星二至申報總主筆陳冷血家，專授其愛女陳樂（她為樂之唯一得意女生也，至今六十二三歲尚未嫁人，童芝苓之夫名陳亦，冷血侄兒也）。後童芝苓不學了，樂遂騰出星四晚上在家專授女生之日矣。在五四年時，上海無人不盛傳其名，余以好奇心每思一偷觀之，未得其便，一日，余在滄洲書場聽書，與一青年名吳新之者成朋友，詢其家世，知乃吳中一之侄兒也，余遂詢以樂奐之事，他云：「本人之父與妹父同住吳興路了，樂先生每星五夕必至中一廳中授拳，你要偷看偷看，可於星五八點前來我們後廳隔窗看之可也。」余遂欣然與小吳約好，至是夕，余八點正去時，哪知是夕吳中一全家要去赴甚麼聯歡會，余至時，只見吳中一親送樂氏及陳樂二人正出大門，只見他們後形而已，小吳云：「下星期五再來罷。」余云：「無緣無緣，不來了。」後又遇一余少年時同讀書之同學名劉訢萬（翰怡之子，嘉業堂藏書家也），他與吳中一為聖約翰同班同學，所以得每星五夕亦在吳宅學太極，劉談及樂時又神乎其神。至五五年三月二日（因上一天左高夫人生一女兒，故記得為二日，並非余有日記也），舍下突來一素不相識之少婦，神態大方，風韻絕麗，指名訪余，時舍下那時樓下尚有會客室大沙發等等（後悉為四舍弟所賣去，故小女至今常笑云四妹妹是一敗家精也。老魅因此攻其虛而得俘之也）。余下樓詢以尊姓，她云：「你陳先生嗎？我亦姓陳。」詢以何事下顧，她云有友託她求代刻十方石章，我問石章已帶來否？她云：「我是一個外行，一切一切，都須請先生代辦。」余云：「這難了，石章大有好壞之別，這事，使我如何應命呀？」她云：「請你隨意拿幾方出來一刻，當然你開價付款即可。」余云：「那更不便了，要麼，我去古玩市場代辦十方，照發票由你付款如何？」她云：「也可以的。」遂即取出一紙須刻文字，並付給我了，問余需潤若干？余是時上海潤例為三元一字，一看全是人的姓名約卅餘字，朱白文全不拘者，是時余對她云：「陳太太，我坦白告你，我去買石章，價至少五十元，本人生活不敷裕的，你能先付我五十元否？」她云：「現在身邊只卅餘元，准定下午即再送鈔票來。」言畢去了。至是日下午二時，她又來了，付給余一百元，云：「或者不夠，所以先送上一百元。」余當時即退以五十元，云：「足夠了。」她臨行時問余，約幾天可再來取件，余云：「多則半月，少則十天。」她云：「吾家中電話為某某號，請你刻好後打一電話來，請你叫吳太太聽電話，應若干鈔票通知後，即可來取件可也。」那時我聽她一口無錫音，又姓吳，即疑心她或是吳中一本家甚麼人了。至次日，余特至到訢萬處告以如此一個女人，並留一電話號碼事，劉云：「是否為某某號。」余云：「一點不錯，何人邪？」劉云：「即中一夫人陳韻明呀。」余出示需刻之人名，劉云：「全是香港申新廠之職員也。」余大悔，告劉云：「我在香港之潤為五元一字，現只當上海所囑件，只作三元一字了。」劉云：「可以追加。」余云：「那不必了。」至期刻成後，以電話告她，她即攜款來取件了，只八天即完成。她大為滿意，與余坐談甚久，余詢之云：「吳太太，你府住在吳興路的嗎？」她大奇，追詢何以知之，余云：「去年我曾至你們府中過的。」她更奇了，云：「你來看何人的？」余乃告以想偷看樂老師使空勁，在你們的廳，吳新之叫我去的事一一告之了。她笑謂余云：「陳先生何必偷看呀？你星五晚飯前來舍下找我，歡迎你來，可以代你介紹明明白白看了。」余又告以劉訢萬與本人為同學，告知你為中一先生的夫人呀，她云：「那更好了，請你與劉先生同來即可，中一也一定歡迎你的。」言畢，連說「再會再會」而去了。是日適為星五余又至劉處，告以此事，囑劉先去徵詢樂氏同意，告以我為尤彭熙之學生，樂與尤為死敵，如不同意，即作罷論可也。是夕劉告樂云：「本人有一老同學陳 ×× 久仰大名，擬欲識荊，但他為尤彭熙多年學生，所以先來徵求同意的。」樂一聽，即云：「他刻印大名，我亦久仰，但為『尤徒』絕對不見不見。」其時中一夫人接口了，云：「老師，這位陳先生，我已見過三次了，人至正當，好人也，不妨見見的。」樂氏至此，因每月收吳氏二百元學費，又必一頓豐盛宴席供養，不便使她難堪，遂告劉云：「准下星期五晚上來談談可也。」吳夫人又謂劉云：「請你陪陳先生一同來吃夜飯可也。」至期，余與劉同去了，時為七時半，只中一夫人一人在家，與余談至久，中一方回家，亦表示歡迎，至八時後，樂氏與陳樂二人也來了。中一夫人介紹後，樂笑容滿面，大表歡迎之意，只陳樂一人對余鐵青了面目，理都不理，默默獨坐一旁，大有鄙視之意（是夕她一人未發一言）。及晚飯時，豐盛已極，座中只樂、劉、吳及余四男子，餘六七人悉女客也。樂拉余與之比肩而坐，談笑風生，余初至吳宅，不便多言，只唯唯吃飯而已，樂見余進菜甚少，私以足踢踢云：「多吃菜，少吃飯。」飯後，中一及劉二人，練拳了，樂特表現空勁了，將他二人作了標本，跌立不已。最後，樂詢余云：「你形意學過甚麼呀？」余云：「除站樁外，未學一點其他呀。」樂云：「那麼，我當教你學太極，可願接受否？」余漫允之。樂立即命中一教了我三個基本功（形意基本功為「站樁」絕對不動者，太極基本功名「單姿勢」，共有卌餘種，有動有靜者），均與站樁完全不同，余目的在一看而已，絕對不想學甚麼也。及回家後，即刻了「樂幻智」三字一印交與劉氏，告之云：「樂如此慇勤授以『單姿勢』，故刻此印以報答之。聞人云他擅以氣功醫人病，我於六年以前在公共汽車中逢一山東大漢，想竊吾袋中鈔票，被我處處防護，此人未獲到手，余臨下車時，這山東人搶在我先，有意以臂彎向余右肋猛擊一下，當時受傷甚重，至今陰天必作隱痛不已，請兄代為一詢能賜為診療否？」至下一個星五夕，劉以印呈後，代問可以診治否？樂云：「今晚如何不來？」劉云:「陳兄不便多擾吳府呀。」中一夫婦二人齊云:「上星期每每請再來的，未免太客氣了。」樂云：「速打一電話去請來，立即為之診治可也。」劉笑云：「陳 ×× 出名『夜遊神』，哪裏找去邪？」樂云：「那麼明天中午你陪他至我家中，為之診治如何？」劉又云：「陳每天非十一點不起身，恐太遲至府的了。」樂云：「准候至十二點半可也。」至次日十一時，劉來舍下告以此況，硬把我拉去樂家了。樂一見即詢余得病源由後，囑余指出傷處後，他即命余坐下，他站立了，一右手中指輕按余髮頂頭上，以左手中指點於傷處，約二分鐘，謂余云：「確有重傷，幸只六七年，如逾廿年，必致命不治之症了。」說畢，即放手了，告余云：「已愈了，如下次陰天再發，你當我放屁耳也。」那時全一無感覺，以謂「天曉得」戲言耳，哪知直至今日覺其病若失了。及診療後，他特攜余登樓介紹其夫人相見後，領余至其臥室中，詢問三個「單姿勢」練得如何了。余實告之云：「本人已五十又一歲了，此生不擬再學拳了，所以未練也。」他以至誠口吻謂余云：「只要你願學，我必盡心義務教你，總必有一套本領傳你的。」說畢，親自又另授三個姿勢，再三囑咐學學。那時余只能遵命而練了。

樂氏授拳，向分四班，星一、三、六為白天上午至十二時，星四下午六七時至九時全為女生，那天余臨行時，詢以規定那一天至府？樂云：「要你速成，四天全來，星五晚至中一家中。」劉訢萬在旁，樂只能云：「劉先生你與陳先生准同來可也。」那時他全班學生，余全見過了，只一童芝苓從不至其家中，故未及一見也。他學生中有二人，均少林拳名手，一姓丁，名峒峻，兩臂有三百斤之力，一姓陳，名已忘，有「鐵板橋」硬功，腹上可放四五百斤巨石，以錘擊之，石碎而人無恙。此二人，樂須將他們硬功散去，始可授太極，故其痛苦非目睹者不能體會及之也。樂與丁氏為老友，故摔之最甚，丁每每求饒，總叫「老師老師吃不消了」。第一天余至樂府時，樂將丁連連以空勁跌之一百零八次之多。他教拳與公園中者迥然不同，規定初學者練「單姿勢」，根基有後即先授楊派太極，功深者始授以李派低椿拳，最後，在水門汀地上灑滿冷水，即開始練跳練跌了。滿地是水，初跳者稍一不當心即滑跌於地。余練「單姿勢」只二星期即授以跳跌了，開始跌得二臂彎全脫皮，出血，余積疤痂至近八十個，一日余以痂示之，樂大笑云：「×× 你莫非要詐我打傷你的證據嗎？」他家中能猛跳猛跌者，只五人，一丁君，一顧梅生，一呂風會，一吳豐茂，一即余也。其次子名樂亶後回申了，亦一善跌之人也（女生只跳不跌）。他最後所跳之學生，必以丁及余等為作大軸，每輪及最後一人時，必跌至力盡筋疲而後已。其他四人，只跌在地中央，只余一人，不管一切四面亂跌，所以余一出場，樂必囑大力者為丁、陳及其子等四人，立於窗角旁，因全是鋼條也，樂只云：「你們看住 ×× 頭莫跌至鋼條上，其他悉由其跌可也。」自五五年至五八年十月遣送淮南前為止，每星期余至少跌二百五十次以上，所以余兩肩、兩腿，全部骨髁跌鬆了。在五七年余成「右」字頭後，尤其猛跌，有意將頭向硬處碰，思借此自盡者，哪知跌成了鐵頭功了，故腦震盪之病，此生無望矣。樂氏最擅雅謔，告訴眾多學生云：「陳 ×× 為『尤徒』出身，看我得起，來從學也，以丑尤氏耳。」余笑謂眾人云：「我乃學起義將領也。」一日，他忽問余云：「尤曾以 ×× 法授過你否？」余云：「從來未告我的呀。」樂云：「那還好，這是『房中術』，亂搞男女關係的下流事。」這分明又是他以暗傳方法教了我矣。尤與樂，均有「寡人之疾」，余何幸，全得之，但從不試，亦永遠爛於腦中矣。

樂與小曼至好，但他一日祕為余云：「如翁瑞午求你帶他來參觀，本人與你即斷交了。」因此人人說太卑鄙耳。又，他如遇鄙視之人求他教授時，總必和顏悅色允之。一上手即以最難受之「單姿勢」教之，使來人主動不多再來了。俞振飛即其一也。周螺川女士亦他所惡之人，求之治療，反而增病了，故周最恨之。樂氏以氣功醫療，余曾目睹者數事記之如下：樂氏有定例，凡屬學之家族有病，不用徵其同意即可徑往求診，如不相識者，必須先徵得同意後，始能治療。（一）內子心臟衰弱症曾由余與亡三弟之妻偕往求診（因診後即須弟婦與內子先回家也），樂氏連治三次，亦以二指輕按者（右手中指，照例點在頭頂），內子覺腹中五臟齊如翻江倒海一般，大叫云：「心跳更甚了，不要醫了。」樂氏笑謂之云：「你心如不跳，×× 心要跳了。」三弟之婦，在當時二年以前，以一不慎，在三輪車上跌下，右足受了傷，經當時名傷科魏指薪（乃她表妹也）醫治後，雖行動如常，但不能矮步操作，那時她詢樂云：「樂老師，這傷能治否？」樂云：「可以可以，請你坐好，以右足伸出來，不可用勁，隨便即可。」言畢他脫了鞋子以右足輕按她腳背上，突然使勢用力一踏，三弟婦大喊痛都來不及，樂云：「三嫂嫂，請你坐至沙發上休息休息。」一面命余去叫車與內子同回家了。臨行樂告之云：「今夕你腳背要大腫，腫退即好了。」她回家後腳背又青又腫，大悔不已，五天後腫消，右足遂恢復自由了。後余詢以何故？樂云：「將內傷引成外傷，極平常之事也。」（二）樂有一復旦老同學某君，一日，為星四下午七時了，父母二人扶一女兒來，幾不能行動了。據云這女兒為中學體育教師，一個不慎，從高架上跌下，腰部不能自由了。樂當時即囑她坐下，仍右指按頂，左掌緊貼其腰部，那天幾半小時之久，即命其父母扶之坐於沙發上，至九時練拳完畢了，樂命她立起試試看，其病若失了。在其前亦有一跌傷腰部之人，醫三月始愈，余詢何以一速一慢？樂云：「她當日即醫，所以神速，其前之人半年以上，所以遲遲耳。」（三）平襟亞患膽結石，因不舒服至醫院透視，X 光中發覺膽中有三粒石子，不知何人介紹求樂診察，樂一按之後，告之曰：「平先生，你膽正常，決無結石，望你至另一醫院再透視之。如果有這病況，你以後不要當我人看待如何？」隔數日，平子自法國寄來治膽結之藥，平服後再去 X 光透視，一無毛病。醫生問前服何藥，平出示之。醫生一看，乃人以三年前早已失效變質藥紹之者也。平公云：樂一指按於頭上，即似有一火綁直達膽中云云。於是即將陸澹安已患了多年之右臂風痺，不能自由上舉之病介於樂氏求診了。樂云：「醫是可以的，至少半年以上不可。」於是陸每星期三次，從不脫班，半年後竟全愈了。陸翁大感動，特攜了覽鼎岳飛大草書「怒發……滿江紅」大冊頁一部贈之，作為報酬，並告樂云：「樂老師，這是武穆名跡，因你為大名家，故以忠良珍板相贈呀。」樂當時大表感謝，一面孔開心之狀，陸前腳出門，樂即對余冷笑云：「我本從不受人之禮的，為你所深知，陸老先生如此巧言令色，當我一個甚麼人呀。」說畢，即命其保姆將木板劈為木片引火，拓本亦作引火之物了，樂當時又對余云：「此人從此不會再來了。平先生比他純正多了。」（四）上海以畫獅子出名之畫家熊松泉，亦畫院畫師，患老弱體衰了，也求診治，樂即告之云：「七十多歲人了，要腰挺背直實不易之事也。」熊每來時，必夫婦同來，一日熊要回家了，遍叫其妻，久久始自廁所中出來云：「痢疾如廁呀。」樂詢幾天了，她云：「近一星期了。」樂云：「何不早說，我來醫療。」說畢，即主動為之以氣功治之，云：「大約可稍稍減輕了。」隔二日，他夫婦二人來千謝萬謝，云已好了。又，小曼一不適意即去求治，可三天舒服也。（五）我曾遇見一老黨員劉公，特自北京來求治兩腿不能行動，乃老戰士，兩腿全為槍彈所擊傷者。樂用硬功，勉強拉直其筋，一年之久，居然成一跛子能走動回京了。聞為第 × 工業部副部長也。又，漢口首長似姓甘，得六種病，自武漢來申救治，半年後，經上海第一醫院覆診，均全愈了。後又有一漢口副市長解氏來治病，見樂氏以空勁打人，解氏招余至小園中問余曰：「望你坦白坦白，有此事嗎？」余告之云：「打學生是靈的，打你即失效了。我亦要問問你們，樂老師醫病有無效力？」解氏云確有奇效。余云：「這也算空勁之證明之功吧？」解竟點頭而已。經此之後，上海許多黨員首長紛紛而來，樂氏後門口汽車常常四輛停著了。樂氏醫血壓高症最有神效，但只能維持三天耳。後每日常醫卅人以上，每次休息時，雙目全紅如血了。後聞沈玉還（亦其女生）告我云：自余去淮南後，樂竟以醫病得了傳染症，不肯服藥，自信力太強，思以氣功自治，以腸炎逝世了。樂死後，屍軟如生人，蓋氣功之證云云。後據冷月云：尤能以氣功自治風痺，樂不能自治，此乃尤之氣功高一層，大約亦是對的。

樂有一特點，滿身骨頭都如橡皮一樣，余嘗以指力按其額，竟如皮球一樣有彈力的，有一得意學生顧梅生私告余云：「老師如遇人撞及其身時，軟如棉花或硬如鐵板，因人而施也。」一日，余要求讓我用力以頭撞一下如何？他站於廳中，余用盡平生之力撞之，真同跌在棉花上一般。一日，他告我云：「本人從前出手每易傷人，現在已能凡打我者，我可笑嬉嬉將對方摔出去，對方決不受傷，仍可笑嬉嬉站起來的，十次百次都不使人受傷，使對方服帖為止。」有一日他忽高興表現了，站在廳中，囑八個學生，四人抱住其身，四人抱住其腿，他問：「好了否？」其時余亦在內，眾人云：「好了。」他身體未動，只一笑，八人如觸電一般一齊跌在地上了。樂之第一好手師弟兼學生董世祚，亦有此技能，但必須將身微微震動。董見任何人都不怕，見了樂，即身體亂抖，一如老鼠見貓了。董與余至好，他云：「本人與老師比，十之四五耳。」董有金鐘罩硬功，樂所沒有的，據許多老學生告我云：董曾表現過一次，用一長竹竿，將頭削尖，尖頭直抵喉下，六七個人拿住桿子頂進去，董若無其事，一面談笑，一面向前走，六七人竟只能往後退了。

樂氏在太極輩分中為楊澗甫徒孫，上海在公園授拳者，前有田××，似名兆林，今有褚桂亭，均為澗甫之徒，樂如見面必叩頭為禮，故樂絕不去公園一步也。凡拳教師來訪問者，他一概不見，他云：「見必交手，如把對方打倒，使人難堪，讓讓他們吧，自己失威望了。」有一次，有一外國大力士闖進門，堅欲比武，樂謂之曰：「請先與我學生比試一下，你如勝了，即算我們失敗如何？」該大力士上當了，允之。樂乃命董世祚與之比了，董告外國人云：「請你先打我三拳，然後我還你三拳如何？」大力士允之。第一拳猛擊其頭，董不動；第二拳擊其下部，又不動；大力士下毒手了，以右手中指凸出向董肋骨中一拳，那知董擅縮骨法，將兩肋骨一夾，把大力士中指夾住了，大力士猛力抽出，已麻木無知覺了，乃遁走了。故樂每每恃之以退敵耳。余自淮南回申後時至董宅作長談，他香煙與酒均不忌，比樂誠篤，從不以技自炫之人也。

樂氏乃復旦早期中文系畢業生，故於文學確有根底之士。五七年前後第一狂人冒孝魯以余之介求其治病（似為失足跌傷，已忘卻了），樂知其為鶴翁之子，時為復旦外文系教授，故特取出樂早年所作五古一首求正，孝魯竟大加恭維，亦改稱之曰「老師老師」了。及與余同出門後，告余云：「樂氏絕不能以武士視之，這五古大有學問，故願稱之為老師也。」另一狂人許效庳以平翁之介，求其治病，亦云：樂所談文學，均同行話也云云。樂氏口才之佳，對任何人都能不亢不卑，以嬉笑出之。舉一例說之：某次有人訪之，恭維過甚，云：「公園中太極卑卑不足道，你先生才是權威呀。」樂笑答云：「某先生，你說差了，我為太極後輩，公園中均前輩好手，所以才敢至公園中漏一手，我只能稱作小花園太極而已。」此人又恭維他以空勁打人，樂云：「只是我的小道，你先生來參觀，只可把我們當作雜技團看看而已。」此人走後，樂云：「必公園太極中人來摸我的底牌，如此回答，可不得罪人了吧？」樂最喜與我二人相謔為樂。陳樂女士對我不理睬，有半年之久，後竟常與我至授拳室外，鄰上並坐一長板凳上，娓娓清談不休了。樂門中男女學生獨多姓陳者，一日，余笑謂樂云：「老師足見可稱陳氏半師門了。」時陳樂正在練拳，忽插嘴云：「你知道否？師母也姓陳呀。」在五六年春日，樂云：「你『單姿勢』可停止了，可正式學太極了。」遂命沈君（左高同班同學）代開始第一式教余，三月後，練至約三分之一至「海底針」時，余因內有一式名「倒插猴」者，太難了（余本無意學拳，明知要到能打人，比登天還難），故直言告樂云：「老師，我學至此為止了，下面恕不再學了。此『海底針』，我已五十二歲人了，不能從海底撈針了。」樂笑云：「勸你學下去，可以撈到『定海神針』做『齊天大聖』的。」自此，堅決主動停止了。陳樂主動願教余太極推手，某日餘無意一失手，直抵她乳部之上，余一震，她一笑而已。小曼一日私告余云：「陳小姐，老師愛徒也，亦……也，你與她有時二個都太忘形了，老師時以目光掃射注意，你小心一點為要。」自此余遂與她不敢多接近了。某夕余跌扑時，正跌至她坐下，她又一個忘形飛起一腳將余踢出了。至余自淮南回申後，樂已逝世，一日在靜安寺乘二十路電車，車中又遇見她了，余趨前告以哀悼老師之意，她呆呆背對我云：「你如不離上海，可以常去陪伴老師說說笑笑，老師或者不會死了。」至市政協時她下車去了，後不久余自青海路第五門診部出門，又遇見她從市政協出門，於是又邊談邊行，余乘二十路回家，回家前告之云：「遲日當請沈兄陪我同至你府拜訪。」她忽對我云：「請你原諒，暫時千萬不要來，因吾父親（冷血也）現正病重，我要服侍，不克招待，一頭父親病癒或者⋯⋯那時可歡迎你來暢談可也。」後聞她被掃地出門，依姨母為生活，現已存亡莫知矣，如在已六十二歲了。

樂自見余猛跌猛撞，只練被人打，不練打人，笑告眾學生云：「你們練的是太極拳，陳 ×× 練的是消極拳呀。」在五七年冬日，樂特留余中飯，待學生散光後，正襟端坐諭余曰：「×× 承你不棄，竟肯向我叩頭稱老師，我願意真心教你，你又不願練打人功夫，我准專祕授你一套功夫，凡打你的人，輕則你已可當它拍灰塵，如遇壞人重擊你時，你以內功一抵，則縱有任何大力士，他以多少斤之力擊你，你不受絲毫之傷，而使擊你之人，自身自受了。」余大喜，請授其法，樂云：「再待二年，你全身骨骼鬆了後，始可接受此術，可防身也。我決不妄言失信的。」及次年余到淮南去了，回申樂已逝世了。遂往董世祚處詢以樂老師之言，是真有其術否？董云：「確實不假，名『金甲法』。」余問：「董老師，你懂得否？」他云：「本人即有此術也。」余云：「那麼，你能傳我否？」董云：「你五十八歲了，學此法，必須童男子，廿歲不到之人，始可學之。樂老師，他密宗也，或能以另一方法傳授，我姓董的，沒有辦法教你了。」

又樂氏學生中，男的出名董氏，女的出名陳樂。因陳為女性，不願與其他男生推手相撲，故臨場經驗似不足。一日樂命陳與丁大力士推手，陳竟無法擊之倒退，時余正坐近她身旁，只見樂以一指點陳之脊樑骨某一節，輕輕告之云：「在此微微一挺即可了。」陳如其言，以背一挺，丁立即倒地了。樂遂告余云：「太極，以脊樑骨為主幹，打人全靠此為主，又用手打人，主要打對方腳後跟，使站不穩，即跌下了。」樂之背骨，節節可自主脫骱，任人以指點按，即脫開了。據其自云：董英傑生平三個學生最用功，大門人名王守光（余曾見過一次，今已八十八歲，住威海路林村，太極中最長壽之人），二即樂，三即董世祚。當時他們三人，每天須苦練七八十次左右，樂更苦練，參以密宗「叩文頭」（乃拉摩僧當年進見活佛時，所謂「五體投地」叩頭之法也）之法，而有此成就云云。樂與余相談時，有時每引人哄堂大笑。余元旦即去叩頭，他必跪下還禮，必須等余立起時他始同時站起來，第二年余必須他先站起，他亦云：「你站了後，我起來。」余試他有何笑話相謔，他與我各不動，他抬頭對陳樂云：「你看看我們兩個像一對『石獅子』否？」引人大笑，各始立起來。他對余只一件事最不滿意，他動輒談佛教，余對宗教無一信任者。聽他談佛時，即至廊外與任何學生閒談了，此為他至不樂之事也。又，有沈君亦密宗信徒，告余云：老師有修「天眼通」之法，又能以遙隔一方以氣功醫病云云。余姑妄聽之而已。一日內子突患心臟病復發，余好奇，詢樂氏能為遙醫否？樂云：「讓我定一定神，試試看。」一二分鐘後告我云：「我已見到你夫人病好了，現正在家中開衣櫥，取包裹了。」余當他神話了。及回家，內子云：「病已好了，心不跳了。」余詢方才開過衣櫥否？她云：「取包的衣服呀。」余方才略信他所說的話也。

在他未死前，上海凡教太極者無不師之，他每月有近千元收入，但無人敢闖家比武者。及其一死之後，各奇各式謠言，紛紛而起，均謂被一四川某某人呀、湖北某人呀，以點穴法將他處死的云云。又有人云，他全部牛皮，所以竟無一個學生敢至公園漏一手云云。

樂氏確有保守之惡習，他平生授徒數百人，能單獨出手不畏人者，據余所見只四五人（董世祚除外）：一、顧梅生；二、其子樂亶；三、丁峒峻；四、高中柱（乃電影演員高占非、高秋蘋〔編者按：高倩蘋〕夫婦之子，風傳高秋蘋與樂有……故真傳授之云）；五、吳豐茂，今為金針醫生，與余均至好之友也。一日，吳豐茂謂余云：「陳先生，本人每月供呈廿元為月費，廿五年之久了，樂亶只八年功夫，老師故世前，悉以真傳授之，本人一與推手，即跌下了。不是老師死了本人恨之，實在太守祕密了。」余只學得的凡是任何人別傷了手臂筋絡，照樂氏所傳手法，一拉一抖，即可恢復為恆，樂親傳者也。又，是余手被人抓住了即有術解除之，萬一被人抱住，亦可解除之，此二法均董與顧二位所教授者。又，以拳擊人能使人痛入骨髓，則尤氏所授者，尤授後千囑非對方下毒手時萬不可使用云云。

我今日自思，十年苦楚生活，均得安渡，均出自二氏之功也，尤以尤師之傳氣功與人不同，更應感前於衷耳。樂、尤二門中，從無同門如仇者，亦不易之事也。余收徒四十多人，昔年者均彼此和睦，只近十餘人之四五人，各似仇敵一般，殆奇事矣。大千與余均有一二負恩反誣之中山狼，可謂無獨有偶矣。

茲附記八卦拳一二事。八卦為清闇人董海川所首創已如前述，據云：董當年共傳四個得意門人：一、尹德安，二、劉某某，三、程某某，四、馬某某。宮寶田為再傳弟子，似為尹德安之門人。宮之得意弟子名王壯飛，現已六十餘歲，為資產階級出身，其子名王翰，亦胡問遂弟子，余學生也，現在人民公園授拳為生。余與王壯飛曾見數次，他的牛皮與王向齋可稱「一對寶貝」。據其云：宮當年授之廿餘年，盡得其傳，他每月耗千元月費云云。據王云：八卦基本功為走圓步，八種形，每種八個式子一套為六十四家，故名八卦云云。在六六年前，他曾在復興公園授徒，狂吹特吹，董世祚微服竊觀三次，見余亦在觀，以目示意而已。第三次余與董回家，詢以此位王技如何？董云：「確八卦中第一流好手，但腳後跟稍欠功夫，如遇樂老師即完了。」現上海凡練形意之人，因王曾自吹當年曾以一拳將王向齋（編者按：王薌齋）打得口吐白水，故專與他尋釁，要較量較量，以致其子中山公園亦不肯去了。此盧生所告余者。

又，凡太極大名家，自楊氏一門至樂老師，無一年逾六十者，八卦董海川壽至一百餘歲，宮寶田亦近九十，異事也。

報應

一

當清末光宣之際，福建學司為杭州姚文焯，號稷臣，所聘幕僚，惟才是舉，雖至親不重用。那時總務科長為山陰張弧，字岱彬，壬寅舉人（民國後兩任財長）；科員漢陽饒漢祥，字宓僧，癸卯舉人（當時以為同寅所厄，忿而改省回湖北，入黎元洪幕，及黎為總統，任祕書長，權傾一時）。姚公以先君為人正直，不事貪污，故以會計主任任之。時姚之表侄名張芝孫者，任會計科員，屢欲取主任職而代之，久久未獲如願，故與先君嫉妒至甚。辛亥光復前夕，姚令先君以學署存款四五萬元，匯存上海，姚即遁至杭州去了。當時先君以上司之命，哪敢不遵。及光復後，福建都督為孫道仁，下令接收各機關，發現姚氏挾款逃了，追查其下落。張芝孫遂告密云，巨款悉為陳某某所吞沒者，捕得陳某某款即有了。於是孫下令捕捉先君了。張又告密云，陳尚在海宴艙，將去滬了。遂又命軍警登艙逮捕，時先君率全家均臥於統間中，捕者兩過床側，均若未睹。舟中侍役云：「大約尚未登艙。」詢何時啟程，云：「明晨九時。」捕者云：「明晨七八時再來。」及次晨，六時即潮漲啟行了。當時先君生命俄頃之間耳，如被逮去，將何力以還此巨款，非身入囹圄不可矣。後姚氏以此數萬元開了一家大綢緞店於上海河南路，名「老九和綢緞局」云。

至北洋反動政府張弧任財長時，張芝孫以夤緣得任湖北宜昌稅務局長，甫到任不久，夏季，王占元部下兵變了，大肆搶劫，稅務局何能倖免，叛兵群圍之洗劫，張局長當時身著夏布長衫，外加黑紗馬褂，與兵講理，應了俗語「秀才碰著兵，有理講勿清」了，一言不合，身中七彈，歸天了。及其子扶柩回蘇，途經上海開弔，先君猶至靈前叩頭如儀，歸家之後，不勝惋惜者數日之久云。

二

先母汪太夫人之胞弟某某，行二，少時得風氣之先，自家鄉平湖，來上海專讀英文，卒業後，即入英商某洋行為跑街，以手段靈活，善得外人歡，不十年即躍升為當時怡和、怡大等洋行為總買辦了，既積巨資後，建大廈，坐馬車（清末民初，只馬車為豪華），納捐為湖北候補道員，又與虞洽卿二人同入荷蘭國籍，一面為華僑身份，一面做大人了。正室王夫人生一子二女，余四五歲時，在閩未到上海時，據那時先母即云，已由外祖父作主以其長女許婚於余矣。

據大舅母告先母云，在宣統元年，二舅在外私納一妾，已有身孕矣，為正室所知迫令下堂，且賣之於野雞堂之中。當時該妾伏地哀求，等小孩出世後下堂，正室不允，強令買者牽之而出。其妾臨行時，回顧曰：「太太，吾此去只一死而已，死而有知，必給你們報應也。」不一年，六歲兒子暴病死了。及先君辛亥九月率全家抵滬時，余七歲，表姊九歲，猶及見之，次年她又以暴疾夭逝了。所存一女，既丑且愚，二舅母一再戲謂余曰：大媛死了，妹妹給你罷。其時余只十歲，竟對之大搖其頭。先母云：「太小了，隔十年再談了。」至余二十歲時，一夕，先母告余云：二舅母已微示要你為婿不止一次了，她如直言坦白宣告，那只能親上加親，不能恨做母親的強迫了。所以余於廿歲冬日，即由馮君木為介紹與況氏為女婿了。當時避去奢侈無度的醜小姐，而娶得了疑多病多的廣西夫人，直至今日，亦命也夫。

二舅長袖善舞，故積財多，但性奇特，見利即忘義，雖外國人亦往往為其所紿，故竟至無一洋行敢委託任為買辦了。後專與一二「同志」與中國商人作交道，某年同至北京作營生，回申時，一人獨吞巨款。同營生之某君，與之大吵，汪公竟以事陷入囹圄，以致瘐斃獄中。其妻來大哭大罵，又令看門警士硬逐而去。此皆余目睹之事也。不久又在膠州路騙取靜安寺方丈將地出租為其產業了，所訂條約竟如租界九十九年之久，造了廿餘宅出租，自己住五樓五底大廈了。

時蔣匪幫頒布一法令，凡入籍外國者，非先有本國准許出籍證，作為無效云。至是，凡以前受過其紿者紛紛向之算賬索款矣。其時正室之女，已許配與一顏姓為未婚妻矣，婚期定在八月，而六月中舅母忽以微疾暴亡了。汪公那時尚存大鑽石數十粒，首飾無數，均放在一大鐵箱中，當時在死者枕旁取出鑰匙交與女兒掌握。及殯事完後，向女兒取鑰匙啟鐵箱視之，已空空如也。詢其女各物何在，曰不知。對之泣下云：「內可值十餘萬元之多，爾太忍心矣。」亦矢口否認。汪公是時同胞者只先母一人矣，囑向其女要回一半，不允；要二成即可，仍不允。其女婚後，只半年，竟被其夫誘之至揚子飯店，預囑一人在房中，其夫起立突攝一影，誣之有外遇，求岳太准之離異了。汪公正恨其女無良心，故即允之，並逐女不得歸家。不久上海淪陷了，顏某某以不義之財作賄賂，上升為上海禁煙局長了。汪女無家可歸，漸漸流浪街頭為女丐了（時其父亦已死了），每日持一飯碗，象牙箸一雙，來求見先母，先母堅決不令進門，幸庶母（左高生母）私下在廚下給以飯菜，並告余她的可憐樣子，余亦時時給以零用而已。後知她手中居然還持有與顏某某結婚攝影一幀，乃囑庶母告她，可持小照，日至禁煙局門外，出以示人並及守衛等等。果然顏某某派人與之妥協，出五百元買此小照了。嗣後遂不見其再來了，聞已跟了一個銅匠擔工人，去南京作夫婦矣。

先是，二舅前四妾：一、被大婦所逐；二、老妓也，亦被大婦所打，民初即下堂而去；三、為前上海招商局局長潘爾江之女，中西女塾畢業者，貌美擅外文，二舅瞞了大婦與之結婚，三年左右，即取了金剛鑽廿餘粒，價值四五萬，並請了當時上海名外國律師尤尼干控汪公以重婚罪，後她又嫁了金華人

陳巨來與家人

王式園為夫人了（王為保定軍校九期生，與唐生智同學，反動派政府時，曾任杭州總稅局長，曾開西湖博覽會，此人與書畫界多往還，先君以高野侯之介，與之至熟，先君常至其滬寓，與潘氏亦常見，當時彼此心照不宣也）；四、使女也，以私生一子，而納為妾者，正室故後，扶正了。抗戰之二年，二舅財枯勢完，為各債主所迫，一夕之間，掃地出門了，以尚有積欠未能償清，故隱名易姓，逃避至一破屋亭子間中避風頭了（自其煊赫一時後，先君鄙其為人，不與往來久矣）。當其得意之時，所有堂房侄子、侄孫無一不住其家中依之為生者，至是真正應了「貧居鬧市無人問」矣。二舅只有常至舍下與先君先母談談而已。先君斯時，反極心寬慰之。那時，二舅趁王式園去杭州之時，常至潘氏處閒談，一二小時即行了，潘氏尚能私給零用，十元八元耳。此事只先母知之。突以一妻一子一女（扶正者所生）生活無著，憂鬱而死了。是時先君以電話告汪某某（侄孫也，當時二舅所提拔之人），告以二公公死了，你現在已榮任中央儲備銀行發行局副局長了，可否請你來代辦後事。孰料汪某某來謂先母云：「婆婆，吾外面好看，裏面窮極了，只能勉力出二十元也。」先君又無力獨任此費用，故不得已至王宅向潘氏告幫了。適式園回杭，潘氏仍稱先君為姑夫，云所有衣衾棺木悉由其一人擔負，寧奢毋儉可也。先君乃偕其弟潘善余同辦此事，耗去了六百元左右。以柩送入會館中，至勝利上半年，上海又被炸，夫婦二柩同化灰燼矣。

二舅死後，其幼女以娟美，為偽警局朱督察長取去為妻，生活大豪華了。朱，麻子也，一勝利，即被其妻所棄，又嫁與蔣匪侍從室主任陳方，作了大僚夫人了。解放時與其母雙雙隨陳去香港矣。其子不習上，日事賭博，聞為其父昔年債主所見，將其痛打，以致傷重死於道旁者。據云，陳方字芷汀，以至港後化名寫《金陵春夢》醜詆蔣匪，被暗殺了。〔編者按：唐人《金陵春夢》，作者實名嚴慶澍（1919—1981），江蘇吳縣人，曾任香港《新晚報》副總編輯、全國第五屆政協委員，逝世於北京。周榆瑞（1917—1980），福建福州人，香港《大公報》編輯，以筆名宋喬撰刊有《侍衛官雜記》一書。卒於倫敦。〕二舅幼女，竟住了大飯店，做交際花度日（此事為只肯出廿元奠儀之侄孫，親在港時所目睹，歸申後告余者也）。

嗚呼，害人者得此慘報，可謂慘矣。

三

盛宣懷以富著稱，姬妾之多，殆逾十人，正室早亡，無出。所生子七人，女七人，只男老四恩頤（字澤丞）、女老七愛頤（字瑾如）為繼室莊夫人所出，余均庶出。澤丞為孫寶琦（民國國務總理）之婿，納妾之多，六十餘人，既賭且嫖，將其所得遺產，不數年即耗盡。莊夫人屢誡不聽，因令盛氏總管李某某月只給以數百元零用而已。澤丞知其母多私房，竟誣李某某與莊夫人有苟且，逼之，莊夫人忿而致死。未死前將李某某解職，把僅存之三百萬現款及貴重珠、寶、翠、鑽等等，均遺囑歸七女瑾如一人所有了。及喪事畢，四兄向七妹要平分秋色，七小姐一面將所有財產悉轉移交給表侄莊鑄九代保存（鑄九為莊夫人兄之孫也），一面出示遺囑，分文不給，於是盛氏兄妹爭產案，在上海法院連續十年左右，各報遍登，幾無人不知之事。直至反動派蔣幫至南京後，始由鄭毓秀女律師為七小姐辯護，將澤丞壓平，給以十餘萬了事，兄妹二人形同水火矣。宋子文上台後，因憾當年未能與七小姐成為夫婦，均以澤丞聽了李國傑一言反對而未成，故將盛氏所有不動產悉數充公。澤丞乃求七小姐至南京求宋氏姐妹說項，得全部發還，兄妹始言歸於好也。

當爭產案平息後，七小姐向表侄索回存款存物，鑄九一一取出給她過目，除打官司付去二十餘萬，付老四之十餘萬外，絲毫未動。鑄九云：「請你把收據還我，即交還可也。」七小姐以至親，未有收據，願以一部分作為酬報。莊云：「無收據，對不起，不還了。」七小姐泣問有何其他條件？莊云：「你嫁給我即可以了。」七小姐在此逼迫下，於是表姑下嫁了。婚後，買大洋房於愚園路，汽車十年之間連換七輛之多，鑄九享盡了妻財（外面只掛會計師招牌，作門面耳）。解放後澤丞窘迫了，日至七妹家中團聚團聚而已。土改時，政府將澤丞之不動產、田地完全歸公。蘇州留園，乃澤丞之產業也，亦歸公。政府照顧留馬棚一間，囑為其住所。五七年，澤丞群妾悉不別而行（正室早亡），於是煢煢一人歸正首丘，死於留園馬廄中矣。身後一切，完全七小姐一力完成者也。五八年鑄九夫婦亦被政府掃地出門，家財悉充公，遷住在今之五原路一汽車間中了。余以平襟亞之介得識七小姐，鑄九已死三四年矣。

澤丞以利令智昏，竟誣生母以污蔑之辭，鑄九以利慾熏心，上逼姑母為妻，均為舊社會中之醜態百出之事，而結果均奇慘，亦報應邪？（澤丞誣母之事，乃盛氏老幹部前漢冶萍煤礦礦長舒楚生所告余者，舒子叔培，獸醫院院長，即澤丞之長婿也，故可信也。）

四

在清代乾隆以前，揚州鹽商富比王侯，名馳當世。嘉道之際，浙江平湖之乍浦鎮，木商雲集，亦以富稱。滬劇《游碼頭》中唱詞有「揚州游過鹽碼頭、乍浦游過木碼頭」之句也。嘉道後，乍浦四大巨商：伊、顏、陳、鄒，伊氏只現銀一項，有一千萬兩之多，第三即先高祖，亦有六百萬兩。至咸豐時，伊公無子，只二女，一嫁陳氏（一顏氏），即先祖母也，妝奩達八十萬。余嘗獲讀平湖文學名家黃金台所寫日記，某月日，至乍浦賀陳氏婚禮，見衣箱所有環圓鎖，悉為銀製，紮包之繩索，絲質，扣環為翠、玉者云云。黃公譏為逾分也。吾陳氏世代不置田產，謂剋扣農民不忍云云。其時先曾祖以所有家財在乍浦建造了銅炮數百尊，以獻清廷，立海防，故當時得一匾曰「毀家紓難」，特賜藩司，方伯銜也，故家產已空空如也。先祖恃委財，生活較先叔祖（名鐵字心泉，娶妻至貧）寬裕多多，故以家用開支悉以付之，俾得同享生活。某日先祖無意至其房中，見正午餐，滿桌豐盛，幾同宴席，回顧自己所食者，尚不如中人之家。遂歸房中，商之先祖母，以妝奩良田八百畝，析四百數給先叔祖，囑其分居了。以四百畝捐與當時平湖「觀海書院」作貧窮士子為膏火之費了。更納資為知縣，遷居蘇州了，歷官徐州府治之知縣多年。

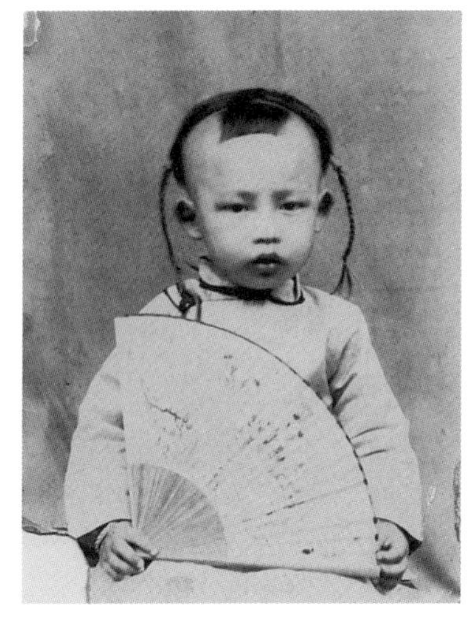

陳巨來（五歲）

陳巨來

先祖無姬妾，祖母生子十四人、女二人之多，先君行十一，年十四時，先祖即去世，年未五十也。先祖故世後，祖母只能攜子女等回乍浦。先祖母知書識字，但不善理家，故又以財產權仍歸先叔祖代操其勞了。他首以節約開支為言，即將西門大住宅（妝奩也）出典於他姓，家中婢僕一一遣去，將先祖母遷入南門一小宅中（他仍住西門大宅一部分中），又陸續紿去珍寶甚多，先君猶憶及有一掛翡翠朝珠被他以三千兩賣去，交嫂氏只五百元而已。不久，他亦納貲為同知，捐省福建了。去京引見時，晉謁先祖至友嘉興錢應溥（子密）軍機大臣、工部尚書，求錢公云：「先兄兒女成群，嗣後均需靠之生活。」故求錢向閩省當道格外照拂，錢允照辦。及回乍浦攜眷去閩，向嫂氏辭行時，先祖母泣為之曰：「心弟，吾垂死之人矣，一群侄兒女，惟你是靠矣。」他云：「嫂嫂，你放心，吾如忘卻你，不好好照顧侄子女等，將來雖至七八十歲，亦必生疽發背而死的。」言時且以手指指背後。當時先君十六歲親見親聞之事也。

先叔祖去閩後，先祖母不久亦逝世，他居然派人將侄兒女接去福州。時大伯父已故，二、三、四，三位伯父均已成家室未去，五姑母已嫁，六、七，二位在洪楊入據浙省時，中途逃難失去，存亡莫卜，八、九亦未去，只十、十二姑母，十三（十四已死）、十五叔父五人去閩。先君在十四歲做孤兒時即被先叔祖強令入一米行為學徒，不令讀書。先君只做三個月，即逃回乍浦者，故忿而攜一破皮箱及破被一條，隨張元濟、高寶鑾（均舉人赴京會試者）二公同去北京，晉謁錢公，由錢介入直隸奉安縣學幕矣（乃錢谷師爺也）。三年之後，先叔祖以錢公力，得任福建漳州銅元局局長（是時名「提調」），知先君已能會計，乃召之為主任。先君元配、先母朱氏，乃當時結婚者，岳父為漳州知縣也，故先君亦納資為閩省小官也。三年朱氏先母逝世後，先叔祖已卸任回福州，先君又回平湖續絃，即先母汪夫人。先君偕眷同至福州後，時十二姑母形同婢女，適朱氏先母之堂弟朱景星（字聚五）喪偶，先叔祖遂以十二姑母字之（余稱聚五為六舅舅，不叫姑夫者）。朱舅當時乃一至窮困之候補知縣，故先叔祖嫁十二姑母時，完全以婢女禮遣嫁者。先君亦無力助之，時呼負負而已。乃事隔只半年，朱舅每逢按當時向例須至藩台衙門晉謁一次，某日藩司朱其煊（紹興人，乃李國傑之外祖父也）接見時，見朱舅為平湖人，詢之曰：「漕運總督朱椒堂（名為弼，著名金石考據家，阮雲台元之至友也）先生，為你族人否？」朱舅站立回之云：「是先曾祖。」藩司立即站起謂之曰：「吾先人曾受椒公栽培，迄今不敢或忘，知道了，很好很好，你去罷。」不半月即掛牌委朱舅為福建首縣閩縣知縣了。此異數也。朱舅本擅刑法，乃以練達名聞於省垣矣，其後歷得美缺，遂以窮官而為幹員矣。自此十二姑母歸寧，姑太太之聲不絕於耳矣。所謂世態炎涼，至斯盡見之矣。入民國後，朱舅又以通法律，雖已得半身風痺之疾，當時督軍李厚基猶倚之為助，任軍法處長十餘年之久。

民國三年，先叔祖已七十四五矣，竟以疽發於背，呻吟至久而死，應了四十年前之惡誓矣。噩耗抵申之日，先君為之長歎不已者數日。先叔祖死後，孫輩多人，無一不仗朱姑丈之力，一一為之提挈，或為縣長，或為科長。及朱舅故世後，太山倒了，紛紛無依了，後窮至以出賣《三國誌》等小說，一元二元以度日了。今全家尚有在閩者，已不知情況如何了。

嗟夫，天之報應，豈真不爽邪？余固不信也。當朱陳結婚之三月後，朱舅遷新居，晉屋時，群蜂密集於牆，朱舅特作蜂房留之，後又有鴿子來停房上，又築鴿房養之，愈來愈多，竟至數百。時余只四五歲，十二姑母知為先君先母所鍾愛，故日以鴿蛋十餘枚送來，余乃每日以之為點心者，至今猶唸唸不忘。朱舅之子，為民初財長張弧侄女，張第二次為財長時曾仕以全國印花稅處副處長，後回福州，亦不知存亡矣。

（以上四事為余所親見之事，故記之，不知者尚不知有多多少少也。）

後記

今年是我外公陳巨來誕辰一百零五週年，又恰逢歷年來已發表在《萬象》上的篇章彙集為《安持人物瑣憶》付印面世。這些都是外公在身處坎坷逆境時「述往事，思來者」之作。回憶當年舊事，外公曾向我娓娓談及，故耳熟能詳。

綜觀外公藝事及廣會師友的發展軌跡，其成長過程絕非偶然。外公以其篆刻，結識了王同愈、葉恭綽、張伯駒、趙叔孺、吳湖帆、張大千、溥心畬、謝稚柳、陸儼少、程十髮、劉旦宅等諸書畫大家。趙叔孺鼓勵其專攻元朱文；吳湖帆借予《汪關印譜》，一借七年供外公鑽研；張大千在海外為其出版印譜，嗣後又惠寄畫作，聊寄對祖國思念，特別是繪製一幅口含太平花的嬰兒，殷切問候相別數十年「尚有童心否」？可見他倆真摯的可貴友誼。

外公平時對我極為隨和，隨便說笑，但對指導我刻印奏刀，章法佈局則極為認真。他說：「你日夕在我左右，刻印必須有所長進，否則你愧對你外公。」可是我雖獲外公耳提面命，與外公大手筆相比，只能說得其一鱗半爪，言之有愧。這些年來所刻印章，曾得顧廷龍、汪道涵、王明明等諸先生的讚許，稍可告慰於外公。

我侍奉外公多年，給大家介紹其生活中另一面鮮為人知的事情。

他除了治印、寫書法，其他愛好極為廣泛，喜歡京戲、崑曲、評彈。更有趣的是，還喜歡看年輕人愛好的電視劇，如剛改革開放時，從日本進口的電視連續劇《青春的火焰》《姿三四郎》等等。他說如此才不致落伍。某天，有家單位邀請上

陳巨來指導外孫孫君輝篆刻

陳巨來訪日期間當衆演示篆刻技法

海著名書畫篆刻家在酒店晚宴，席間，大家酒性正濃時，外公忽然起立，提早告辭。東道主問其為何如此早就退席，他說回家看《姿三四郎》。這或許是他的童趣，寧可放棄美食，也不能錯過欣賞電視。

他在日常生活飲食中也有獨特一面。「文革」中，受「四人幫」迫害，脫肛很厲害。粉碎「四人幫」後，他請朋友從香港寄來白脫油，每天早餐是豆漿中放入油條再加入少許白脫油。我問他為何白脫油不夾在麵包中吃，他說會嘔吐，放在豆漿中吃可治脫肛。吃了近一個月左右，果然脫肛有明顯好轉，可謂奇跡。這是他自己無意之中發現的「祕方」。

對人生哲理，他自有見解。他說：「人要死在別人的腳底下，而不要死在別人手掌中。」我大惑不解，問他這話怎麼理解，他說：「如果某人死後，大家跺腳感歎，大呼可惜！可惜！說明此人是好人。如果此人死後，大家鼓掌叫好，那此人肯定生前令大家討厭。所以說要死在別人的腳底下，而不要死在別人手掌中。」細想此話深含哲理。

外公是個很風趣的人，本書中所描寫的主人公大都是他生前的好友，也有長輩。在他的筆下以白描式手法把每個人物描繪得如聞其聲，如見其人，讀來令人拍案叫絕。他有獨立的個性，不論達官貴人，還是平民百姓，只要是好人，他都會真心對待；反之，即便是達官貴人，他也會毫不猶豫當面指著此人痛罵，因此得罪不少人。然而正是有了這個性格，所以他的元朱文印獨樹一幟，獨步印壇。同時也能寫出眾多真實的、活靈活現的人物，不但寫別人真實，書中有許多描寫自己的內心

陳巨來與梅舒適

陳巨來與小林鬥盦、傅益瑤合影

活動也很真實，毫無保留地展示給廣大讀者。誠如魯迅先生所言，不單解剖別人也解剖自己。

本書中大部分文章，曾在《萬象》上連載，前後長達七年之久。最要感謝的是陸灝先生，原文沒有標點符號，沒有段落，而且字寫得相當小，是陸灝先生花很多心血，加標點、分段落，有些文章很長，他再分段加上小標題，使之得以斐然成章更加完美。在此我代表我的家人向陸灝先生表示衷心的感謝！還要感謝施蟄存先生將這批稿子保存下來，然後轉交周劭先生，再由周劭先生轉給陸灝先生，又承蒙陸灝先生推薦，把這批稿件交給上海書畫出版社出版。承蒙上海書畫出版社領導、責任編輯以及為此書付出辛勤勞動的女士們和先生們的支持，使此書得以順利付梓，在此我代表我的家人向你們表示最衷心的感謝！

孫君輝

2010 年

新版再記

《安持人物瑣憶》自 2011 年由上海書畫出版社出版以來，受到很多讀者的關注，成為民國舊事的一段註腳。這些文章最早發表於《萬象》雜誌，首次公開出版距今快二十年了。這些寫於德國打字紙上，沒有標點，不分段落的文字，外公生前肯定想不到能結集成書，而且有如此多的讀者。此次，出版社對全書做了一些修訂，並予以全新編排，以紀念這批文獻的首次發表。謹此致以誠摯的感謝。

孫君輝

2019 年 2 月

安持人物瑣憶

孫君輝——編
陳巨來——著

總策劃 趙東曉
責任編輯 許穎
裝幀設計 高林
排版 賴艷萍
印務 劉漢舉

出版 中華書局（香港）有限公司
香港北角英皇道 499 號北角工業大廈一樓 B
電話：（852）2137 2338 傳真：（852）2713 8202
電子郵件：info@chunghwabook.com.hk
網址：http://www.chunghwabook.com.hk

發行 香港聯合書刊物流有限公司
香港新界荃灣德士古道 220-248 號
荃灣工業中心 16 樓
電話：（852）2150 2100 傳真：（852）2407 3062
電子郵件：info@suplogistics.com.hk

印刷 美雅印刷製本有限公司
香港觀塘榮業街 6 號 海濱工業大廈 4 樓 A 室

版次 2020 年 9 月初版
2022 年 6 月第 2 次印刷

規格 16 開（230mm×152mm）

ISBN 978-988-8675-91-3

本書由上海書畫出版社授權出版、發行中文繁體字版。